朱子学与阳明学

宋明理学纲要

吴震 著

本书属于复旦哲学教材系列,又为国家社科基金重大项目『多卷本《宋明理学史新编》』(17ZDA013)的阶段性成果。

北京大学出版社

图书在版编目（CIP）数据

朱子学与阳明学：宋明理学纲要 / 吴震著. —北京：北京大学出版社，2022.5

（名师大讲堂系列）

ISBN 978-7-301-30276-7

Ⅰ. ①朱… Ⅱ. ①吴… Ⅲ. ①朱熹（1130—1200）–理学–研究 ②王守仁（1472—1528）–理学–研究 Ⅳ. ①B244.75 ②B248.25

中国版本图书馆CIP数据核字（2022）第065454号

书　　　　名	朱子学与阳明学：宋明理学纲要
	ZHUZIXUE YU YANGMINGXUE: SONGMING LIXUE GANGYAO
著作责任者	吴　震著
责任编辑	田　炜
标准书号	ISBN 978-7-301-30276-7
出版发行	北京大学出版社
地　　　　址	北京市海淀区成府路205号　100871
网　　　　址	http://www.pup.cn　新浪微博 @北京大学出版社
电子邮箱	编辑部 wsz@pup.cn　总编室 zpup@pup.cn
电　　　　话	邮购部 010-62752015　发行部 010-62750672
	编辑部 010-62752025
印刷者	北京中科印刷有限公司
经销者	新华书店
	890毫米×1240毫米　A5　12.125印张　303千字
	2022年5月第1版　2024年11月第3次印刷
定　　　　价	65.00元

未经许可，不得以任何方式复制或抄袭本书之部分或全部内容。

版权所有，侵权必究

举报电话：010-62752024　电子邮箱：fd@pup.cn

图书如有印装质量问题，请与出版部联系，电话：010-62756370

目　录

第一讲　导论：思想史意义上的"近世中国"　　001
    一　唐宋变革与近世中国的思想走向　　002
        1. 唐宋变革　　004
        2. 近世中国　　007
    二　"刺激－回应"模式的问题省思　　010
        1. 新儒学源自哲学的批判意识　　011
        2. 新儒学源自文化的担当意识　　013
    三　儒释道三教的交错与儒学复兴　　014
        1. "三教合一"抑或"三教融合"？　　014
        2. 儒释道是中国哲学的共同智慧　　018
    四　研究史的回顾与问题的展望　　021
        1. 问题的反省与展望　　021
        2. 一份简要的阅读书单　　024

第二讲　广义理学视域中的朱子学和阳明学　　026
    一　作为思想运动的宋明理学思潮　　026
        1. 道学、理学、新儒学　　027
        2. 何谓"广义宋明理学"？　　030
    二　关于宇宙的认知图式：理与气　　032
        1. 理气的建构　　033

2. 理气与体用　　　　　　　　　　　　　　034
　三　关于人生的实践进路：德与知　　　　036
　　　1. 德性之知　　　　　　　　　　　　　　037
　　　2. 德—知之争　　　　　　　　　　　　　038
　四　朱子学与阳明学的称谓来由　　　　　043
　　　1. 四海共宗朱子学　　　　　　　　　　　043
　　　2. 世遂有"阳明学"　　　　　　　　　　045

第三讲　宋代新儒学与经典理学化　　　　　047
　一　汉唐经学思潮的形成及其嬗变　　　　047
　　　1. 汉唐经学的演变及其特征　　　　　　　048
　　　2. 对汉唐经学的"思想突破"　　　　　　050
　二　新经典的形成：四书系统的建构　　　053
　　　1.《大学》《中庸》的独立　　　　　　　053
　　　2.《四书集注》与"四书学"　　　　　　056
　三　经典诠释的重建与理学化思潮　　　　059
　　　1. 注重经义的风气出现　　　　　　　　　060
　　　2. 经学理学化的展开　　　　　　　　　　062
　四　礼与理：礼教思想的社会化　　　　　067
　　　1. 何谓"礼不下庶人"？　　　　　　　　068
　　　2. 礼即理与以理释礼　　　　　　　　　　073
　　　3.《家礼》学的出现　　　　　　　　　　075

第四讲　朱子学与阳明学的思想时代　　　　079
　一　朱子的学思历程及其思想时代　　　　079
　　　1. 接续洛学　　　　　　　　　　　　　　079

	2. 东南三贤		083
	3. 参悟中和		085
二	阳明的学思历程及其思想时代		092
	1. 格竹事件		092
	2. 龙场悟道		095
三	作为理学传统的朱子学		099
	1. 理学道统论的重建		099
	2. 二程对道学的建构		102
四	作为心学传统的阳明学		106
	1. 心法、心传与"心学"		106
	2. 象山学旨趣：心同理同		109
	3. 朱陆之辩及其问题所在		114

第五讲　理学与心学的哲学基础　　120

一	性即理与天理观的重建	120
	1. 性即理与性善证明	121
	2. 天理观的形上建构	124
二	心即理与心性论的重建	128
	1. 心即理与心外无理	129
	2. 心即理与心外无物	133
三	理一分殊与多元一体	136
	1. 理一分殊与具体普遍性	137
	2. 理一分殊与多元一体论	140
四	良知自知与当下呈现	143
	1. 良知自知与自反自证	144
	2. 良知遍在与当下呈现	148

第六讲　宇宙论、本体论以及气学问题　　154

一　从气化宇宙论到本体宇宙论　　155
1. 太极即理　　155
2. 太虚即气　　160

二　实理、实体、实有的观念论　　166
1. "天下无实于理"的实体观　　167
2. 良知即天理的实体化趋向　　172

三　朱子学的理气宇宙观　　181
1. 理在气先与理在气中　　182
2. "理生气"何以可能？　　185
3. 不离不杂：理气二元论　　193

四　阳明心学与气学的思想异动　　196
1. 一气流通与良知学宇宙观　　197
2. "生之谓性"的意义重估　　199
3. 气质何以通向道德？　　202

第七讲　儒家仁学的本体与价值的重建　　208

一　二程仁学的本体论建构　　209
1. 仁性爱情与以生言仁　　209
2. 仁道、仁理、仁体　　214

二　万物一体与以公言仁　　217
1. 万物一体　　217
2. 以公言仁　　221

三　朱子仁学四句的全面重建　　225
1. 仁者心之德爱之理　　225
2. 仁者天地生物之心　　229

四	阳明学万物一体论的意义	232
	1. 天地万物一体之仁	233
	2. 重建共同体的基础	238

第八讲　工夫论重建：格物与诚意　　243

一	居敬穷理的工夫论重建	244
	1. 中和问题与居敬涵养	244
	2. 以心观心与以心使心	249
	3. 格物补传的工夫纲领	253
二	《大学》工夫是一套系统	256
	1. 格物诚意是两个关	256
	2. 格物诚意不是两事	260
三	物为意之所在的意知物	266
	1. 心意知物的贯通	267
	2. 意之所在便是物	271
四	以良知重建儒家工夫论	274
	1. 良知一念与念念致良知	275
	2. 致吾心之良知的格物论	281

第九讲　儒家心性论的义理开拓　　286

一	心体与性体的疏通	287
	1. 心是"煞地神出鬼没"	288
	2. 心性合一与知行合一	293
二	理欲与性情的分合	298
	1. 存天理、去人欲	299
	2. 道心与人心之辨	306

3. 即人心而识道心　310
　二　无善无恶与心性本体　315
　　　1. 晚年宗旨"四句教"　315
　　　2. 无善无恶是谓至善　320
　四　现成良知与晚明心学　325
　　　1. 见在、现成与当下论　326
　　　2. 现成良知与满街圣人　332

第十讲　结语：宋明新儒学的衰落与重振　339
　一　后阳明学与明清学术之嬗变　340
　　　1. 承体起用与因用显体　340
　　　2. 儒学政治化与宗教化　344
　二　从明清思想转型看戴震哲学　349
　　　1. 戴震思想与宋儒批判　350
　　　2. 由训诂寻义理的限制　356
　三　传统与现实：儒学的时代性　362
　　　1. 近现代新儒学的命运　362
　　　2. 哲学、文化与新儒学　365

参考文献　370
后　记　380

第一讲　导论：思想史意义上的"近世中国"

在先秦时代，孔子开创的儒学思想，是对商周文化传统的传承与创新。自汉代以来，中国传统文化告别"诸子"而进入了以儒家文化为主流的时代。尽管在汉帝国发生分裂的公元3世纪之后，直至10世纪宋朝初建的数百年间，佛道两教大有取代儒学而占据思想文化领域支配之势，但在政治教化体制的维持下及经学知识不断增长的背景下，儒学传统仍然保持顽强的生命力。只是汉唐时期儒学被固化为一种经学知识，以至于追寻"性与天理"的义理方向以及文化使命的担当精神不免失落，思想原创力也不免受挫。

然而就在8世纪前后，中唐经历一系列的社会动荡，自10世纪以降，伴随着"唐宋变革"这场深刻的社会转型，儒学迎来了一场新思想运动。这场思想运动在各个文化领域引起了深刻的转变，在儒家文化领域最终产生了一种新的理论形态，即被称作"理学"或"道学"的新儒学。这场新儒学运动不仅标志着儒学的强势复兴，而且使儒学在儒释道三教构成的中国传统文化格局中最终脱颖而出，作为"道学"形态的新儒学成为宋元明清的主流文化。

在现行中国哲学学科的体制中，这场新儒学运动形成的儒家思想被统称为"宋明理学"，并已形成一个重要的研究领域。甚至有观点认为，作为宋明理学之核心内容的朱子学和阳明学构成了"东亚儒学文明"(余英时语)。这个"儒学文明"的说法无疑是确切的。因为我们今天谈所谓的"朱子学"和"阳明学",其实已经发生了重要的视域转化,即不再以狭义的角度来谈作为朱子个人或阳明个人的思想创造之结果的朱子学及阳明学;而是从一种宏观的历史文化视域,将朱子学和阳明学视作"近世中国"之后的一种"儒学文明"的典型形态,并将此置于整个近世中国的思想文化运动的视野中进行全方位的考察。

毋庸置疑,朱子学和阳明学不仅构成了宋明理学最重要的核心内容,而且在整个近世东亚也产生了广泛的影响,遂使朱子学和阳明学获得了广义上的内涵,形成了具有跨地域、跨文化之特征的"广义朱子学"和"广义阳明学"(吴震,J2019b),至少就13世纪至20世纪东亚儒学的发展历史来看,以朱子学和阳明学为代表的儒学思想既是东亚地域的地方性知识,同时又具有跨文化的普遍性价值,所以值得我们关注。

一 唐宋变革与近世中国的思想走向

宋明理学作为中国哲学史上的重要发展阶段和理论形态,究竟缘何而起,从何而来?这将涉及许多问题,但首先是两个基本问题:理学产生的思想背景以及社会背景。

从思想史或学术史而非哲学史的角度看,思想与社会的背景问题既有区别又有关联,其区别在于,思想背景更关注某种理论产生的观念机制,例如理学思想究竟缘何问题而来;社会背景则关注某种理论得以形成的社会基础,而此问题的范围显然更为宽阔。因此,我们可以从思想史的角度反过来观察社会,或许能对思想的产生与社会的存在之关系展开综合的考察。在这个意义上可以说,思想与社会不是单纯的反映与被反映的关系,而是一种既有张力又有互动的有机联系,也就是说,宋明理学的发生既有思想背景又有社会背景,两者之间存在密切的关联。

那么,哲学史的情况又如何呢?哲学是一种纯粹的理论构造,所以谈哲学的历史,可以撇开所谓的思想社会背景,而单纯关注哲学观念本身的演变、拓展或转化等逻辑链问题,也就是观念自身的发展史和演变史。严格来说,这是哲学意义上的观念史。因此,作为观念史的哲学史可以直接从观念本身切入,而让哲学产生的思想社会背景隐身而退。例如我们研究康德的《纯粹理性批判》,便可不顾康德的出身背景、社会背景等外源性问题,而直接进入其哲学文本,一探其哲学的理路、观念建构的过程等等。同样的道理,如果我们要研究朱子哲学或阳明哲学,当然也可以这样做。

但是,我们要谈的宋明理学,情况则有所不同。因为宋明理学是中国思想文化史上一场历时久远、影响深刻的整体思想运动,更是源于唐宋之际的一次最重要的社会文化、历史发展的转型,发生了"唐宋思想生活中,价值观基础的转变"(包弼德,M2001,第3页)。所以,由此形成的宋明理学便不同于某个哲学家的个体性创作,而是宋明时代儒家共同体在复兴儒学的过程中进行思想创作的理论结晶。故此有必要从历史的、思想的和社会的具体场景来思考宋明理学的发生过程及思想内涵。

概言之,宋明理学是发端于公元10世纪的一大思想史事件,作为一场儒学复兴运动而兴起,不论其开创祖师是周敦颐还是理学理论的实际奠基者程颢和程颐两兄弟,若要理解和把握他们的思想内涵及理论特质,就有必要将宋明理学视作一场整体思想运动,将理学家们的思想活动置于思想史或社会史的语境中进行多元考察,揭示理学思潮得以形成的各种缘由。当然,这些考察或偏向于史学性质,但又不是单纯的史学研究,而是要进入理学家的思想文本进行义理分析。归根结底,宋明理学是中国哲学的重要发展阶段,故我们探讨的重点将放在哲学研究方面。

1. 唐宋变革

在进入宋明理学家的思想文本之前,有必要先了解"宋明理学"的缘起问题。一个较为方便的入门途径是,了解10世纪理学思潮得以形成的社会思想背景。这是一个牵涉面非常广的问题,可以从许多方面或角度切入,在我看来,在其中最突出的是"唐宋变革"和"近世中国"的概念问题。而这两个问题又彼此关联,其关键就在于:如何理解10世纪之前中国社会发生的重大变化——具体而言,即公元8世纪、9世纪(唐贞元、元和年间)所发生的各种社会变化。

纵观中国两千多年来的历史发展,我们会发现每当历史转折的关头,随着社会变动的加剧,思想、文化乃至人的意识观念也会发生波澜壮阔的激荡或转变。举例来说,大致有五个历史时期最值得历史学或思想史研究者的关注:

第一,公元前6世纪前后,被西方史学界称为"轴心时期",又称作哲学突破的历史时期。早期中国在这一时期,产生了种种观念上的深刻变化,最终导致孔孟儒学的形成以及诸子百家争鸣的思想现象;

第二,公元3世纪至5世纪的魏晋时期,可称作宗教突破的历史时期。儒教经汉代意识形态上升期逐渐退至衰落期,因为中国本土宗教道教的形成以及外来宗教佛教对中国的征服（许理和语），导致儒学被玄、佛合流所压制，一方面发生了中国思想史上一次严重断裂，同时又随着佛教中国化的成功转型，奠定了儒释道三教的中国传统文化大格局，一个新的传统开始形成；

第三，公元9世纪至11世纪的唐宋之际，被称作"唐宋变革"时期，中国历史由中古迈入了前近代时期，又称作"近世"（关于这一点，我们后面有详细的讨论），迎来了先秦以来的第二次儒学复兴高潮，形成了富有哲学原创力的理学和心学等新儒学理论形态；

第四，就是17世纪前后的明清思想转型时期，理学（含心学）运动的衰落以及经世之风的转向，在学术上发生了重建经史传统的转变，最终迎来了以"汉学"胜出为标志的乾嘉考据学的巅峰时期；

第五，19世纪末至20世纪初的短短三十年内，中国在政治、观念、制度、文化等各个方面步入了"转型时代"（张灏，J2004），这些转型不仅对近现代中国产生了极其深刻的影响，甚至当代中国还没有忘却这段激情主义的时代，人们时常从纷繁复杂或残简断片的文献中试图重新寻找这段历史。

言归正传，我们要讨论的是何谓"唐宋变革"？而唐宋变革与宋明理学又有怎样的关联？进言之，唐宋变革何以意味着中国进入了"近世"的时代？

"唐宋变革"原是一个史学术语，其原创者是20世纪初的日本著名东洋史学家内藤湖南（1866—1934），而他提出这一概念相当早，大约在20世纪20年代便已正式提出，即以1922年发表的《唐宋時代の研究——概括的唐宋時代觀》为标志（内藤湖南，J1922）。此后虽有一些质疑的声音，但大致说来得到了史学界的普遍接受，西方学界甚至称之为"内藤假说"（Naito Hypothesis），而后来却慢慢地由"假说"竟变成了"学说"（葛兆光，J2012）。可见，凡是有学术内涵的"假说"便具学术生命力。

近年来，更有西方学者采用走出"中世纪"这一暗喻方式来表述唐宋之际社会嬗变之特征（宇文所安，M2014）；在中国学术界，也大多接受"唐宋变革"这个概念，认为唐宋之际的确发生了一场重要的社会变革，其涉及的方面非常广泛，影响也极为深刻（张广达，J2005）。

质言之，从8世纪唐代中叶古文运动的兴起，到11世纪北宋熙宁变法为止的这段历史时期，中国社会在政治经济制度以及思想文化观念等方面发生了前所未有的剧变，出现了一大批不安于传统又有思想创新的儒学家。内藤弟子、京都学派的核心人物之一宫崎市定（1901—1995）非常看重经济层面的变化对唐宋变革所起到的重要作用（宫崎市定，J2018），若结合政治体制、社会阶层以及思想文化的角度看，那么可以说，唐宋变革的四大标志是：（1）政治上，从贵族政治转向君主独裁体制；（2）社会上，取代门阀贵族的"士"阶层的崛起，即平民社会取代了贵族社会，并随之形成了"士人"文化；（3）文化制度上，科举制经由印刷术的推广普及、书籍等文化市场的快速发展而日趋成熟；（4）经济制度上，租庸调制改为两税制后，佃农地位得到根本的改变，摆脱了对土田的依附，推动了宋代城市的发展和繁荣，货币经济也有了极大的发展（葛兆光，J2012；包弼德，J2000）。

以上政治、社会、经济、文化等方面的深刻变化对宋代新儒学的形成和发展具有基础性意义。

举例来说，"唐宋八大家"，唐代有韩愈和柳宗元二人，其余六人都是北宋初的人物,"三苏"以外,欧阳修、曾巩以及推动熙宁变法的著名人物王安石,时代跨度尽管有两个多世纪,但是他们这批人共同推动的"古文运动"便象征着士人文化的崛起。又如,在经典文化方面,早在唐太宗和唐玄宗时期,《五经正义》便随着雕版印刷技术的成熟而得以推广,到9世纪唐文宗时,儒家经典终于形成了"十二经"的经典格局,完成了对汉代经学的集大成。再如,在佛教方面,随着印刷术的成熟,在宋太宗时期,雕版印刷了首部《大藏经》;宋徽宗时期,道教的经典文库《道藏》也终于得以刊行。

总之,唐宋变革所带来的社会文化效应是非常广泛和深刻的,儒佛道经历了此消彼长的过程,最终以新儒家的胜出为标志,在中国思想史上完成了一次重要的思想突破。

2. 近世中国

"近世"(Pre-modern)是一个历史分期概念,属于"中世"之后、"近代"之前的历史过渡时期。这个概念也是内藤湖南率先使用的,跟"唐宋变革说"成为一组配套的概念。因为"唐宋变革"历史事件的发生,所以中国从中古时代步入了"近世"时代。所谓"近世",就是"前近代"的意思,是"近代"的前夜。

我们先说"近代"。须指出的是,日语中的"近代"跟中国史学界所说的"近代"概念含义有所不同。英语中的"Modern"(近代),在汉语中与"现代"一词相同,因此,有时候我们很难区分"近代"与"现代"两个概念。日语中的"近代"特指欧洲17世纪、18世纪的工业革命和启蒙运动,宽泛地说,可以包含14世纪以降的"文艺复兴运动";至于19世纪以后直至20世纪中叶(1945年为标志)则属于特殊的帝国主义时代,而"现代"概念则是指1945年以后的民主主义时代。

问题的复杂性在于:"近代"与"现代"这两个概念会发生交错的现象。例如在20世纪初的日本,有一场"超克近代"的运动,我们有时将此翻译成"超克现代",这就有点糟糕。一方面,若从英语的Modern出发,就无法了解日本的"超克近代"运动的思想特质;但另一方面,"超克近代"运动的目标指向却是"现代",这场运动的参与者都在有意无意间,表露出一种思想倾向:试图解构"近代"的同时,又对"现代性"持批评的态度。

何以见得?其实,"超克近代"运动所揭示的思想总纲领是推翻三大主义:民主主义、资本主义、自由主义。这就不仅是对"近代"的超克,简直是要超越"现代"而直接跨入"后现代"。所以说,"超克近代"又有批判"现代性"的思想特征。当然,思想口号归思想口号,究其本质而言,我们必须清楚地了解"超克近代"的实质无非是"反西化""反近代化"甚至"反普世价值"(吴震,M2015a,第59—79页)。

"近世"概念虽早于"超克近代"运动,但却是在几乎同时代的社会背景中得以提出的。作为一个纯史学概念,"近世"虽然也是一个舶来品,却有其特定的内涵所指。其基本思路是:认为"近代"不是一夜之间突然出现的、偶尔形成的,近代社会的精神——例如自由、平等的价值观等,在各近代民族国家出现之前,必定存在于各地域文化的传统之中。内藤湖南发现中国历史非常早熟,中国近代的早期萌芽状态早在唐宋变革之际就已初露端倪,只是中国近代的前身——"近世"——的历史走向充满曲折坎坷,并没有内发地发展出近代,而须借助某种外在力量(例如西方)的推动才能完成向近代的转化。

日本已故著名学者岛田虔次（1917—2000）在其成名作《中国近代思维的挫折》一书中，以"近世"概念为主要的分析工具或审视角度，认为明清之际的社会转型严重挫伤了中国由近世走向近代的历史步伐，在思想史上表现为严重的"挫折"，"明学"——以阳明学为标志——的个体主义、自由主义等思想精神被注重考据的"清学"完全打压了下去。其背后蕴含的意思是，中国的近代虽有内发的因素存在，但最终却不得不面临挫折，并走向衰败。

在中国哲学界，最早使用"近世"概念的当数胡适，他在《中国哲学史大纲》（卷上）中，以"近世"代指宋元明清，其义近于西方史学界的"近代"概念（胡适，M1919，第7页），不过，他的研究仅止于上卷的古代部分，而原本计划的中卷"中古"部分及下卷"近世"部分最终并未实现。胡适的"近世"用法是否受到内藤的影响，还有待实证性的考察。上文提到内藤在1922年正式提出这一概念，但是有证据表明，在1909年左右，内藤就已初步形成了"近世"说。

20世纪80年代改革开放之后，中国哲学界也开始使用"近世"一词以取代封建社会末期的历史划分法，例如陈来有一部著作，书名就叫《中国近世思想史研究》。更早，在教科书《宋明理学》当中，他就已明确使用这一史学概念，并对唐宋转型说表示认同。他认为"近世化"或"亚近代"等说法可以表明"中唐开始而在北宋稳定确立的文化转向正是这个'近世化'过程的一部分"，近世化的文化形态的基本精神突出了"世俗性、合理性、平民性"，所以，我们只有将宋明理学置于这样的背景下，才能做出恰当的重新评估。陈来指出：

在这个意义下面，理学不应被视为"封建社会后期没落的意识形态"或"封建社会走下坡路的观念体现"，而是在摆脱了中世纪精神的亚近代的文化表现，它正是配合、适应了社会变迁的近世化而产生的整个文化转向的一部分，并应在"近世化"的范畴下得到积极的肯定与理解。（陈来，M1991b，第 17 页）

总之，作为历史分期说，近世是特指宋元明清，即 19 世纪近代中国之前的历史发展阶段，而不是泛指"前现代"；从思想史上说，近世则指新儒学思想转向的完成，以宋明理学的形成为标识。如此看来，朱子学与阳明学既是近世中国的两大理论形态，又是对宋元明清近世中国思想文化的高度概括。当然，这样一种概括性的提炼，尚需对朱子学和阳明学做一番重新的认定乃至"定义"，这一点有待后述。

二 "刺激-回应"模式的问题省思

所谓"刺激-回应"，是套用心理学的说法，来探讨唐宋之际的思想现象。它主要强调一个观点：宋代新儒学的形成是受到外部的思想影响——佛教和道教，为了应对佛道两教的思想"刺激"，新儒家不得不做出有力的"回应"，从思想概念、价值观念等各个方面来应对佛道的挑战，新儒学得以形成的内在机制就在于此。

最早由谁提出这一"刺激-回应"模式来分析唐宋思想转型的，这里已不必细考。不过，这一分析模式影响甚大，因为有许多证据表明新儒学的确借用了不少佛道两教的概念和范畴，所以至今仍有不少学者对此表示认同。另一方面，近年来也有学者开始对此分析模式有所质疑，表示这一模式可能是一种狭隘史学观的产物，未免将复杂的思想文化现象简单化了，缺乏对新儒家思想形成的内在逻辑的必要关注。

1. 新儒学源自哲学的批判意识

通过重新考察，我们发现"刺激－回应"说并不能充分说明宋代新儒学产生的思想根源问题。因为，思想与思想之间的所谓影响关系，很难单纯地用一方施加影响于另一方的作用方式来衡定；只是我们也不能否认，在儒释道三教之间存在理论张力甚至是观念冲突，这种张力和冲突在新儒学兴起过程中的确发生过正面或反面的影响作用。但就结论而言，新儒学的兴起源自于哲学的批判，其批判不仅指向佛道两教，也针对汉唐经学等旧儒学形态，合而言之，新儒学是对传统思想形态——包括汉唐经学、佛道两教——进行批判性回应及义理性创造的结果。由此来分析新儒学产生的思想内在机制应更具说服力。

举例来说，一个典型案例是道统问题。

此前有一个流行的观点，认为宋代新儒家的所谓"道统"建构是受到了禅宗"灯传"的刺激而做出的一种回应，旨在强调儒家也有犹如禅宗一般的"一灯相传"、绵延不息的传统，而且更为悠久，自尧舜以至孔孟。例如以研究唐史而闻名的陈寅恪便认为9世纪韩愈创作的道统论实际上仿自六祖慧能时代即十分流行的禅宗灯录，而宋史专家邓广铭也有类似相近的讲法。大体说来，他们一致认为若无来自禅宗方面的刺激，那么，新儒家的先驱人物韩愈恐怕就不会创造性地提出儒家道统论。尽管《孟子·尽心下》末章的一个观点认为尧舜以来就已存在某种"见而传之"或"闻而传之"的代代

相传的传承谱系,然而韩愈的道统论显然另有理论企图,是为回应佛教的冲击而做出的富有创造性的理论建构。韩愈的《原道》称:

> 何道也?曰:斯吾所谓道也,非向所谓老与佛之道也。尧以是传之舜,舜以是传之禹,禹以是传之汤,汤以是传之文、武、周公,文、武、周公传之孔子,孔子传之孟轲。**轲之死,不得其再传焉。**

这是韩愈原创的道统论。其中,至少有三点值得省察:首先是这个儒家之道有尧舜至孔孟的连续性;其次是这种连续性在历史文化发展过程中发生了突然的中断;最后是儒家之道根本不同于佛老之所谓"道"。这三点无疑是韩愈道统论的思想特质,为宋代新儒家的道统重建奠定了重要基础。

很显然,韩愈指出这一具有排他性的儒家之道不仅是为回应佛老,更具有复兴儒学的建构性。如果说二程(程颢、程颐)津津乐道的"道学"与韩愈《原道》毫无思想关联,则是不可思议的,一个最有力的证据就是,程颐为其兄所写的《墓表》毫不隐讳地指出中断的道统已有了新的生机,其接续者便是程颢。

1189年朱熹在《中庸章句序》中始拈出"道统"一词,以为儒家道统渊源有自,源自"上古圣神",而其所谓"道统"显然已构成儒家传统的标志和象征。只是朱子对儒家道统作了重新安排,在他看来,孟子之后的道统接续者首先是周敦颐,然后才是二程兄弟。至此,韩愈揭示的原型儒家道统观被改换成新型的理学道统观(关于理学道统论,详见本书第四讲)。回顾经由韩愈、二程直至朱子的道统建构历程,我们显然无法用"刺激-回应"模式来做出充分的说明，而应当将其看作是新儒家在复兴儒学过程中的一种自觉的理论建构。

2. 新儒学源自文化的担当意识

由此可见，新儒家的哲学创造活动（包括道统观念的建构）绝不是单纯地受佛老刺激而做出的回应，其中更有儒学自身的思想资源起着促进作用。例如唐中期的经学运动便与宋初疑经思潮有着密切关联，同时期的古文运动也对宋初新儒学发生过直接或间接的影响。新儒家的思想原创力既源自哲学理论的批判意识又源自文化担当的自觉意识，前者更多指向对汉唐儒学以及佛老哲学的批判，而后者则包含复兴先秦儒学文化传统的自觉愿望。新儒学不仅是一场哲学运动，也是一场文化运动。用冯友兰的说法，前者属于"道"的方面，后者属于"文"的方面。

冯友兰指出，唐中期"复古运动"的领袖韩愈的着眼点就在于"文"和"道"两方面："在'文'的方面，是要用所谓三代两汉文体代替魏晋以来的骈文……在'道'的方面，要用儒教代替佛教和道教，为儒教争取统治的地位，以代替佛教或道教统治的地位。这个运动说是复古，实际上是一种革新。"（冯友兰，M1988，第285页）变复古为革新的这一判断是精当的。

然而，以复古为革新须建立在文化批判的基础之上，而这种文化批判意识的形成与中唐以来的社会转型有密切关联。概言之，即世袭贵族在唐末逐渐削弱以至于宋代之后在社会上整体消亡，唐宋之际士人阶层推动的"师道"运动也正表明士人对于现实社会秩序的重建，抱有强烈的使命感和担当意识，进而催生出新儒家重建儒学传统的思想创造力，并成为北宋庆历年间思想运动的先导。

应当指出，作为一场整体的思想运动，宋代新儒学除了有必要应对佛老在抽象理论方面对儒家注重人伦的观念的挑战，更有必要重新发现孔孟儒家的文化传统意义，其中包含对汉唐经学为核心的儒家文化的重新评估，例如韩愈注重《孟子》，而其弟子李翱则推崇《中庸》，便是这一文化重估现象的显例。正是通过对汉唐经典注疏之学的批判性重构，宋代新儒家始能承当起重建孔孟儒学传统的责任，并对此做出新的理论创造。

总之，从思想文化史发展的连续性角度看，尽管"刺激－回应"模式的历史考察有一定的学术史意义，但唐代中期以来的古文运动，韩愈、李翱等人对儒家道统的观念阐发以及对儒学经典的义理新发现，确是我们探索宋代新儒学运动得以发生和形成的一个不可忽视的重要面向。

三　儒释道三教的交错与儒学复兴

与上述问题有关，如果我们在某种程度上仍须承认新儒学的形成不能抽离出佛道两教的思想氛围，那么就应当思考儒释道三教究竟存在怎样的关联？此一问题之所以重要，因为它涉及如何确定新儒学的思想特质，而并不在于确定新儒学的思想来源。例如历史上常以"阳儒阴道"或"阳儒阴佛"之说，来对宋明新儒学的思想实质进行定性，更常见的一种误解则以为宋明理学无非就是三教混合的产物。

1. "三教合一"抑或"三教融合"？

胡适早在1919年出版的为其暴得大名的《中国哲学史大纲》

(卷上)当中就断言:"中国近世哲学"历史上的"宋明的哲学,或是程朱或是陆王,表面上虽都不承认和佛家禅宗有何关系,其实没有一派不曾受印度学说的影响的"。至于这种影响的具体分析,胡适只是点到为止,他指出这种影响有"直接的"和"反动的"两种,前者是指佛教的"观心"思想直接影响了宋明哲学有关孔子"操心"、孟子"尽心""养心"以及《大学》"正心"等问题的理解,后者是指宋明儒家攻击佛家的"出世主义",故竭力提倡"伦理的"入世主义,成为一种"人生哲学了,这是反动的影响"(胡适,M1919,第7—8页)。这些分析尽管略显粗糙,然在当时不啻是一种闻所未闻的新观点。理学的产生源于佛学的影响或理学思想中有着浓厚的佛学阴影这类看法,自此以后在学术界产生了深远影响,至今仍然存在。

从发生学的角度看,不得不承认"刺激-回应"模式是一个较易接受的考察方式,不过它也是一个容易产生误解的认知模式。因为一方面,佛道两教在形上哲思方面的诸多新观念,新禅宗和新道教的"入世转向"以及内向精神修炼等新方法,对于新儒家有关本体论、宇宙论、心性论以及内心道德修养功夫等方面的理论重建确有一定程度的"刺激",这一点已得到以往研究的充分论证;另一方面,正如上述,新儒家思想的原创力源自对儒学内在思想资源如汉唐经学的批判汲取以及对佛老及玄学等外部资源的批判意识,更重要者,乃是新儒家对儒家道统和文化承当的使命意识,对此如果我们视而不见,则无法对新儒学的思想特质及其理论意义给予恰当的定位。

若从总览全局的思想史视域出发,将新儒学视作宋明时代的整体思想运动,那么,如何来审视儒释道三教之间的关系,则是我们不得不面对的问题。一些常见的观点认为,佛道两教在超越的精神层面有诸多贡献,有一套形上的观念理论,而儒学在历史上则擅长世俗人伦的问题思考,未免偏于形下学的理论建构,由前者较易形成一套深刻的哲学论述,而由后者则不免沦为一套世俗伦理的道德说教而已。另有一种观点表明,佛学有关佛性遍在等超越领域的理论关怀,深刻影响了新儒家有关超越问题——例如天性、天命等问题——的探讨。因此有学者认为新儒学在诸多关键理论问题上,汲取乃至窃取了佛老的观念,导致新儒学的所谓理论建构沦为非儒非佛非道、亦儒亦佛亦道的尴尬境地。更为常见的一种批评性观点则认为,宋代以后的所谓道学,无非是"阳儒阴佛"或"阳儒阴道",不仅缺乏思想原创力,更是严重背离了儒家原有的精神方向;入清之后,由于宋明理学遭遇到前所未有的批判,于是,朱子学被讥刺为"朱子道",而阳明学被批评为"阳明禅"。引人注目的是,这些批评大多来自儒家阵营内部,而从佛道方面来看,却出现不少"三教一致"或"三教融合"的声音,对于新儒家反而采取了比较温和的态度(吴震,M2002,"三教合一"条)。

若单纯从学术思想史的角度看,不论是二程还是朱子、王阳明,在他们的思想发展过程中,的确存在大量的史料可以证明,这批新儒学的大家无不有过一段沉湎于佛道思想的经历,短则十余年,多则三十年。即便是理学集大成者朱子,在其思想成熟后对佛道的批判近乎口诛笔伐,然而在晚年不仅对道教养生术表现出特别的关注,撰写了一篇《调息箴》的文章,结合自己的经验,从具体的技术层面对调息功夫进行了详细的阐发,而且运用文献考据的功夫,对道教金丹道一派的圣典《周易参同契》进行了严密的文献考察,写出一部在道教史上据说是前无古人的《周易参同契注》,并且参与了另一部道教内丹术的重要经典《阴符经》的注释工作。这也难怪在清代儒者之间竟开始流传"朱子道"的说法。

至于被朱子列为孟子之后道统接续者周敦颐的"太极"宇宙论，入清之后遭人批评质疑的声音更是不绝于耳。这些学者基于道学批判的立场预设，开始寻找大量证据以便坐实周敦颐的《太极图说》是窃取道教的一篇作品。周敦颐成为众矢之的而遭到清儒的严厉批判，其产生的社会效应是十分明显的，亦即对宋明道学来一个兜底翻，以图彻底颠覆基于"太极"宇宙论的宋代新儒学所建构的新天理观。因为正是借助"太极即理"的命题，朱子才完成了在哲学上将汉代以来的气化宇宙论扭转至本体宇宙论的理论工作，而"奋力打破《太极图》"竟成为18世纪中期乾嘉考据学的核心人物戴震，准备发动对宋明道学总批判的一句思想口号。这应该不是戴震一时心血来潮的激愤之词，而是深思熟虑之后做出的决断。

晚明心学的案例似乎更清楚地表明，道学（含心学）发展到晚明时代已出现一股糅合三教的风潮，甚至有学者以为，"三教合一"足以概括心学的思想特质。坚持这一观点的学者往往以阳明的"厅堂三间之喻"为例，指出阳明的这个比喻透露出其观念深处已对三教表现出宽容乃至认同的姿态。

这个比喻出现在嘉靖二年，即阳明的晚年，按理说，此时阳明的思想已臻完全成熟的境地，年轻时代在儒释道之间彷徨徘徊的态度应当已发生根本的转变，不会再对向来被斥为异端的佛道两教保留宽宥的余地。然而事实上，阳明通过巧妙的比喻性描述，对佛道两教与儒家的关系表现出充分的理解，认为从原本意义上说，儒释道本是一家，只不过在历史上处于分居"三间厅堂"的状态而已，当然阳明并没有忘记儒家才是"一家"的主人，故位居正厅的中间地位，而佛道则分处左右两间厅堂之中。尽管如此，三教之间绝不是水火不容的敌对关系，理应保持一种正常的相互理解、和平相处的关系。但是现实的思想状态却不尽理想，儒家人物往往自设藩篱，或是拒绝认同佛道的任何学说，或是心甘情愿地将主人的位置让与佛道两教，导致儒释道三教处在一种极度混乱的状态中。（《阳明年谱》嘉靖二年条）

阳明的这个比喻在语意表达上可能并不十分周延，但仍然引发了阳明思想圈内多数人的赞赏。例如阳明大弟子王畿便表示充分认同，他认为只要坚定自己的儒家立场——如充分信赖自己的良知，就自然不用担心儒家的地位会被佛道取而代之，因为良知具有"范围三教"的绝对力量。另一方面，阳明的比喻也遭到不少学者的质疑，如阳明的挚友湛甘泉就指出此喻失当，其结果有可能使儒家地位陷于岌岌可危的境地，东林党人等心学批评者如顾宪成，更是指责阳明对佛道可能危害社会人伦认识不足，其三教宽容的态度导致心学末流纷纷趋向异端，使得佛道学说乘隙而入，严重损害了儒学的纯粹性。

2. 儒释道是中国哲学的共同智慧

如何认识和理解儒释道之间的关系，的确是研究宋明理学不得不面对的问题。事实上，如果我们拓宽哲学史的视野，从理论上去判别唐宋以来已构成中国传统文化三足鼎立之势的儒释道思想发展的普遍趋势，我们就会发现，尽管从唐宋以来（特别是11世纪以降），以新儒学为代表的儒家文化处在中心位置，但总的来看，儒家敢于正面应对佛道思想的冲击，承认并汲取佛道思想的某些重要智慧，是中国传统文化发展到新儒学阶段不可避免的新趋势。

若要分析其原因，其实很简单，因为儒释道共同构成了中国哲学的重要智慧。新儒家对佛道两教偏向"出世"或"遁世"的思想取向固然无法表示赞同,但是中国化之后的新佛教特别是禅宗思想和新道教在诸多重要哲学问题方面的理论创发,对新儒学的"思想突破"无疑具有一定的助推作用。

这里,我们以"体用论"为例来作进一步的说明。"体用论"是重要的哲学思辨方式,但它并不是儒家的原创,其"发明权"属于佛教。自程颐发出"**体用一源,显微无间**"一语以来,人们大多以为这是新儒家的一项重要的思想创造,甚至是新儒学在哲学上最重要的一大发明,程颐的弟子甚至称赞其为泄露了"天机"之一大奥秘。

但是平心而论,对于魏晋以降的佛教东传史稍有了解,便可发现在哲学意义上,明确提出"体用论"者无疑是佛教。所谓"体用",概指实体与作用、本体与现象的对立关系,作为这一理论的典型案例是六朝时的梁武帝(502—549年在位)在《立神明成佛义记》(《弘明集》卷九)中的一段记述:"无明体上,有生有灭,生灭是其异用,无明心义不改",对此段表述,相传梁武帝的臣下进行了重要的注释:"既有其体,便有其用。**语用非体,论体非用**。用有兴废,体无生灭。……**夫体之与用,不离不即**。"这应当是在哲学上明确地将体用作为一组相对的概念揭示出来的一个案例。程颐所说的"体用一源",以及新儒家有关体用的论述,大致未能越出体用者"不离不即"这一思维框架。

故在明代心学思潮兴起之后,大多数心学家都能认同这样一种观念:即承认儒家有儒之体用,佛教有佛之体用,道教有道之体用。因为在理论上,这个世界不可能存在有体而无用或有用而无体的现象。对此有清楚的认识和思辨,并从一元论角度来重新阐明这个世界，对于新儒学的理论建构及思想发展具有重要的意义。岛田虔次曾明确指出，在唐代以前，在儒教文献或儒家以外的其他本土文献中，并不存在以上有关体用论的思想记录（岛田虔次，M1986，第 5 页）。对此，我们没有理由表示怀疑。相反，我们不得不承认，在体用论问题上，佛教的理论思辨对于新儒家是有影响的。由此可见，宋代新儒学的复兴运动如果没有唐代佛教或道教的存在，反而会变得不可思议。

诚然，在人类精神史上，不同理论学说彼此交错、互相批判、融会沟通，乃是一种常见现象，但我们必须严肃地指出，无论佛道对新儒家有多么大的所谓"影响"或"刺激"，归根结底，新儒学之所以为"新"，取决于新儒学对先秦儒学的创造性发展。至此，我们可以得出三点初步结论：

第一，新儒家的儒学复兴运动有其理论发展的内在因素，这是由儒学自身理论发展需求所决定的，而不能以佛道的单方面影响来覆盖宋明新儒学的整体思想格局；

第二，新儒学在重整儒家学说之际，对佛道思想某些重要智慧的汲取在哲学史上是"合法"的，而不能因此误以为新儒家的思想本质已沦为佛道，新儒学正是在批判性地融会佛老思想的基础上，保持了儒学的发展性；

第三，新儒家对佛道思想的汲取绝不是原封不动地照搬照抄，而是通过对佛道概念或学说的借用，加以创造性的诠释，融化为儒学的新思想，这是宋明理学得以保持其独特性和生命力的根本原因。

总之，儒家思想的理论发展是新儒学生命力之表征，新儒学的独特性则构成了儒家文化有别于佛老思想的特质，而新儒学能成为近世中国传统文化之主流的重要根源也正在于此。

四 研究史的回顾与问题的展望

"宋明理学"作为中国哲学的一个研究领域，其形成当可追溯至 20 世纪 20 年代著名史学家吕思勉的名著《理学纲要》（1926 年讲稿，1931 年出版），其书虽未冠以"宋明"两字，然其内容由"理学之原"讲起，以濂洛关闽、象山阳明为主，显然就是一部宋明理学"简史"，故于宋明理学研究领域之形成有开创之功。但"宋明理学"作为中国哲学研究的一个专业方向，其确立则在改革开放开始招收研究生的 1978 年。

研究史的回顾对于促进相关领域的学术研究具有前提性的意义，也是我们进入真正意义上的学术研究必须跨出的第一步。道理至为显明，学术研究不是建造空中楼阁，更不能闭门造车，而必须在充分掌握研究前沿的基础上，站在前人研究的肩膀上，才能真正进入学术研究的殿堂。

关于朱子学与阳明学，前沿研究的积累已浩如烟海。下面，我们择其精要，作适当的介绍。

1. 问题的反省与展望

回顾四十年来宋明理学的研究史，结合其中存在的一些问题，我们对宋明理学研究的未来发展提出几点展望。

第一，**加强哲学性研究**。宋明理学研究的主流是哲学史进路，深入的哲学义理研究仍是其基础。尽管以朱子学和阳明学为代表的宋明理学并不完全是抽象的哲学义理，更涉及政治、历史、经学、宗教等诸多方面的内容，但是朱子学和阳明学对于宇宙、人生、社会、伦理等根本问题的思考，无疑是宋明理学的理论根基。因此，注重理论探讨和概念分析的哲学研究仍然是未来取得新突破的重要门径。

第二，**突出问题史研究**。宋明理学研究目前面临的一个局面是，缺乏通观性的理论视野和整体性的理论勇气，出现了为完成科研项目而导致研究课题碎片化的倾向。例如，偏重于人物个案的研究，虽具有一定的基础意义，然而整体性视野不足，这将导致研究格局的狭隘化。故而，有关朱子学和阳明学的综合性研究有待加强，特别是明清朱子学以及晚明心学的研究有待进一步深入拓展。

第三，**反思当代新儒学**。当代新儒学的三期四代发展在某种程度是对宋明理学的"创造性转化"，其重要人物冯友兰、熊十力、马一浮、牟宗三、刘述先等都有深厚的宋明理学基础。当代新儒学对宋明理学的研究也成为近几十年来宋明理学研究的基本范式，但这并不意味着就要故步自封。严格遵守当代新儒学的立场，或站在其对立面排斥当代新儒学，都会导向儒家原教旨主义，不利于学术研究健康发展。事实上，我们应在深入研究宋明理学的前提下，以开放的心态汲取当代新儒学的长处，同时对其局限加以反思，由此才能在当代新儒学的基础上"接着讲"，实现宋明理学的当代转化。

第四，**比较哲学研究**。比如，在朱子理气论、心性论、工夫论、宗教思想等传统问题上，有必要从中西哲学比较的视野加以关照，在这方面狄百瑞、秦家懿、白诗朗等当代学者已有开拓，但还有进一步拓展的空间。例如朱子工夫论的研究，西方伦理学的理论资源或许可以为其注入新动力。在阳明哲学思想研究中，如何利用西哲概念及其问题方法,来重新审视阳明学的思想价值,对于阳明学研究的未来发展具有一定的学术意义,借由比较,我们能更全面地揭示阳明学作为中国哲学的独特意义。

第五,**助推中国哲学研究**。作为儒学发展第二期的宋明新儒学,如何为儒学的未来发展、中国哲学的未来走向提供思想资源,在当今是值得深思的课题。因为宋明理学深刻影响了近现代以来的新儒学运动,及至当代中国哲学重要的研究成果,或者无法绕开宋明理学,或者多少皆有朱子学或阳明学的影子。因此,未来的宋明理学研究就有必要打通上下,既要上溯至儒学源头——先秦时代的原典儒学,又要链接近现代儒学的思想发展,在继承和发掘宋明理学思想遗产的基础上,实现中国哲学的全面发展。这是宋明理学研究者的职责所在。

第六,**方法的多样性和多元性**。在当今文化多元的全球化背景下,如何运用各种研究方法和研究视野,为传统的学术研究注入活力,是一个重要课题。宋明理学的历史形态和发展本来就不是一个纯哲学或纯历史的问题,在当前学科分工加剧的形势下,需要综合哲学史、思想史、学术史、社会史以及文献学、人类学、宗教学等多学科的研究手法来彰显它丰富的面向,对于经学传统、经典诠释、政治哲学、历史哲学、礼学思潮、经世思潮以及儒学社会化、世俗化等转化形态也有必要加以整体考察,由此才能使未来的宋明理学研究更上层楼。

总之,以朱子学与阳明学为核心内容的宋明理学研究,自21世纪以来已呈现出前所未有的新气象,在弘扬中华优秀传统文化这一新起点上,我们更应以开放的心态充分开拓研究视野、运用各种研究手法,全面展示具有国际视野和现实关怀的宋明理学研究新成果,为推动中国哲学发展做出贡献。

2. 一份简要的阅读书单

阅读经典须循序渐进、由浅入深,从基本典籍入手,逐渐扩大阅读范围。基本原则是,以原典著作为主,以研究论著为辅;以原典解读、把握史料为进入学习研读的第一序工作,以概念论证、理论诠释为进入独立研究的第二序工作。

有关宋明新儒学视域中的朱子学和阳明学的经典著作或论述专著,我们大致分作四类,供阅读参考:

第一,教科书,可以选择性地阅读。目的在于帮助大家掌握中国哲学史的基本知识,起到引领入门的作用:

(1) 陈来《宋元明哲学史教程》

(2) 劳思光《新编中国哲学史》第三卷上下册

(3) 冯友兰《中国哲学简史》

(4) 张岱年《中国哲学史史料学》

(5) 复旦大学中国哲学教研室编《中国古代哲学史》下册

第二,经典文献,需要精读,仅列举三种。所谓精读是指通读且反复熟读,须养成不断阅读的习惯:

(6) 朱熹《四书章句集注》

(7) 朱熹编《近思录》

(8) 王阳明《传习录》(吴震解读《传习录》)

第三,拓展文献,作为经典文献的辅助性读物,要根据朱子学和阳明学的某些理论问题进行部分精读。这部分经典文献体量庞大,读者可在特定问题意识的引领下进行选读:

(9)《朱子语类》150 卷

(10)《朱子全书》27 册

(11)《王阳明全集》新编本

(12)束景南《朱熹年谱长编》增订本

(13)束景南《王阳明年谱长编》

(14)黄宗羲《宋元学案》

(15)黄宗羲《明儒学案》

第四,研究论著。二手文献可以引领我们把握前沿研究,但是这类专题性强的研究著作,最好时常与原典进行参照,力求做到既汲取其主要观点,又逐渐培养自己独立分析问题的能力:

(16)陈来《朱子哲学研究》

(17)陈来《有无之境——王阳明哲学的精神》

(18)陈来《仁学本体论》

(19)刘述先《朱子哲学思想的发展与完成》

(20)牟宗三《心体与性体》

(21)吴震《朱子思想再读》

(22)吴震《阳明后学研究》(增订本)

(23)耿宁《人生第一等事——王阳明及其后学论"致良知"》

(24)杨立华《宋明理学十五讲》

(25)陈立胜《入圣之机——王阳明致良知工夫论研究》

第二讲 广义理学视域中的朱子学和阳明学

宋明理学是中国哲学史上一个重要的发展阶段，足以代表其理论典范的则是朱子学与阳明学。宋明理学又是先秦传统儒学在宋代的创造性发展，使传统儒学发生了理学化及哲学化的转向。那么，这种思想转向对于中国哲学而言，究竟意味着什么？

回答这一问题的关键在于：如何将朱子学和阳明学置于广义理学视域中进行重新理解和整体把握。无疑地，作为广义理学形态的朱子学与阳明学，既有共同的理论追求，又有观点主张上的差异。但作为儒学第二期发展的典型理论形态，我们应当如何审视其理论关切，并从理学传统中获取新的思想资源，这是今天宋明理学研究的一大课题。

一 作为思想运动的宋明理学思潮

宋明理学本就可以从不同的角度来理解，就其时代言，横跨11世纪至17世纪，长达六百年；就其内涵言，涉及理学理论的概念系统及其所蕴含的哲学问题；就其历史地位言，堪称中国儒学思想发展第二期的重要阶段（关于儒学发展的"三期说""四期说"，这里搁置不论）；但就其代表性的形态言，则非12世纪朱子开创的朱子学及16世纪王阳明开创的阳明学莫属。因为，朱子学与阳明学具有贯通宋明理学理论的历史地位，宋明理学的哲学问题大多可以从朱子学与阳明学的理论系统中找到其原初形态及扩散演变之轨迹，透过朱子学和阳明学这两扇窗户，我们可以一窥宋明理学的整体思想动向。

1. 道学、理学、新儒学

11世纪，宋代儒学复兴运动之际，"道学"作为特有名词已然出现（姜广辉，J1994）。二程（程颢、程颐）对于"道学"有一种强烈的自觉，《二程集》中"道学"一词竟出现十次以上，程颐的两句话堪称典型，一则曰："**自予兄弟倡明道学，世方惊疑。**"（《程氏文集》卷十一《祭李端伯文》）表明二程初倡"道学"之际，遇到了相当大的社会阻力；一则曰："臣窃内思，**儒者得以道学辅人主**，盖非常之遇。"（《程氏文集》卷六《上太皇太后书》）这篇奏疏是程颐于元祐元年（1086）出任崇政殿说书时的作品，表明程颐以"道学"为自己的学问追求。在奏折末尾，程颐更是表达了对重新发现"道学"的理论自觉：

> 窃以圣人之学，不传久矣。臣幸得之于遗经，不自度量，以身任道。天下骇笑者虽多，而近年信从者亦众。（同上）

足见道学概念在程颐思想中分量极重，而且他意识到可以利用经筵侍讲的绝好机会，将道学向年幼的哲宗皇帝进行灌输。这从一个侧面印证了南宋末周密转述"吴兴老儒沈仲固"的一句话是大致符合史实的："道学之名，起于元祐（1086—1093），盛于淳熙（1174—

1189)。"（周密《癸辛杂识·续集下》，第 5805 页）

其实，到了南宋时代，除"道学"外，"理学"一词也开始流行，主要指儒家的义理之学，以区别于汉唐以来的训诂之学，如陆九渊、张栻、朱子等人有关"理学"的用法都不外乎此意。宋末黄震（1213—1280）更为明确地指出：

> 自本朝**讲明理学，脱出诂训**。（《黄震全集》，第 5 页）
> 本朝之治，远追唐虞，以理学为之根柢也。**义理之学独盛本朝**，以程先生为之宗师也。（同上书，第 2420 页）

这是说理学的思想实质在于义理而有别于训诂，上可溯源至尧舜时代，下可探寻于北宋二程，而二程才是开创理学的"宗师"。

元代所修《宋史·道学传》的"道学"则是指濂洛关闽之学，特指程朱一系的思想学说，变成了一个狭义的学派概念。清修《明史》则不列"道学传"而将道学人物全部纳入"儒林传"当中。所以近代以来，关于"道学"一词能否涵盖宋明儒学思想的问题，学术界一直争议不断，此处不赘（冯友兰，J1983）。

"新儒学"（Neo-Confucianism）原是在西方学界普遍流行的一个译名，用以泛指宋明理学（道学）的思想学说。关于其缘起，有研究表明，其实早在 17 世纪传教士来华之后，目睹宋明儒所倡之新思想，因仿新柏拉图主义（Neo-Platonism）之名，而刻意造了一个新词：Neo-Confucianism（陈荣捷，M1996，第 286 页）。不过，它在当时及此后的中国学界并未留下任何影响，其含义无非是广义宋明理学，既含道学亦含心学等宋明儒学新思潮。值得一提的是，冯友兰于 1923 年在哥伦比亚大学提交的博士学位论文中，有一章题为

"Neo-Confucianism",并于次年在上海商务印书馆出版,1926年冯友兰回国后,译成《人生哲学》出版,该词译为"**新儒家**"。

1934年冯友兰出版《中国哲学史》上下两册,陈寅恪在为下册作的《审查报告》中屡用"新儒学"及"新儒家"之概念,泛指广义的宋明理学,但他并没有交代这些概念的实质内涵,或许只是沿用"宋明道学家即近所谓新儒家之学"(冯友兰,M1961,第800页)的说法亦未可知。按陈寅恪对新儒学的判断:"中国自秦以后,迄于今日,其思想之演变历程,至繁至久。要之,**只为一大事因缘**,即新儒学之产生,及其传衍而已。"(陈寅恪,M2001,第282页)这是将宋代新儒学的产生称作中国二千年来思想史上的"一大事因缘",评价之高,颇值回味。此后,冯友兰的学生卜德(Derk Bodde)将《中国哲学史》译成英文时,使用了"Neo-Confucianism"一词。该书于1952至1953年由普林斯顿大学出版社出版,于是,该词作为学术概念在西方学界得以广泛流传(刘述先,M1995,第72—73页)。

不过,"新儒学"一词向来存在争议,特别是在美国的中国哲学研究者之间。陈荣捷、狄百瑞等人沿用之,用以指称宋明道学,而田浩却认为"新儒学"一词含义不清,《宋史》的"道学"一词也语意褊狭,提出重新界定"新儒学",于是在美国学界引发了争议。刘述先提出,为避免概念上的无谓纠缠,"我提议以'**宋明新儒学**'代替广义的'宋明理学'"(刘述先,M1995,第74页),不失为一项有益的建议。在我们看来,若要对"新儒学"做一限定,可采用一种广义的立场,涵括"道学""理学""心学"或"气学"等思想潮流,以泛指宋明儒学传统。其实,广义视域中的朱子学和阳明学也就是广义的"宋明新儒学"。因此,本书一般用"新儒学"来概指宋明理学,但也不排斥使用传统的宋明理学概念,只是其中有广狭两义之分。至于广义宋明理学的提法,以下稍作几点引申的讨论。

2. 何谓"广义宋明理学"?

欲将朱子学和阳明学置于广义理学视域中进行考察,首先须说明何谓广义宋明理学。事实上,所谓广义宋明理学,就是将宋明理学视作一场整体性的思想运动,将不同阶段的理论建构视作前后相继的思潮。对此,我们需要从理论与历史两个层面来进行思考和把握。

首先,这将涉及如何理解朱子学和阳明学的义理系统问题,其次,涉及如何把握朱子学和阳明学的历史地位问题。就学术史的特定意义而言,朱子学表示朱子的哲学思想,阳明学表示王阳明的哲学思想。可是,若仅以朱王两人的思想言说来把握理学的整体性特征,则必定导致学术视野的自我局限,而难以对宋明理学有一个纵览全局的真正把握。

因此,我们有必要从更广阔的视野对朱子学和阳明学作一番重新"定义",尽管这项定义是描述性的,而不是从学科意义上对朱子学和阳明学的内涵和外延的明确界定。在我们看来,任何一种理论的形成,固然是思想家个人的理论创造之结果,然而所谓理论创造又绝非抽离于历史文化发展过程的孤独现象。例如朱子学不仅是朱子个人的思辨结果,更是理学思潮的理论结晶,也是宋代新儒学集大成之结果。因为北宋的周(敦颐)、张(载)、二程(程颢、程颐)的思想构成了朱子学的重要资源,朱子学乃是广义上的道学理论建构。若将两宋道学加以切割,朱子学恐怕便成了一种悬空架构。

另一方面,从历史文化发展的角度看,任何一种有生命力的哲学理论都具有不断诠释与发展的可能性,因而具有动态的开放性特征。朱子门人及其后学对朱子思想的不断诠释乃至理论推衍,理应作为广义上的朱子学而得到重视。因此,我们说朱子学作为一种哲学思想遗产,不仅是朱子个人的思想,更是经近世诸儒或后世学者对朱子学的思想再生产,从而不断丰富发展的理论学说。广而言之,13世纪传入朝鲜和日本的朱子学,经过不断诠释而形成的朝鲜朱子学和日本朱子学,也应属于广义朱子学的范畴,尽管它们在理论形态等方面与中国朱子学相比已发生了各种本土化的转向。同样,阳明学也有广狭两义之分,这里就不必赘述了。

从上述立场出发进行思考,一方面,可以促进我们全方位了解朱子学和阳明学的理论;另一方面,借助广义的朱子学和阳明学,可以推动我们对于宋明理学的重新认识。也就是说,以广义的朱子学和阳明学作为观察宋明理学整体运动的两大坐标,进而将宋明理学史上的各理论环节贯穿起来,必将有助于开拓宋明理学研究的新视野。要之,宋明新儒学或广义宋明理学,名异而实同,概指11世纪至17世纪六百余年的新儒学思潮,其中主要有程朱理学和陆王心学两支思想流派。从广义上说,理学和心学均可归属于"新儒学"。

那么,宋明时代新儒学的核心主旨或思想特质是什么呢?一言以蔽之,"**性与天道**"。值得一提的是,早在1981年"杭州宋明理学会议"上,已经明确提出"理学的性质"表现为以"性"与"天道"为核心内容的一套理论体系。在宋明新儒学史上,"性与天道",源于张载提出的"**性与天道合一**"(《正蒙·诚明篇》)以及"**性即天道**"(《正蒙·乾称篇》)的命题。当代新儒家牟宗三据此推衍为"天道性命相贯通"之命题,他进而断定:"**天道性命相贯通乃宋明**

儒共同之意识,亦是由先秦儒家之发展所看出之共同意识,不独横渠为然。"(牟宗三,M1999,第 417 页)这是值得重视的论断,并为当代新儒家所认可。

二 关于宇宙的认知图式:理与气

理气论是宋明理学有关宇宙认知的基本图式。中国哲学史上,对宇宙问题的思考由来已久,汉代就根据"元气"等观念,建构了一种被称为"气化宇宙论"的思维模式,认为宇宙起源于一种物质性的基本要素——"气"。不过,"气"作为最具中国本土色彩的哲学概念,难以用物质性、物质能量或基本质料等来概括,根本上说,"气"是一个在不同场景具有不同语意的多义性概念。在日常语言中,至今仍有许许多多有关"气"的表达,如气场、人气(来自日语)、生气、气质等。

对于宋代新儒学而言,宇宙论的理论建构无疑是"思想突破"首先要面对的问题。汉代以来的所谓"气化宇宙论"或"宇宙生成论"的基本模式是:先有元气,而后阴阳两气分化,于是万物化生。但这个模式是否有足够的解释力,新儒家提出了基本的质疑。因为,如果在"气"的背后没有更为根本的终极存在,那么,这个世界的由来及其存在的依据等问题,就将无法做出合理的解释。新儒学的理论突破口之一,是将气化宇宙论进而推进至本体宇宙论解决有关宇宙存在的终极依据之问题,重新建构一个"理"的世界。正如二程所说:"吾学虽有所受,**天理二字却是自家体贴出来。**"(《程氏外书》卷十二)这无疑是理学的思想宣言,表明以理为基础的理气论得以重建。对于新儒学而言,这一重建具有决定性的意义。

1. 理气的建构

朱子学理论的基本关怀大致有三：一是存在论，以"所以然之故"的"理"作为世界存在的基本方式，带有秩序性的含义，反映了世界秩序，与此同时，"气"是构成一切存在的基本要素，因而"气"与"理"又构成不离不杂的理气二元关系；二是伦理学，以"所当然之则"的"理"作为规范社会的基本方式，因而"理"带有规范性的含义，反映了伦理秩序；三是心性论，朱子学认为"心"具有统摄性情的功能义和主宰义，但"心"并不是存在论意义上的本体概念，唯有"性"才是与"理"一般的本体存在，故有"性即理"的命题，而决不认同"心即理"。此外，由于"气"的介在，"理"与"气"又构成了人性论意义上的气质之性与本然之性的二元格局。

合而言之，"理"作为理学的首出之概念，其基本含义指"秩序"，泛指一切存在的秩序，即宇宙、社会乃至主体存在的心性"本然如是"的存在方式。在理学家看来，任何一种存在秩序都是客观事实，而非人为的设计结果，秩序意味着天理的自然性及实在性。理学家的"天理"观具有客观实在的特性，故二程有"天理自然""天下无实于理"以及"惟理为实"（《程氏遗书》卷二上、卷三，《程氏粹言》卷一）等观点，而朱子更明确提出了"**天下之物，皆实理之所为**"（《四书章句集注》，第34页）以及"实理""实有此理""实有"（《朱子语类》卷六、卷九十四）等理学实体观。"实理""实有""实体"等概念的出现，意味着表示阴阳气化的自然天道宇宙观向"形而上学"（作为理学用语）意义上的本体宇宙观的转进，这在儒家观念史上可谓是一大标志性事件。

然而，涉及伦理主体的"心"如何与客观实在的"理"打通融合，却是朱子学与阳明学共同的理论目标，由此也导致了理学与心学的理论紧张。问题的复杂性在于，在"心"与"理"之间，又有"气"介入其中，而"气"是一种差异性的存在，具有限制性的作用，所以"气"的问题又成为理学与心学不得不共同面对的另一理论焦点。

本体宇宙论是理学的理论基石，理作为生物之本的形上之理，气作为生物之具的形下之气，绝不是彼此割裂的两个世界，而是具有关联性、连续性的"一个世界"。这个"世界"不仅表现为天道与人道的接续不断，而且表现为"性与天道"的内在联系，即人性内在地蕴含天道。从宇宙论的角度看，朱子认为，理若无气作为其自身的挂搭处，理便无法流行发用，只是理气在结构上的这种"不离"之特性，并不否定理气在本源意义上的"不杂"之关系，因为理气毕竟分属形上形下。理作为一切存在的依据，其价值和意义必须借助实在性的气来呈现，由此，理才不至于沦为观念抽象。理不仅是所当然之则，更是绝好至善的表德，而"性即理"这一程朱理学的关键命题，正是在此意义上成立的。

2. 理气与体用

就阳明学而言，作为终极实在的良知，一方面构成了人心的实质内涵，另一方面须通过实在世界（气）的流行发用来呈现自身的意义，故在"一气流通"的过程中良知得以展现其"生生不息"的生命力。只是从本体论视域看，良知本体不必依赖于气而存在，良知与气或心与气并不构成宇宙论意义上的"理气"关系，可见阳明学的理论旨趣并不在于重建理气宇宙论（吴震，J2017a）。但在阳明学的观念中，良知本体作为一种实体存在，同时又在日月星辰、山川草木中发用流行。这就与近代以来西方哲学将本体与现象、超越与内在、思维与存在严格两分的思维格局明显不同。

从比较的视域看，中国哲学的一个重要智慧是，天人合一、体用不离。在体用问题上，宋明儒者秉持有体必有其用的观念，主张体用不分、相即不离，这正是程颐强调"体用一源，显微无间"的原因所在，也是朱子学的"形而下即形而上者"，"理一"与"分殊"交相辉映的智慧反映。朱子明确指出：

> **形而下即形而上者**，《易传》谓"至微者理"，即所谓形而上者也；"至著者象"，即所谓形而下者也。"体用一源，显微无间"，则虽形而上、形而下，亦只是此个义理也。（《朱子文集》卷四十八《答吕子约》）

另一方面，"体用一源"并不意味着否认体用分属形上形下的存在事实，故朱子又说："**至于形而上下却有分别**，须分得此是体，彼是用，方说得一源；分得此是象，彼是理，方说得无间。若只是一物，却不须更说一源、无间也。"（同上）而朱子对"体用"概念的贞定是明确的："大本者，天命之性，天下之理皆由此出，道之体也。达道者，循性之谓，天下古今之所共由，道之用也。"（《四书章句集注》，第18页）可见，朱子学的体用观涉及天道与性命两个方面，属于理学本体论的建构。

归根结底，在气所构成的现实世界或伦理世界中，天道性命得以生生不息、流行发用，这是因为天道性命既是本体存在，又必然在现象世界中展现自身。也正由此，故谓体无定体、即用而显，表现在德性的行为方式上，便有了"**即用求体**"的为学主张。如阳明曾说："心无体，以天地万物感应之是非为体"（吴震解读《传习录》,第277条。按,以下简示《传》第几条),所以从为学的角度讲,"君子之于学也,因用以求其体"(《王阳明全集》卷四《答汪石潭内翰》)。要之,"理一分殊""体用一源""即用求体"等理学话语,应当是朱子学和阳明学所共享的基本观念。

总之,从广义的宋明理学视域出发,可以发现理学和心学的理论内部并不缺乏对"气"这一问题的探索,"气"并不是所谓"气学"家的专利。只是气学理论有自身的特色,即不接受本体论意义上的"理气不杂"的观点,转而认定结构论上的"理即气之理"的观点,否定在气之上或气之外存在另一种实体性的天理,从而将气看作是一切存在的本源,甚至是德性存在的唯一"实体",如"阴阳五行,**道之实体**也;血气心知,**性之实体**也"(戴震《孟子字义疏证》,第21页)之类。这种气学思想自宋明发展到明清时期,形成了重要的思想流派,对天理实体化观念展开了集中的批判,出现了一股"去实体化"思潮(陈来,J2004)。故从狭义的观点看,将宋明思想规定为理学、心学与气学三足鼎立的格局,不失为一种言之有据的学术史区分方法(山井涌,M1980)。不过这里不准备探讨这一学术史类型学的问题,我们就暂且不论。

三 关于人生的实践进路:德与知

自孔孟以来,儒学的一个重要传统就是:如何改善人生。这就涉及儒家工夫论的实践问题,即如何通过道德修养等实践来不断提升自己的人生境界,最终完善自己以成就崇高的道德人格。上面所讨论的理气问题属于新儒学的宇宙论问题领域,但不是新儒学关注的终极问题。新儒学的理论建构其实是借由宇宙问题而涉入人生问题。

1. 德性之知

宇宙论论域中的理与气,在人生问题领域中也同样存在。因为,人的存在也离不开理与气。按照新儒学的理论构想,人一生下来便不可避免地同时禀受理与气这两种基本的构成要素。这可以从两方面来说:

首先,从理的角度看,它同时构成人心和人性的本质。在人心意识构造当中,理的存在具有引领和规范的作用,故理是宇宙及人生的同一性原则,是使意识活动保持正确方向的依据。而人性若无理的存在,人性何以为善便无法得到保证。由理所构成的人性本质,就是人的基本德性,又称为天命之性,它是儒家性善说的一个重要理据。

其次,从气的角度看,由于气有阴阳、清浊、厚薄等差异,所以,气是构成这个世界及人生的差异性原则。于是,由气质所构成的人心人性便会有好坏、善恶等差异性的表现,具体表现为欲望和情感,故情-欲便构成人心的基本结构。按照儒家的传统观点,情欲本身有个"度"的问题,只要符合"度",情欲便是合理的;反之,便可能导向"恶"。新儒学在这个问题上,继承和发展了传统儒学的观点,但突出强调了理-欲之间的结构性紧张。关于这个问题,我们下面会有专题讨论,这里不多说。

问题是,人的基本德性如何得以呈现?这无疑是新儒学,也是朱子学和阳明学共同关注的核心问题,而这又涉及"德"与"知"究竟何者为本、何者为先的关系问题。

在宋明理学史上,有关"德"与"知"的问题,有两个基本观点：一是认为德性须在形质（即由气所构成）上展现自身；一是认为德性有赖于形质而存在。这两个观点源自于宋代新儒家张载提出的一对概念：德性之知与闻见之知。意思是说，人心（或人性）当中有两种不同的"知"，一种是构成人性内在之本质的"德性之知"，而德性概念在先秦时代的早期中国文献中就已出现，指的是人心中的"光明"之德性，又叫作"明德"；另一种是源自感觉经验的外在知识，此种知识虽是后天的、外来的，但对于培养德性又是必要而不可或缺的。张载最初提出此说时，他有一个基本的界定：德性之知不依赖于闻见之知"而有"。这是一个存在论命题，凸显了德性的存在第一性。这个观点对整个宋明新儒学产生了巨大的影响，得到了朱子学和阳明学的基本认同——认为人的本质首先是由德性所决定的，德性是人之所以不同于禽兽的本质原因，而闻见之知并不是德性存在的决定性因素。

2. 德-知之争

若从一个较长的时段来观察，可以说在整个宋元明清时代，一直存在一个关键的争议问题，我们可以概括为"德－知之争"，即道德与知识或尊德性与道问学之争。

首先必须指出的是，从分析的观点看，德性须在形质上呈现自身的命题，转化为德性须有赖于形质而存在的命题，这与其说是一种理论上的转进，不如说是一种理论上的错置，因为从前者并不能合理地推出后者。即便如理学批判家戴震所说的"德性资于学问"（《孟子字义疏证》，第15页），也并没有真正地解决这个问题：一种有关实然世界的客观知识何以可能转化出应然世界的价值知识？一个人的德性培养固然可以通过后天的知识学习来扩充，但是一个缺乏德性的人在知识学习过程中，也许会滋生出某种非德性的人格和习性。因为按照广义的理学观点：德性之知不依赖于闻见之知。

也就是说，经验知识并不能倒过来成为德性存在的基础。所以，成德之学的关键在于"明德"的指引，唯有如此，才会使知识活动的"学"成为真正意义上的"为己之学"（孔子）、"自得之学"（孟子）、"切己之学"（程朱）、"身心之学"（阳明），否则，便成了所谓的"口耳之学"。如阳明所言："世之讲学者有二：有**讲之以身心**者；有**讲之以口耳**者。"（《传》第172条）按照阳明弟子王畿的进一步解读，所谓"讲之以口耳者"，乃是"入耳出口，游谈无根"的"口说"而已，只有"讲之以身心者"才是儒学意义上的"行著习察，求以自得"的"躬行"之学（《龙溪会语》卷六《书同心册后语》，《王畿集》附录二），即今之所谓实践之学。

由此可见，"德性资于学问"的命题虽有见于知识作为德性养成的充分条件，却不能证成后者构成前者的必要条件。戴震欲以此命题来推翻一切有关"本然之性"的形上学论述，却不知"闻见之知"有其自身的局限性，不足以颠覆理学的形上学建构。

须指出的是，这里涉及的德性与知识的问题，常常被转换成考据与义理的问题，这是戴震哲学的一个隐秘思路。只是戴震并没有意识到两者是不同领域的问题，不可互相替代。前者属于如何成就自己德性的伦理学问题，追问的是"成己之学"的最终依据究竟何在，其中涉及德性能否成为构建伦理学的基础等问题；后者属于如何确切地把握知识的方法论问题，追问的是某种知识的获得须通过经典"考据"还是须通过对文本"义理"的了解才有可能的问题。当然，戴震力主训诂明则义理明的为学立场本无可厚非，如同哲学的建构往往需要哲学史的知识一般，然问题在于戴震所谓的"义理"

不同于宋明儒所说的"性与天道",因而由考据以明义理的为学方法论便与道德和知识之争的问题全无关涉。

从历史上看,在宋代,尊德性与道问学的关系已成为理学内部的一个争论焦点,及至明代,阳明学仍然延续着对这一问题的思辨与争议,只是经良知心学的理论激发,演变成良知与知识之争——道德与知识之争。由此以观,道德与知识的关系问题的确是宋明理学的核心问题之一。该问题所涉义理极为繁复,这里我们做一简单的回顾和讨论。

1180年代的淳熙年间,朱子对于自己平生多用力于道问学有所反省,意识到尊德性与道问学两者应当互相"去短集长",他说:

> 大抵子思以来教人之法,惟以尊德性、道问学两事为用力之要。今子静所说,专是尊德性事,而熹平日所论,却是道问学上多了。……**今当反身用力,去短集长**,庶几不堕一边耳。(《朱子文集》卷五十四《答项平父》)

可见,朱子对于当时社会上流行的两种为学取向(尊德性与道问学)抱有强烈的自觉意识,而且深知陆九渊与自己存在各执一边的差异,他意识到有必要弥补双方的欠缺。后在《答项平父》第四书中,朱子也透露了相似的看法,以"反求"与"博观"作为两种不同的为学取向,指出:

> 近世学者**务反求者便以博观为外驰,务博观者又以内省为**
> **隘狭**,左右佩剑,各主一偏,而道术分裂,不可复合。此学者之大病也。若谓尧、舜以来所谓兢兢业业便只是读书程课,窃

恐有一向外驰之病也。如此用力，略无虚闲意思、省察工夫，血气何由可平，忿欲何由可弭耶？（同上书）

这里，朱子对当时偏执于"反求内省"或"博观外驰"的为学取向均持批评态度，认为各执一端，必将导致"道术分裂"的后果。他甚至认定尧舜以来教人为学工夫绝不限于"读书程课"，更重视平日的涵养省察工夫。足见，朱子对尊德性一路的为学主张未必没有同情的了解和深切的洞察。

朱子思想的这一松动，很快被陆象山所察觉，但在他看来，朱子此说似是而非，并提出了尖锐的质疑：**既不知尊德性，焉有所谓道问学？**"（《陆九渊集》卷三十四《语录上》，第 400 页）这表明象山坚信德性是一切学问的前提。在象山看来，"形而上者"的道德性命之学才是根本学问，而"形而下者"的名物度数之学则不足以体现孔子"吾道一以贯之"的儒学精神。这个观点在象山与弟子的一场对话中得到了明确的展示：

> 或谓先生之学，是**道德性命，形而上者**；晦翁之学，是**名物度数，形而下者**。学者当兼二先生之学。先生云："足下如此说晦翁，晦翁未伏。晦翁之学，自谓一贯，但其见道不明，终不足以一贯耳。吾尝与晦翁书云：'揣量模写之工，依放假借之似，其条画足以自信，其节目足以自安'，此言切中晦翁之膏肓。"（同上书，第 419—420 页）

可见，在象山的意识中，他与朱子之争，乃是"形而上学"与"形而下学"之争，两者容不得丝毫的退让。

四百年后，当王阳明注意到朱陆之间有关尊德性与道问学的争论时，他比较冷静地做出了判断，并且从朱子的字里行间，洞察到朱子虽欲调和两种为学方法，但其前提立场显然有误，仍然是"分尊德性、道问学作两件"了。同时，阳明也不愿重新激发朱陆之争，因而主张德性与问学应同时并重，尊德性不能"只空空去尊，更不去问学"，道问学也不能"只是空空去问学，更与德性无关涉"（《传》第 324 条）。表面看，阳明似在调和朱陆，然而在道德与知识何者为重为本的根本问题上，阳明显然有自身的哲学立场，对于一味追求外在客观知识而忘却"本心"的为学取向不以为然，认为这是在为学方向上犯了"舍本逐末"或"舍心逐物"的根本错误。阳明提出的"**道问学即尊德性之功**"（《传》第 25 条），也应放在心学脉络中才能获得善解，因为这个说法凸显了尊德性才是道问学之本的心学立场，如同阳明一再强调的"约礼"是"博学"之本，"诚意"是"格物"之本一样。

阳明晚年在提出致良知学说之后，更是坚定了"知"乃良心之知、德性之知而非通常意义上的"闻见之知"的心学立场，进而对朱子学发出了"**纵格得草木来，如何反来诚得自家意**"（《传》第 317 条）的根本质疑。显然，这是针对朱子学偏重于"即物穷理"的外向知识活动而言的，凸显了致良知而非格物在儒学工夫论中的核心地位，表现出阳明学在完善自我的成德之学的问题上，与朱子学的格物论格格不入。

总之，关于阳明学之所以与朱子学发生这些思想分歧，当然须追问另一更为根本的问题：即朱子学和阳明学的根本哲学问题究竟何在？若紧扣宋明理学的语境来追问，亦即如何审视和定位心与理的关系问题。这个问题将在本书第五讲展开介绍。

四　朱子学与阳明学的称谓来由

在本讲最后，我们有必要谈一个问题，即朱子学和阳明学之名称的由来。这一问题何以成为问题呢？

比如陈来有一个说法，他说"朱子学与阳明学"其实是"日本学界习用的说法"（陈来，M2004a），这主要是指岛田虔次的那部名著《朱子学与阳明学》（中译本，1986）。近年来，又有小岛毅的同名著作《朱子学と陽明学》，另有一位韩国学专家小仓纪藏也著有《入門　朱子学と陽明学》。顺便提一下，岛田的书自1967年初版到我手头拥有的1993年版为止，一共印刷了26次，而小岛毅的书自2013年到2018年，印刷了6次，小仓的书的印刷次数目前还不了解。可见，文库本在日本很流行，而日本学界也的确喜欢使用"朱子学与阳明学"这个名称。

于是，给我们造成一个印象，似乎朱子学和阳明学作为学术用语，它的"发明权"或有可能要归属于日本，而中国历史上并没有这样的称呼。其实不然，对此有必要做一番"正名"的工作。

1. 四海共宗朱子学

前文提到，"朱子学"作为狭义的概念，盖指朱子本人的哲学思想。而朱子在世时，他的哲学思想其实遭到了官方的弹压，即其晚年遭遇"庆元党禁"，他的学说被视作异端而遭禁止，大致从公元1195年（庆元元年）开始，前后历时六年之久，直至1202年"党禁"才被解除。但是"理学"包括朱子学真正获得"名誉恢复"，则要等到南宋末年的理宗淳祐年间（1241—1252）。在此期间，宋理宗提出了一项大胆的措施，即将盛行一时的"新学"代表人物王安石罢祀——从孔庙的陪祀名单中驱除出去,而理学代表人物二程到朱子都获得了从祀孔庙的荣誉。这不仅意味着朱子等一批理学人物终于从庆元党禁中彻底恢复了名誉,而且意味着程朱理学获得了"学统"上的正统地位。

正是在这样的时代背景下,到了13世纪末叶,江西上饶郡守韩补(生卒不详)所写的一副对联,具有特殊的象征意义。这副对联是:"**四海共宗朱子学,万山环绕紫阳祠**。"(方回《桐江续集》卷二十五《送紫阳赵山长治台叟三首》)其象征意义在于:自此以后,"朱子学"作为一个学术用语被正式定格。当然,这里的"朱子学"显然是指狭义的朱子学。

入元之后,朱子学几乎成了朱子后学思想认同的一种"符号",例如朱子后学程端礼(1271—1345)有一段话讲得非常明确:

> 惟国朝自许文正公以**朱子学**光辅世祖皇帝,肇开文运,百年之间,天下学者皆知尊朱子所注之经,以上溯孔孟,其功大矣。(程端礼《畏斋集》卷五《弋阳县新修蓝山书院记》)

这里的许文正即指元代大儒许衡(1209—1281),程端礼称其用朱子学辅佐元世祖忽必烈,由此使得国家的文运盛开,更使天下学者"皆知尊朱子所注之经"。这就表明朱子学的学术地位得到了空前的巩固,用今天的说法来讲,朱子学由此获得了政治"合法性"。

可见,元代以后,事实上朱子学作为学术概念不仅得以确定,而且朱子学的思想观念也随之得到了扩展壮大,直至1313年(皇庆二年),程朱理学被正式悬为科考功令,规定科举考试的标准答案必须使用"程朱注"。由此,朱子学逐渐上升为国家意识形态。这一事件不仅在中国，而且在东亚思想史上，都具有十分重要的思想意义。

2. 世遂有"阳明学"

那么，"阳明学"作为学术用语，是什么时候出现的呢？

学界一直认为，"阳明学"作为学术用语，出现于明治维新之后的 19 世纪末叶，以井上哲次郎的《日本阳明学派之哲学》（1900）为标志；而中国历史上，虽然清代所修《明史》已经使用"阳明学"一词，但却不是近代学科意义上的用语。现在看来，这个说法难以成立。

以下，我们列举几个事例进行说明。

在 16 世纪初叶，与阳明大致同时的弘治六年（1493）进士汪俊曾以批评的口吻，指出："**阳明学不从穷事物之理**，守吾此心，未有能中于理者，无乃自背其说乎？"（《明儒学案》卷四十八《诸儒学案二》）这里，汪俊批评"阳明学"是"不从穷事物之理"而只知"守吾此心"的一种学问。很显然，这是说"阳明学"违背了当时已成思想主流的以即物穷理为核心观点的"朱子学"。这大概是"阳明学"最早出现的一个案例。

及至明代中期，"阳明学"一词已呈流行之迹象，如心学批判者陈建（1497—1567）便说：

> **阳明学专说悟**。虽六经，犹视为糟粕影响、故纸陈编，而又何有于朱子？（《学蔀通辨》续编卷下）

这也是站在朱子学的立场上，对阳明学提出的严厉批评。这里的

"阳明学"显然也是特指狭义的王阳明的思想学说。顺便一提,陈建此书很快传入朝鲜,受到当时朝鲜朱子学学者李退溪(1501—1570)的推崇,并且,很快又由朝鲜传入日本(大致在16世纪末),得到了江户时代的儒学开创者藤原惺窝(1561—1619)的青睐,可以想见,有关"阳明学"的负面影响不胫而走,迅速波及东亚儒学思想圈(吴震,J2019a)。

上面两例都是反面的例子,我们不妨再列举几个正面的案例:

根据晚明时代邹元标(1551—1624)的观察,北方王门的两位重要开拓者张后觉(1503—1580)与孟秋(1525—1589)之间的思想传授便是以"阳明学"为核心。他的原话是:"里有宏山(按,即张后觉)先生者,**夙志阳明学**,公(按,即孟秋)贽而受学。"(《愿学集》卷六上《我疆孟先生墓志铭》)另一位明末儒者陈龙正(1585—1645)甚至将"阳明学"一词纳入一篇文章的题名中,指出当时有一些所谓的"雄杰者"对阳明学的理解并不正确,已陷入"玄解捷径、超然独得"(《几亭外书》卷一《阳明学似伯功》)的偏向,这显然是对晚明心学趋于"玄荡""高妙"的一种思想史判断。

入清之后,《明史·王守仁传》则有"学者翕然从之,**世遂有'阳明学'云**"的明确记载。显然,这里的"阳明学"一词已有了广义上的含义,并非仅指阳明个人的思想学说,而是概指中晚明以来社会上广泛流传的作为心学思潮以及作为心学思想的"阳明学",其中包含"阳明后学"对阳明学的理论发展。

第三讲　宋代新儒学与经典理学化

大致来说，道学兴起的思想背景有三：汉唐经学、魏晋玄学和佛道之学，换言之，经学、玄学与佛道之学是道学家重振儒学运动的重要思想资源。在"导论"部分，我们探讨了儒释道三教的关系问题，而玄学与道学的关系问题，例如玄学思潮中的有无论、本体论等思想是如何被道学所吸收的，我们没有展开讨论。这是因为相对而言，汉唐经学如何被道学思想所转化，并重塑儒家经学的新传统，对于宋代新儒学的形成具有更直接而重要的作用，值得我们进行重点考察。

一　汉唐经学思潮的形成及其嬗变

儒家经典构成儒学思想的基本系统，并对中国传统的知识形态具有重要的形塑作用。从历史上看，在先秦"子学"时代，儒家经典的"六经"系统就已初步定型。然而，将经典知识转化为一种专门的学术形态即形成所谓的"经学"，则是进入汉代以后，特别是在汉武帝时期，董仲舒"独尊儒术"之倡议被纳为国策，"经学"迎来了首个辉煌的时代，并于建元五年（公元前136）设立"五经博士"以为制度上的保障。这一制度的设立被认为是"经学"得以正式确立的标志。

1. 汉唐经学的演变及其特征

尽管在两汉时期，今古文经学派系缠斗，但是经过整合之后，经学最终使得儒学在各种知识形态中获得了"独尊"的地位，儒学因此成为"显学"，并在此后的中国思想文化发展过程中持续发挥笼罩性的影响。以至于冯友兰称，自汉至清的两千年便是"经学时代"，它与先秦时期（特指春秋战国）的"子学时代"共同建构了中国古代哲学的两大基本特质。言下之意是说，宋明理学无非是"经学"的一种延伸，仍未能跳出中国古代思想的基本范式，即"经学"范式。

从中国古代知识分类学的角度看，的确，从西汉刘向、刘歆的"七部"说，到魏晋南北朝之后逐步简化的"四部"说，"经"俨然占据"经史子集"的首位，直至清代的《四库全书》仍采用"四部"分类法来整理传统的知识体系，故将"经学"认定为中国古代思想文化的典型标志，自有其成立的依据。不过，经学所涉及的经典诠释和思想义理，在思想发展过程中特别是到宋明理学时代，也绝非一成不变，而是经历了复杂变化的过程。

总体而言，汉唐经学大致有以下主要特征：

第一，经相对于纬而言，意指大纲或纲领，正如"纲举目张"所说，"纲"具有指导、引领的意义，故在中国传统经典系统中，"经学"具有首要地位，起着引领作用。

第二，就形成过程看，经学原本是由孔子删定，内容涉及唐虞三代至春秋时期的思想文化，包括政治、典章、礼法、历史、宗教以及文学等方面，主要由《诗》《书》《易》《礼》《春秋》五部经典构成，史称"五经"。原本还有《乐经》，后佚失不传。

第三，秦汉之际，儒家经典遭遇始皇"焚书"之厄运，故汉初便出现重整经学的思想现象，先是"今文经学"占据主流地位，东汉之后，"古文经学"渐兴，出现今古文经学的冲突、交汇等一系列变化，最终以郑玄为代表的经学家对今古文经学做出了统合，奠定了"五经"的知识规模。

第四，从方法论的角度看，汉代经学研究注重运用文字训诂的方法，并注重名物典章制度的注解，力求曲尽其详，讲求家法传承。甚至有人为注解《尚书》"尧典"一篇，竟花费了"十万余言"（桓谭《新论》），而为了解说"曰若稽古"一语，竟用了"三万言"（同上），以至于经学变成了一种烦琐"哲学"，难怪韩愈有"汉儒补缀，千疮百孔"（引自《程氏遗书》卷十八）的讽刺，程颐亦有汉儒经学"只是以章句训诂为事，且如解'尧典'二字，至三万余言，是不知要也"（同上）的批评。

第五，就汉代经学的性质看，西汉初年经学获得了"五经博士"的制度支撑，自汉武帝采纳"罢黜百家，表章六经"（《汉书·武帝纪赞》）之后，又很快成为官方意识形态，在政治文化领域占据统治的地位，具有制度化儒学的主要特质，赋予社会制度及秩序以经典依据和保障。

第六，从思想史的角度看，经学包含丰富的儒家思想，对于形塑中国古代社会的价值形态具有重要作用，其总体特征表现为"通经致用"或"经世致用"的价值取向和实践取向。细分而言，汉儒注重章句训诂之学，而魏晋南北朝以后则偏重于义疏之学，"义"指经学之旨，"疏"指疏通之意，梁启超认为隋唐义疏之学"在经学界有特别价值"，对经学"义疏学"有很高的评价。

第七，汉代经学注重文字章句，唐代经学则进一步对汉代经学的注解进行疏释，并遵循"疏不破注"的原则。唐太宗时代，首先由颜师古考校文字，统一成《五经定本》，又由孔颖达统一章句，成《五经正义》一百八十卷，经学系统初成；此后又加上《周礼疏》《仪礼疏》《谷梁传疏》和《公羊传疏》，合为"九经"（即《易》《诗》《书》以及"三礼""三传"），颁行学宫，悬为科令，至唐文宗（826—840在位）时，又增《论语》《尔雅》《孝经》而成"十二经"。至此，汉唐以来的各家经学注疏终于获得了"统一"（皮锡瑞语），而所谓"统一"其实有双重意义：一方面意味着经学形成了统一的知识系统，另一方面意味着在政治上形成了一套稳固的意识形态。

第八，汉唐经学存在两大流弊：一是从事经学者不免落入"禄利之路"（班固《汉书·儒林传》）；一是经学注疏详于文字训诂，而忽视儒学的思想精神、哲学义理，即便是隋唐时期的"义疏之学"亦不免受"注说"的限制。这里可以唐代李翱的话为证："遭秦灭书，《中庸》之不焚者，一篇存焉。于是此道废缺，其教授者，唯节文章句……**性命之源，则吾弗能知其所传矣。**"（《李文公集》卷三《复性书上》）

2. 对汉唐经学的"思想突破"

那么，汉唐经学在宋儒眼里，到底存在什么问题呢？

大体而言，到唐宋之际，在不少儒者的眼里，经学注疏虽构建了一套庞大的系统，却存在刊落儒学"性命之源"的问题，而在宋代新儒家看来，这是念兹在兹、耿耿于怀的大问题。也就是说，新儒家想要实现"思想突破"，必须摆脱汉唐经学注疏的旧格套，重新挖掘出儒家经典中湮没不彰的性命之学，唯此才有可能迈出复兴儒学的第一步。所以宋初"三先生"之一的孙复会得出如下判断：

> 孔子既没，七十子之徒继往，**六经之旨，郁而不章**也久矣。加以秦火之后，破碎残缺，多所亡散。汉魏而下，诸儒纷然而出，争为注解，俾我**六经之旨**益乱，而学者莫得其门而入。观夫闻见不同，是非各异，骈辞赘语，数千百家不可悉数……又后之作疏者，无所发明，但委曲踵于**旧之注说**而已。（《孙明复小集·寄范天章书二》）

这无疑是对汉唐经学注疏传统的一项严厉指控，认为汉唐经学的注解或义疏，表面上出现了"数千百家不可悉数"的繁荣景象，实质上却导致了"六经之旨"紊乱不已的严重后果。孙复的这个判断和批评绝不是他个人的一己之见，而是在相当程度上反映了宋初思想界将儒学没落归因于汉唐经学的一般看法。

为说明这一点，我们不妨再举几例。欧阳修批评汉儒经学诸说不免"残脱颠倒"，遂致"异说纷起"（《欧阳修全集》卷四十八《问进士策三首》）；张载则指出汉儒详于经学章句，却"不知反约穷源"（《张载集·与赵大观》），对性命之源的学问缺乏根本的关注；王安石对汉唐经学也相当不满，认为其经学特质在于**"章句之文胜质，传注之博溺心"**，导致"淫辞陂行"畅行而儒学的"妙道至言"却反而湮没不彰（《王文公文集》卷十八《除左仆射谢表》）。

至此，我们看到一个基本的事实：宋代新儒家是从反拨汉唐经学的注疏传统上找到了思想突破口，他们意在扭转汉唐经学注疏致使儒家义理之学不传的思想现象。但另一方面，义理之学的建构又不能脱离于儒家经典，经学仍然是义理之学存续的文本基础，因此关键就在于：在摆脱汉唐经学"旧之注说"的同时，如何重建经学传统和经典系统？这才是摆在宋代新儒家面前的思想课题。

概括而言，宋代新儒学在经学意义上的"思想突破"，表现为宋初"疑经改经"思潮的出现以及"新经学"的形成。此所谓"新经学"，是相对于汉唐经学的一种说法，也是疑经改经思潮的必然结果（叶国良，M1980，第1页）。南宋末王应麟《困学纪闻》引述陆游的话可以充分印证疑经思潮已成泛滥之势："唐及国初，学者不敢议孔安国、郑康成，况圣人乎？**自庆历后，诸儒发明经旨，非前人所及**；然排《系辞》，毁《周礼》，疑《孟子》，讥《书》之《胤征》《顾命》，黜《诗》之序，不难于议经，况传注乎？"（《困学纪闻》卷八《经说》）

"庆历"系指宋仁宗庆历年间（1041—1048），而陆游所说庆历后的一系列疑经现象，一直延续至宋神宗熙宁年间（1068—1077）。在范仲淹和王安石分别主导的"庆历新政"和"熙宁变法"的政治运动中，经学领域也相应发生了巨大的变动，其表征之一就是敢于怀疑经典，参与者大致有范仲淹、欧阳修、胡瑗、孙复、石介、李觏以及王安石、苏轼、司马光等人，道学人物张载、二程更是这场疑经改经运动的主将。所以程颐竟有**本朝经术最盛，只近二三十年来论议专一**"（《程氏遗书》卷十八）的自信。

依南宋吴曾的观察："**庆历以前，多尊章句注疏之学**。至刘原甫为《七经小传》，始异诸儒之说。王荆公修《经义》，盖本于原甫。"（《能改斋漫录·事始》）刘原甫即宋初著名经学家刘敞（1019—1068），他是开宋初疑经风气之先的代表人物之一，其代表作《七经小传》为议经之作，对传统的"旧之注说"多有突破。至王荆公

（即王安石）的《经义》，疑经改经风潮更呈波澜壮阔之势，而其源头则在刘敞。王应麟亦认为，刘敞之议经首开"新奇"之风，而下开王安石《三经义》："自汉儒至于庆历间，谈经者守训故而不凿，《七经小传》出而稍尚新奇矣。至《三经义》行，视汉儒之学若土梗。"（《困学纪闻》卷八《经说》）

二　新经典的形成：四书系统的建构

新儒家的经典诠释与对儒家经典系统重新进行安排密切相关，这是宋儒在"思想突破"之际的首要任务。就结论言，新儒学运动通过对儒家经典的重新诠释，促使经典的传统序列发生变化，不得不按照道学家的理论来重新安排，出现了"四书五经"这一新经典系统。其中特别是"四书"系统的建构，导致"四书学"这一新术语的出现，而且"四书"逐渐取代"五经"而成为经典中的经典。因此，本节将主要关注"四书学"问题，介绍"四书学"的由来及其演变过程。

宋代经典学的特征可以概括为经典之重点由"五经"向"四书"的转变。

1.《大学》《中庸》的独立

所谓"四书"，当然是指《论语》《孟子》《大学》和《中庸》。然而，无论是唐初的《五经正义》还是唐中期以后形成的"十二经"，不仅《孟子》未列入"经"的序列，而且《大学》和《中庸》也未从《礼记》中独立出来，只是在唐中期由于韩愈和李翱的提倡，《大学》和《中庸》才开始受到一些关注。

《大学》和《中庸》原本是《礼记》这部经典中的篇目,从中抽出而成为新经典,必须重新做一番改定的工作,但其本身已是"经部"当中的经典这一事实则不容置疑。问题是,《孟子》一书在历史上向来属于"子部",它是什么时候完成了由"子"升"经"的过程,即所谓"《孟子》升格运动"(周予同语),则经历了一番曲折的过程,折射出宋代新儒学的一种思想取向。

大致而言,《孟子》之受重视,始于韩愈,然在9世纪晚于韩愈的"十二经"中仍未见《孟子》踪影。入宋以后,经孙复、石介、二程、张载特别是王安石的大力推崇,至宋徽宗宣和年间(1119—1125),《孟子》首次被刻成石经,列入"十三经",至南宋淳熙年间,又被朱子列入"四书"。朱子的《四书章句集注》,标志着"四书"体系的完成,也标志着"四书学"建构的完成。至于孟子进入"孔庙"陪祀并被封为"亚圣",还需要若干岁月,直至元明宗至顺元年(1330)才终于成为事实。

当然,早在汉文帝时期,《孟子》就被列为"传记博士"之一,设立了"《孟子》博士"的制度。不过,《孟子》之所以进入新儒家的视野,不得不说韩愈的功绩最大,他在《原道》中说"**轲之死,不得其传焉**",在某种意义上可谓是启动了《孟子》升格的按钮。只是韩愈更看重的经典是《大学》,而其弟子李翱则看重《中庸》。

《大学》原是《礼记》第四十二篇的单篇文章而已(又称"古本《大学》"),《中庸》则是其中第三十一篇。《大学》的核心思想及其章节次第究竟如何,到朱子的重新诠释才终于获得定论。他认为《大学》一书纲目条理清楚,有三纲领:即《大学》首章所言"明明德""新民"(古本《大学》作"亲",程朱认定为"新"字之误而改之)"止于至善",又有八条目:格物、致知、诚意、正心、修身、齐家、治国、平天下。

早在北宋年间,司马光特意从《礼记》中抽出《大学》一篇,作《大学广义》一卷。几乎同时,二程在推动《大学》独立成"经"的过程中发挥了主要的作用,两人都有《大学》改本之作,厘定章节、删改文字,为后来"四书学"的形成奠定了基础。根据程颢的观点,《大学》乃孔子"遗书",是学人必须首先掌握的一部经典;程颐则认为,"**入德之门,无如《大学》**",并且强调:儒家的修身实践"当学《大学》之序。《大学》,圣人之完书也。"

与程颐的看法略有不同,朱子为《大学》的结构重建了一套经传系统,认为全书由经一章和传十章所组成。朱子指出:"经一章,盖孔子之言,而曾子述之。其传十章,则曾子之意而门人记之也。"显然这个说法更严谨,成为重建《大学》经传体系的基本构架。不过到了明代,在王阳明看来,朱子的这个改定本不足为据,而竭力主张复归《大学》"古本",于是晚明时代掀起了一股"古本《大学》"的复古运动(刘勇,M2016)。

朱子对《大学》的重建体现为《大学章句》。他对《大学》一书进行了理学化的解释,认为其中第五章"格物章"的《传》在流传过程中遗失,故作《格物补传》一百二十八字。朱子改定的这部《大学》,史称"《大学》新本"。朱子还认定,在为学次第上,《大学》具有"初学入德之门"的首出地位,意即读书须从《大学》入手。至此,《大学》的地位陡然上升而位居"四书"之首。

至于《中庸》,尽管《汉书·艺文志》《隋书·经籍志》都有记载单篇的注解书,然其受到推崇毕竟始于唐代李翱,清初朱彝尊《经义考》引南宋黄震之说:"**《中庸》至唐李翱始为之说**",当为信史。不过,从理学史的角度看,《中庸》哲学化的进程当始于宋代范仲淹、胡瑗、二程、张载、司马光、吕大临、张九成等人，特别是二程对《中庸》的重视程度丝毫不少于对《大学》的重视，这对朱子的四书学建构产生了直接的影响。

《中庸》这部书在历史上之所以颇受重视，与其丰富深邃的思想有关。《中庸》开首三句话，素称难解而且重要："天命之谓性，率性之谓道，修道之谓教。"就在看似简短的三句话当中，蕴含有关"天""命""性""道""教"等儒学的重要概念。应如何理解和把握这套概念，成为后代儒者不断进行诠释的动力。《大学》所揭示的"三纲领""八条目"更多涉及为学的具体目标与方法，而《中庸》所论则更多关涉抽象的哲学义理。

因此，尽管在朱子的四书学系统中，与《语》《孟》并提相对而言，《学》《庸》往往被组合成一对经典，前者有《集注》，而后者则别称《章句》，但是在为学工夫的次第问题上，按朱子的"读书法"，必须以"为学次第不可乱"为基本原则：即先《大学》，后《论语》，次《孟子》，终为《中庸》，切不可在为学之初，便贸然从《中庸》开始读起。原因在于，朱子认为《中庸》义理深奥，非初学者之所宜也。

2.《四书集注》与"四书学"

"四书"这一概念，在北宋时期似未出现，即便对《大学》《中庸》极为重视的二程，也从未明确提出过"四书"一说。只是在其经典重建活动中，二程对"四书"展开了系统性的研究，为"四书学"的形成奠定了重要的思想基础。按照《宋史·道学传》，在北宋仁宗年间，二程"表章《大学》《中庸》二篇，与《语》《孟》并行"，说得大致不差。但此处"并行"两字，并不意味着二程已完成

"四书学"的建构。

"四书学"的建构，以朱子《四书章句集注》（简称《四书集注》）为标志。当然，在朱子看来，他是继承了二程的遗愿，故在《四书集注》中引用最多的便是二程的观点，特别是程颐有关"四书"的解释，他在《书临漳所刊四子后》中指出：

> 河南程夫子之教人，必先使之用力乎《大学》《论语》《中庸》《孟子》之书，然后及乎六经。

这表明在朱子看来，"四书"与"六经"是有先后次序的，而最先提出这一观念的是二程。换言之，朱子之意在于强调："四书"的重要性已然超过"六经"，而这是道学奠基者二程的一大思想贡献。当然我们也要看到，在上面的表述中，朱子并没有明确说明是二程发明了"四书"概念。把《学》《庸》《语》《孟》以结集的方式重新建构起来，并以"四书"命名，则无疑是《四书章句集注》，由此，"四书学"才正式得以形成。

《四书章句集注》经历了漫长的撰述和修订的过程，可分为五个阶段：

（1）初创阶段：约在宋高宗绍兴末年，朱子完成了《论语集解》《孟子集解》《大学集解》《中庸集说》；此后约在孝宗隆兴元年（1163），《论语集解》改订为《论语要义》。

（2）修订阶段：孝宗乾道八年（1172），朱子将《论语集解》《孟子集解》合为《论孟精义》一书，后又改为《语孟集义》，主要辑录的是二程解释，兼及张载、范祖禹、吕希哲、吕大临、谢良佐等九家之说，为后来的《论孟集注》奠定了基础。朱子曾说："《语

孟集义》中所载诸先生语,须是熟读,一一记放心下,时时将来玩味,久久自然理会得。"(《朱子语类》卷十九)

(3) 合并阶段:乾道六年(1170),朱子在《中庸集说》的基础上改订为《中庸集解》,两年后,又撰成《中庸章句》初稿,1173年作《中庸章句序》(称"前序",以别于1189年的《中庸章句序》);乾道二年(1166),成《大学集解》,乾道七年(1171),在此基础上,完成《大学章句》初稿。至此,《四书章句集注》的雏形已备。

(4) 完成阶段:淳熙二年(1175),完成《大学章句》《中庸章句》《论语集注》的修订,次年(1176)完成《孟子集注》的修订;淳熙四年(1177)撰成《大学或问》《中庸或问》《论孟集注或问》——即后来的《四书或问》。至此,四书体系基本完成,但未付诸刊刻。

(5) 成书阶段:淳熙九年(1182),朱子在浙东提举任上,首次将四书合为一集刻于婺州,这是儒家经典史上首次出现"四书"一名(束景南,M1992,第385页);后又历经修订,特别是淳熙十五年(1189),对《大学章句》《中庸章句》作了重要改订。光宗绍熙三年(1192),时任南康知县的曾集将朱子改订的《四书章句集注》付印于江西南康,史称"南康本";宁宗庆元五年(1199),朱子又有改订,刻于建阳,成为《四书章句集注》的最终定本。(以上见周春健,M2012,第6—7页)

总之,"四书学"的定名,当以1192年南康本的出版为标志。

最后我们来看朱子"四书学"的思想特色及其历史地位。从《学庸章句》和《论孟集注》的书名来看,朱子似乎沿用了经学传统的章句或注疏的手法,但事实上与传统经学的注疏手法迥然不同,

集中表现为四点:

第一,朱子注重文字训诂,但他却保持了相当的克制力,尽量控制在必要的范围之内,竭力避免烦琐的印证工作;第二,朱子的四书诠释非常突出思想性、义理性,有时为了解释一个概念,不惜打破注疏的格套(例如"疏不破注"之类),使用大量文字进行比较详细的解说;第三,朱子的"四书学"自成一套严密的义理系统,建构了一套理学的思想体系,例如他以道学奠基者二程的解释为主,表明他的哲学诠释有鲜明的道学立场,而不并以汉唐经学注家为取法标准,以至于"四书学"的结构其实便是一套理学思想体系;第四,"四书学"的形成在儒学经典史上影响深远,表现为"四书"构成了儒家新经典,伴随后世科举制等文教政策的落实和推广,"四书"逐渐取代"五经"的地位,赢得了"四书五经"这一新经典系统的殊荣,在1200年至1900年的七百年间,成为中国知识人的必读书籍,对于中国近世社会的知识、思想与文化的延续与建设奠定了方向,对东亚世界的文化发展也产生了重要的助推作用。

三 经典诠释的重建与理学化思潮

新儒学运动所重建的经典学,改变了近世中国经典世界的面目。然而在新经典系统的形成过程中,更引人瞩目的是,新儒家群体对经典所做的一系列重新诠释。经典诠释工作促进了宋代理学化思潮的形成,反过来说,理学思想又为经典诠释提供了内部催生力。

另一方面,倘若没有汉唐经学传统作为基础,新儒家的经典诠释同样也是不可想象的。所以,相比于汉唐经学传统,如何审视和把握新儒家经典诠释的特质,将有助于我们深入了解新儒学产生的内在机制。

1. 注重经义的风气出现

8世纪,由韩愈和柳宗元引领的"古文"运动兴起的同时,提倡对经学进行一种创新性解释的风气也正在酝酿和形成。这股风气与古文运动虽没有直接的关联,但是对于11世纪的宋代新儒学具有同样深远的影响。

上面提到,唐代初年《五经正义》的出现,意味着经学定于一尊的学术局面得以形成,被唐宪宗时的儒者刘肃赞美为"贞观、开元述作为盛,盖光于前代矣"(《大唐新语》卷末《总论》),但"安史之乱"后,随着整个社会的剧烈变动,思想文化领域也出现了"异端斯起……徒有著述之名,无裨政教之阙"的现象,刘肃甚至感叹:至此,"圣人遗训几乎息矣"(同上)。思想文化领域的变动,大致始于唐代宗大历年间(766—779),开始出现了一批在当时还默默无闻的经学家,如啖助、赵匡、陆淳的"春秋学",施士丐(又作"匄")的"诗学",仲子陵、裴茝的"礼学"等,他们开风气之先,表现出摆脱章句之学而重经典"文义"的研究风气(《新唐书》卷二〇〇《啖助传附施士匄、仲子陵传》),很值得关注。

这股新风气的出现或许与唐代宗下诏令诸司通议改革科举取士的举措有关,当时尚书左丞贾至的奏疏所表达的观点最为典型,他指出:

> 是以上失其源而下袭其流,波荡不知所止,先王之道,莫

能行也。夫先王之道消，则小人之道长；小人之道长，则乱臣贼子生焉。臣弑其君，子弑其父，非一朝一夕之故，其所由来者渐矣。渐者何？谓忠信之凌颓，耻尚之失所，末学之驰骋，儒道之不举，四者皆取士之失也。（引自《旧唐书》卷一百一十九《杨绾传》）

这里的"儒道之不举"并非泛泛之言，乃是针对当时"试学者以帖字为精通，不穷旨义"（同上）的现象而言的。"帖字"，又称"帖括"，唐代明经科以帖经试士，把经文贴去若干字，令考生对答，后来考生将经书中难记的句子抽出另作编排以便于背诵，这样的文字被称作"帖括"。由此可知，贾至的上述批评已经触及入唐以来唯以文字训诂为重的经学传统，而强调把握和理解经典中的"旨义"。这一案例释放出一个重要信息：自8世纪末唐代宗、德宗年代始，恪守字义训诂的经学传统开始发生松动，对经学旨义的挖掘变得更受重视。以下我们以啖助、赵匡、陆淳的春秋学为例，对此稍作说明。

根据陆淳（后改名质）《春秋集传纂例》卷一《修撰始末记》等记载，有关啖助（724—770）、赵匡（生卒不详）与陆淳（？—805）三人的春秋学撰述经历及思想特色大致可概括如下：

第一，首先是啖助历时十年，"集三传，释《春秋》"，将《左传》《公羊》《谷梁》的经传打通，经赵匡增删，至陆淳而集大成，于大历十年（775）而成《春秋集传纂例》十卷。

第二，陆淳又续撰《春秋微旨》三卷和《春秋集传辨疑》十卷，阐释啖助、赵匡有关《春秋》的解经思想，揭示了"从宜救乱""以明王道""立忠为教"为《春秋》一经的思想宗旨。

第三，啖、赵、陆三人的解经思想重在义理和融贯，以实现

"其道贯于灵府,其理浃于事物"(《春秋微旨》卷上)为目标,强调从《春秋》中可以重新发现"道"和"理"。

第四,通过对经学史上《春秋》"三传"的批判,首次对"三传"之作者左丘明、公羊高、谷梁赤的其人其事提出大胆的怀疑,提出都是由于后儒"妄示广博,有此伪迹,况谶纬迂怪之徒哉?"(同上)

第五,甚至对历来被封为"春秋学"之典范的杜预《春秋左传集解》(《五经正义》所收)的"义例"也表示了怀疑,这种怀疑精神实开唐宋之际疑古辨伪的风气之先(姜光辉,M2003,第779—801页)。

啖助等三人的春秋学经宋初孙复、刘敞的提倡,而得以流传,并广受推崇,如邵雍、二程均不惜赞赏之词,而朱子亦肯定"赵、啖、陆淳皆说得好",元儒吴澄则说得更明确:"唐啖助、赵匡、陆淳三子,始能信经驳传,以圣人书法纂而为例。**得其义者十七八,自汉以来,未闻或之先。**"(引自皮锡瑞《经学通论·春秋》)从理学家的这类评价可以看出,中唐经学已非唐初旧貌,足可引为宋初新经学思潮兴起之奥援。由此可说,中唐儒学的复兴实有赖于两股运动的合推,除韩愈等人的古文运动外,啖助、赵匡、陆淳等人的经学活动亦为重要之助力,故其思想意义不容忽视。

2. 经学理学化的展开

"经学理学化"是近年来有关宋明理学研究的一个新提法,用以概括宋明时代经学的主要特色,较为贴近思想史之史实(姜光辉,M2003,第3—46页)。因为从北宋初年开始,经由周敦颐、张载、二程等人的理学建构,传统经学的诠释模式已发生了重要转向,近世之前的汉唐注疏方式逐渐被宋代之后理学化的诠释方式所取代。

从传统知识的形态来看，理学家对知识类型已经有了一种高度自觉。11世纪的二程便首次提出文章之学、训诂之学与义理之学的区分，并强调与前面两种学术类型的"文士"和"经师"不同，第三种类型才是真正的儒学："惟知道者乃儒学也。"（《程氏遗书》卷六）二程对汉唐以来的思想发展状况提出了总体的判断，言语之间含有强烈的批判：

> 后之儒者，莫不以为文章、治经术为务，文章则华靡其词、新奇其意，取悦人耳目而已。经术则解释辞训，较先儒短长，立异说以为己工而已。如是之学，果可至于道乎？（《程氏外书》卷六《为家君作试汉州学策问三首》）

这里所谓"后之儒者"的为学状况，当指秦汉直至宋初的思想历史，其中的两大弊端即指文章之学和传统经学。在二程看来，传统经学已沦为"经术"，唯以"解释辞训"为专长，而与儒家"道学"日渐背离。显然，以二程为代表的宋初理学家有一种强烈的自觉意识：为重建真正意义上的儒家"道学"，就必须对汉唐经师"牵于训诂"（程颐语）的偏向进行根本扭转，并对传统经学做出创造性的理论转化。

然而问题在于：训诂之学与义理之学——宽泛而言，即经学与理学——的关系究竟如何把握？也就是说，一方面，须脱出传统经学的窠臼，始有重建理学的可能；另一方面，理学的建构绝非空中楼阁，而须以儒家经典的诠释为基础。于是，便衍生出经典与义理的先后本末的关系问题。对此，应如何理解呢？

我们来看一段程颐的表述：

> 古之学者，**先由经以识义理**。盖始学时，尽是传授。后之学者，却**先须识义理**，方始看得经。如《易·系辞》所以解《易》，今人须看了《易》，方始看得《系辞》。一本云："古之人得其师传，故因经以明道。后世失其师传，故非明道，不能以知经。"（《程氏遗书》卷十五）

这里，程颐的表述有些曲折，表面看，他似乎主张"先须识义理，方始看得经"的正当性，而反对"先由经以识义理"的为学方法。然而此段末尾所附的"一本云"，强调的是"读经明道"或"因经明道"这一由来甚久的经学常识。故可推断，在程颐看来，"后之学者"先明义理而后读经的方法虽然可取，却不如"古之学者"读经以明义理的方法直截了当。也正由此，程颐主张"今人"须先读《易》经，然后才能看《易传》的《系辞》。

另一方面，根据经典的不同，读经方法也要有所变通。例如《春秋》一书所记史实非常繁杂，对其中的是非判断须有赖于"穷理"，因此，"**先识得个义理，方可看《春秋》**。《春秋》以何为准？无如《中庸》。欲知《中庸》无如权，须是时而为中。……权之为言，秤锤之义也；何物为权？义也。"（同上）这段话颇值玩味，其推论的步骤环环紧扣：首先须"识得个义理"，然后才能"看《春秋》"；而对《春秋》而言，其义理标准就在于《中庸》一书；这是因为《中庸》强调的"权"之观念，便是"秤锤之义"——即标准之义；故最后的结论是欲明"义理"，须先读《中庸》以把握"义"的标准，然后才可读《春秋》。

上述程颐的经典诠释观点在宋代新儒学中具有相当的普遍性,由此,我们可以得出一个基本的判断:就读书过程看,义理与经典同样重要,读经以明义理与先明义理而后读经这两种方法并不是绝对不变的,而是可以互相含摄或转化的。若就原则而言,则应以"义理"为终极目标,切不可拘泥于文字训诂。由此,我们才能了解程颐为何强调"义理之学"远高于"训诂之学"和"文章之学",也可了解程颐解《易》为何以义理为标准的缘由了。

程颐的义理《易》其实是以理学解经的典范之作,也可称作经学理学化的典型。甚至对宋明理学不无微词的清代考据学先驱人物顾炎武也对程颐《易传》赞不绝口:"昔之说《易》者,无虑数千百家,如仆之孤陋,而所见及写录唐宋人之书亦有十数家,有明之人之书不与焉,然未见有过于《程传》者。"(《顾亭林诗文集》,第45页)

讲到经学理学化,朱子的经学研究最具代表性。朱子尽其一生,几乎遍注群经,特别是《四书章句集注》别具一格地开创了"四书学"的新经典,而且朱子几乎是花费了毕生的精力不断修改自己的四书研究。由二程开始提倡的四书研究到了朱子手上才最终定型和完成,成为宋元明清儒家思想的新经典体系。

《四书章句集注》简称"四书集注",其中对《大学》《中庸》的注解称"章句",对《论语》《孟子》的注解称"集注"。其特色表现为:以二程道学思想为主,兼及程门诸子等其他重要道学家对四书的思想解释,先注字音和字义,次释大意,并在引述前人注释的基础上,最后加上"愚按"或"愚谓"以补充己见或进行总评。故从其体例看,兼顾训诂而突出义理——特别二程道学一系的道学思想,并融入朱子自己的哲学观点。在这个意义上,可以说朱子的四书学系统体现了化理学于经学中、力求义理与经典相统一的特征。《四书章句集注》足以被视为经学理学化的成功典范。

最后简单讲一下王阳明的经典观,我称之为心学经典观。与朱子遍注群经相比,王阳明没有留下任何一部有关经学的注疏著作,他唯一一部可称作经学注疏的著作是《大学古本旁释》(目前只留下了十几条佚文)。这与阳明本人不喜注经的思想特质有关,更与阳明对经典知识的看法及其对朱子经学思想持批判态度有关。质言之,阳明从心学立场出发,认为"圣人述《六经》,只是要正人心",而孔子"恐人专求之言语,故曰'予欲无言'"(《传》第11条)。这是说,孔子删述《六经》的宗旨在于"正人心",而不在于为后人增添"知识",之所以表明"予欲无言"的态度,就是因为担心后世学者只为"求之言语"。也正由此,故**"圣人只是要删去繁文"**,旨在"祖述尧舜,宪章文武"而已,而孔子整理经典又"何尝加一语"?(同上)

其实,王阳明借用孔子"予欲无言"之说,表明了他对当时社会知识状态的基本态度,即他认为,自孔子之后直至宋代理学的兴起,逐渐导致"虚文胜而实行衰"的知识状态,更为严重的是,人人凭借自己的经典知识,意见纷纷,并以"新奇相高,以眩俗取誉",产生了"天下靡然争务修饰文词,以求知于世,而不复知有敦本尚实、反朴还淳之行"等可怕后果,而所有这一切现象的根源就在于"是皆著述者有以启之"(同上)。很显然,阳明的这番话是暗指程朱理学以来的经典著述活动应当承担上述后果的责任。

当然,阳明心里也清楚,传授经典的诸多经学知识是不可或缺的,德性之知并不排斥闻见之知,致良知同样需要一般道德知识。然而阳明对经典知识有一基本态度不可动摇:他坚持认为,问题不在于后世儒者的"著述"对于解读经典是否必要,而在于这些著述活动已然忘却了孔子"删述《六经》"的根本旨趣——"**敦本尚实,反朴还淳**","**务去其文,以求其实**"。归根结底,阳明认为,学习儒家经典的目的不在于徒增书本知识,而在于使圣人之道复明于天下。

总之,朱子学与阳明学对于儒家经典知识的看法存在差异,特别是以朱子学为思考对象并在批判和汲取朱子学的基础上而形成的阳明学,显然更注重经典知识在道德实践领域中的实际运用,而对经学注疏的撰述工作较少措意。不过,这并不意味着阳明学对儒家经典的轻忽,相反,在经典诠释方面,阳明学其实也有一套新的想法,例如在《大学》"格物"问题上,他得出了"随时就事上致其良知,便是格物"(《传》第 187 条)这一创造性的诠释结论。可见,阳明学的经学观是基于心学立场的经学理学化的产物。当然,这里所说的"理学化"是广义的说法,包含"心学"。

四 礼与理:礼教思想的社会化

以"三礼"经典为核心的礼教思想向日常社会生活发生转化,是宋明新儒学的一项重要特征。

一般而言,在孔子开创的古典儒学的思想系统中,作为内在德性的"仁"与作为外在规范的"礼"同样受到重视,仁与礼都是孔子儒学的核心关怀。两者之间如何实现适当的调适,可以用"克己复礼为仁"来表述,这句话表明儒家强调"复礼"的实践就是为了最终实现"仁"的价值。个体性道德的仁与社会性规范的礼同样重要,仁是人实现礼的内在依据,故有"人而不仁如礼何"(《论语·八佾》)之说,但礼又是实现仁的必要条件,故有"道德仁义,非礼不成"(《礼记·曲礼上》)之说。可见,仁与礼在儒学思想系统当中,互以对方为必要条件,缺一不可。

我们知道,具体的人既是个体存在,又是社会存在。儒家认为,人之所以为人而有别于"禽兽",就是因为人所构成的社会是一种礼仪社会,从而使人成为一种道德性的社会存在,正如《礼记》所说:"是故圣人作为礼以教人,使人以有礼,知自别于禽兽。"(《曲礼上》)孔子强调个人应当做到"立于礼"(《论语·泰伯》)"齐之以礼"(《论语·为政》)"约之以礼"(《论语·雍也》),认为礼不仅是人立足于社会的基本要求,而且是社会秩序得以可能的重要依据。所以,儒家的"礼"有指向个体的精神性和社会的秩序性双重意涵。礼学思想反映了上古以来早期中国文明重视礼仪的特征,礼乐文化作为中国传统文化之重要特征,是不无道理的。

1. 何谓"礼不下庶人"?

《礼记》云"礼,时为大",具体的礼仪制度不是一成不变的,而应当与时俱进,随时代的变化而变通损益。这一损益思想正是孔子礼学的重要精神。

通常认为周代流传下来的《仪礼》《周礼》和《礼记》体现的是士人社会及国家朝廷的礼制,其传承既有代代相因的一面,又有代代损益的现象。汉代以降,经学意义上的礼学研究虽日益精深,但儒家传统礼学却与一般社会日益脱节。宋代,随着新儒学的兴起,新儒家深切意识到作为家庭伦理的礼仪规范的缺失,认为须根据损益原则来重新制定一套适用于一般家庭的礼仪规范,以改变历来只重视士人和王公贵族的礼制设定偏向。这是宋代新儒学的一项新课题，其结果便是所谓"礼下庶人"的礼学新动向。

所谓"礼下庶人"，原本是针对"礼不下庶人"而言的。然而，"礼下庶人"并不是一个严格意义上的说法，只是用来描述礼仪制度的制定出现了面向普罗大众的一种新动向，表明以礼治国的儒家礼学思想加速了社会化和世俗化的进程。这个说法容易导致一种误读：以为宋代之前的儒家礼仪规范一直缺乏面向社会基层、一般家庭的特征。有鉴于此，我们有必要先来考察对"礼不下庶人"的解释所存在的问题。

"礼不下庶人"出自《礼记·曲礼上》："礼不下庶人，刑不上大夫。"郑玄注云："礼不下庶人，为其遽于事，且不能备物。"意思是说，由于老百姓都忙于事务，且因经济状况而不能完备行礼所需的供物，故"礼仪"规章中便没有针对普通百姓的那套规范制度。唐代孔颖达《正义》沿袭郑玄之说，并敷陈道："礼不下庶人者，谓庶人贫，无物为礼，又分地是务，不服燕饮，**故此礼不下与庶人行也。**"这是释"礼"为"燕饮"之礼，而非一般意义上的礼仪规范。可见，孔颖达对"礼不下庶人"的"礼"作了很大程度的限定，也许他已经意识到，不是所有的"礼"都与庶民无关。另一方面，孔颖达又引述张逸（生卒不详）的解释作为补充："**非是都不行礼也，但以其遽务不能备之，故不著于经文三百、威仪三千耳。其有事，则假士礼行之。**"这是说，庶民阶层并没有被完全排除在礼制之外，在某些情况下，庶民可以借用士礼的相关规定来完成行礼的需要。很显然，孔疏的解释已经发生了微妙的松动。

然而，郑玄和孔颖达的解释都有点语焉不详，唯有一点是明确的，即他们都认为"不下"的意思是说，礼的规范不下达至庶人层面,或者说某些礼仪规范不涉及庶人社会。由此则可得出结论:商周以来涉及"礼仪三百,威仪三千"(《中庸》)的"仪礼"或"周礼"礼仪制度与庶人阶层基本没有任何关联。但这样的理解并不正确,而且会导致严重的误解。

事实上,"礼不下庶人"也许是沿袭商周时代的古礼而留下的一种习惯,至孔子的时代,对此的理解已经有了一些转变,例如在《孔子家语》中,孔子与弟子就曾有过讨论:

> 冉有问于孔子曰:"先王制法,使刑不上于大夫,礼不下于庶人。然则大夫犯罪,不可以加刑;庶人之行事,不可以治于礼乎?"孔子曰:"不然。凡治君子以礼御其心,所以属之以廉耻之节也……所谓礼不下庶人者,以庶人遽其事而不能充礼,故不责之以备礼也。"(《孔子家语·五刑解》)

《孔子家语》的真伪虽历来有争议,不过现在根据出土文献的考证,基本可以相信这是西汉时期儒家学者的一部集体作品,其中不少内容的确反映了先秦儒学的思想。

根据上述引文,孔子首先反对"庶人之行事,不可以治于礼"的说法,至于"所谓礼不下庶人者",孔子的理解是:"以庶人遽其事而不能充礼",这应当就是上引郑玄注释的出典所在;但是,郑注和孔疏都忽视了孔子的后一句话"故不责之以备礼也",这才是对"礼不下庶人"的重要解释。其意是说,对于庶人不以"礼"求全责备,而应略作变通,原因是"以庶人遽其事而不能充礼"。由此可以说,"礼不下庶人"绝不意味着将庶人完全排斥在礼仪的要求之外,只不过相对于士人而言,对于庶人的礼仪要求应当有所"减杀"(详见后述）而已。

如果我们注意到孟子有关丧礼的一个见解，或许对于"礼不下庶人"之说就会产生另一种解释。孟子曾说："诸侯之礼，吾未之学也；虽然，吾尝闻之矣。三年之丧，齐疏之服，飦粥之食，**自天子达于庶人，三代共之**。"（《孟子·滕文公上》）强调"三年之丧"等礼制规定乃是"三代共之"的共法。根据这个说法，至少在丧礼层面，"礼不下庶人"之说就不能理解为"礼不下与庶人行"。这也从一个侧面说明孔子反对将"礼不下庶人"解释成"庶人之行事，不可以治于礼"是有依据的，而且"三年之丧"正是孔子的主张，这是毋庸置疑的事实。

现在我们从文字训诂学的角度，对"礼不下庶人"的"下"字略作经学层面考察。质言之，"下"对"上"言，本义是指"下达"或"下降"等意，此外，"上下"又有"尊卑"之意，"上"指增加，"下"指减少或减杀。于是，"礼不下庶人"的整体意思就可理解为：礼对庶人而言，可以有相应的减杀——"不下庶人"是不下达至庶人的层面，由此衍生出"减杀"之意。我们可以借朱子的说法来佐证。朱子说：

"礼，时为大。"使圣贤用礼，必不一切从古之礼。**疑只是以古礼减杀**，从今世俗之礼，令稍有防范之节文，不至太简而已。（《朱子语类》卷八十四）

这段话是说，圣贤制礼必根据世俗之宜做出相应的改变——即"减杀"的道理。这表明的是"礼，时为大"的一般原则。

朱子还有更具体的论述，以衣冠之礼为例，朱子指出应当根据不同阶层、不同场合而有不同的规定:"天子之制当如何,卿大夫之制当如何,士当如何,庶人当如何,这是许多衣冠都定了,更须理会衣服等差。……齐斩用粗布,期功以下又各为降杀。……如此便得大纲正。"(同上)据此,在冠礼层面,对庶人而言,也存在"礼不下庶人",即必须有所"降杀"。

清代礼学专家孙希旦注意到朱子的"减杀"一词,并参酌孔疏引述的张逸"假士礼行之"之说,对"礼不下庶人"进行了既保守又略有新意的解释:

> 庶人非无礼也……而曰"礼不下庶人"者,不为庶人制礼也。制礼则士以上,《士冠》《士昏》《士相见》是也。庶人有事,假士礼以行之,**而有所降杀焉**。盖以其质野则于节文或有所不能习,卑贱则于仪物或有所不能备也。(《礼记集解》卷四《曲礼上》,第81—82页)

该解释的保守性,体现在孙希旦仍坚持"不为庶人制礼也"一句,以为这是"礼不下庶人"的本义;至于其新意,则体现在用"降杀"一词,承认礼制对庶人而言必须做出相应的减少。不过,孙希旦的理由是庶人"质野则于节文或有所不能习","卑贱则于仪物或有所不能备",似乎又回到了郑玄的立场上。

由上所述,"礼不下庶人"的"礼"有特定的指向,而不意味着整体的礼制;"下"也是根据差等原则做出相应的"减杀"之意,而不意味着弃庶人于礼制之外。既然如此,宋代新儒学在重新整理"三礼"经典的同时,将目光投向社会基层、一般家庭的礼制重建,创造出一套家礼新规范,则未必能用"礼下庶人"来进行总体性的评价。

对儒家而言，礼仪精神是普遍的，对任何人都具有普适性，但礼仪制度却是具体的。礼学思想如何落实为礼仪制度，礼仪制度如何体现出礼学精神，是儒学要面对的重要问题。而其中的关键在于：如何在理论与现实、思想与制度之间加以调适，避免二者发生脱节。

2. 礼即理与以理释礼

以天理观的重建为标志的理学思想，至朱子学有了重要的理论推进，其表现之一就在于解决这个问题：围绕国家（王朝）和家族（宗族）这两个中心，如何将理学思想落实在现实的礼仪制度层面，以重现儒家伦理的价值和意义。

首先，礼仪理学化的一个突出表现是观念上的变化，即"礼"被规定为"理"之"节文"，是理的一种仪式表现，出现了以理释礼的思想趣向。此一思想动向在二程那里便已出现，如程颐指出："视听言动，非理不为，即是礼，**礼即是理也**。"（《程氏遗书》卷十五）朱子继承了程颐的这一思想，对礼提出了更明确的定义："礼者，天理之节文，人事之仪则也。"（《论语集注·学而篇》）朱子对"礼即理也"也有进一步的论述：

> **礼即理也**。但谓之理，则疑若未有行迹之可言；制而为礼，则有品节文章之可见矣。人事如五者（引者按，即五伦），固皆可见其大概之所宜，然到礼上，方见其威仪法则之详也。（《朱子文集》卷六十《答曾择之》）

这是说，理不免抽象，其本身并无迹象可言，故须以礼的具体性将理呈现出来。另一方面，礼的制定又须以理的精神为依据，礼作为一种行为"法则"也必定是根源于理才有可能。朱子以理释礼的思想非常重要：一方面，经过一番抽象化，礼获得了理的保证；另一方面，理又借助礼获得了具体性。这一思想成为朱子礼学思想的根基。

从语言形式看，"礼即理也"的命题将礼与理直接同一，似乎泯灭了两者的差异，不免导致礼的天理抽象化，故清代有儒者指责宋儒将礼从实际生活中抽离出来，坠入抽象玄谈之窠臼；然而若将该命题置于整个文本的脉络中，我们便可发现朱子旨在强调：礼与理乃相即不离的结构关系，而非理念上的同一关系。礼是理的呈现，而理是礼的保障，换言之，理的具体性表现为礼，礼的法则性表现为理。就此而言，可以说朱子"礼即理也"的命题赋予传统礼学以理学的依据，通过理学观念为礼学奠定了坚实的理论基础，而绝非后人所指责的那样，"礼即理"便意味着以理代礼，遂使礼学产生空洞化的后果。

"礼即理也"容易导致的另一误读是：由于理属本体论的概念，具有永恒不变的特质，因而作为理之体现的"礼"也可能成为固定不变的东西。这一解读看似顺理成章，然而却是一种严重的误读，其后果将使礼丧失"以时为大"的时代性，导致唯古礼为是的复古主义。从根本上说，这种复古主义态度与孔子的礼学精神相违背。因为孔子礼学非常强调损益原则："殷因于夏礼，所损益可知也。周因于殷礼，所损益可知也。"（《论语·为政》）对此，朱子有一个重要的解释：

> 所因之礼，是天做底，万世不可易。所损益之礼，是人做底，故随时更变。（《朱子语类》卷二十四）

所谓"是天做底"的"所因之礼"，是指礼学具有代代相因的基本精神，这一精神可以不断传承。但是作为制度之礼却必须因应时代要求而改变，这一点同样重要。故朱子又说：

> 某尝说：使有圣王复兴，为今日礼，怕必不能悉如古制。今且要得大纲是，若其小处亦难尽用。（《朱子语类》卷八十四）

由上可知，朱子不是复古主义者，更不是从天理抽象化一条道走到黑的本本主义者，而是一位满怀现实意识的理性主义者。在他看来，礼所体现的理之精神是永恒的，但是具体的礼制则决不能一成不变，而必须"随时更变"，即便"圣王"复兴，也必须根据当代的"世俗之礼"来改变"古制"之礼，这才是儒家礼学的基本要义。"礼即理也"只有置入这一视域来审视，才能获得真正的善解。

3.《家礼》学的出现

上文已经说过，朱子一生遍注群经，《四书集注》是其成就的巅峰，但他撰写的《家礼》却在无意间成为后世认可的一部经典。之所以说"无意"，是因为朱子当时并没有预想到，《家礼》一书在明清时代竟成为一部儒家的"新经典"。若从东亚文化圈看，该书在后世所产生的影响，或许要超过后来被当作科考书的《四书集注》。17世纪日本江户儒者伊藤仁斋却认为，朱子妄拟经典，悖谬莫此为甚

（吴震，M2018a，第 153 页），此当别论。

不可否认的是，打通士庶两层、普遍适用于家庭伦理的《家礼》，标志着儒家礼仪由思想落实为生活、由经典转化为常识。它推动了儒家礼仪文化向社会基层、普通人群深入拓展，而且在东亚形成了一种"家礼学"传统，特别是在李氏朝鲜的时代，更是以朱子《家礼》为范本，根据朝鲜本土的人情风俗，进行了重新制作，向来未受充分关注的日本江户时代也发生了同样的情况（吾妻重二，M2012，第 3—53 页），所以说在东亚地域"泛儒教文化圈"俨然形成了一种"家礼学"的传统。

本来，"家礼"作为家族礼仪的一项内容并非在近世中国才出现，早在《仪礼》和《礼记》中就已有部分内容涉及家族礼仪，故朱子在《仪礼经传通解》中将《仪礼》十七篇划分为六大类：家礼、乡礼、邦国礼、王朝礼、丧礼和祭礼（上山春平，J2009）。但是从文献分类学的角度看，"家礼"作为一种书目出现得相当晚。它最早是以"书仪"的名称传世，例如在敦煌文书中残存了大量唐代的"书仪"，《隋书·经籍志》《旧唐书·经籍志》和《新唐书·经籍志》当中著录了不少南北朝及唐朝的民间仪注的"书仪"。《四库全书》设"书仪"一类便是沿袭了这一传统。按周一良之说："《书仪》实际是《仪礼》的通俗形式的延续，所以唐以后《书仪》成为居家日用的百科全书。"（周一良，J1994）然以全本形式传世者则唯有司马光《书仪》一书。朱子《家礼》便是受此书影响，并从中汲取了相关内容而形成的，自此以往，"家礼"作为一种文献类别被固定下来。

朱子《家礼》主要涉及四方面的内容：冠婚丧祭。其范本乃是《仪礼》《礼记》等古礼，其对象主要是士人和庶民，故其适用范围遍及一般家庭,成为后世中国社会家庭礼仪的典范。朱子对于"冠婚丧祭"四礼中的"祭礼"尤为重视,曾大量搜集有关家族"祭礼"的古今文献,于淳熙元年(1174)编纂《古今家祭礼》一书(《朱子文集》卷八十一《跋古今家祭礼》),后又不断增订,共收录了二十家的礼书(《宋史·艺文志》史部"仪注类"),这是朱子编撰《家礼》重要的前提工作。

《古今家祭礼》现已亡轶,但据马端临《文献通考》和陈振孙《直斋书录解题》的记载,其内容框架则大致可以复原,甚至可以明确朱子所使用的二十部古今礼书的书名(吾妻重二,M2012,第133页)。不过,其中存世的只有两部:唐《开元礼》和北宋《政和五礼新仪》;其余一些重要礼书如晋荀勖《祠制》、唐贾颙《家祭礼》、北宋《开宝通礼》、北宋程颐《祭礼》、北宋范祖禹《家祭礼》、南宋高闶《送终礼》(朱子对此评价甚高:"高氏《送终礼》,胜得温公《礼》。"《朱子语类》卷八十五)等则均已失传,只有部分内容可以从其他典籍的引述中窥其一斑。

这足以说明两点:第一,在朱子之前,特别是唐宋时代,有关家庭祭祀的礼仪问题已广受关注;第二,朱子《家礼》绝非向壁虚构,是在参酌古今大量礼书的基础上,重新创作的一部经典。与朱子并列"东南三贤"的张栻和吕祖谦也有相关的撰述,张栻撰有《三家婚丧祭礼》五卷以及《三家礼范》(均佚),吕祖谦撰有《祭仪》一篇(《吕太史别集》卷四)。这充分说明,家礼研究到了朱子的时代,已蔚然成为一种思想风气,"家礼学"已成为宋代新儒学运动的重要一环。只是流传后世而被奉为家庭礼仪之范式的经典则唯有朱子《家礼》,而绝大部分其他礼书则遭遇了湮没无闻的命运。

朱子《家礼》全书共五卷,目前通行的善本为宋代周复五卷本

(《孔子文化大全》，影印国家图书馆藏本）。卷前有黄榦《序》《木主全式》和《分式》、潘时举《识语》以及朱熹《家礼叙》，除《木主全式》和《分式》为两张墓牌的图表以外，其余三篇《序》《识》《叙》的文字，概述了《家礼》编纂刊刻之由来。卷一《通礼》，下列《祠堂》《深衣制度》《司马氏居家杂仪》三篇文字，所谓"通礼"，按朱子的解释：即指"所谓有家日用之常礼"的意思，是"不可一日而不修"的；卷二《冠礼》，即成年礼；卷三《昏礼》，即婚礼；卷四《丧礼》，即葬礼；卷五《祭礼》，即祭祖之礼；以上四卷为《家礼》的核心内容，详述了冠婚丧祭四礼的具体仪式；最后为《家礼附录》，摘录了朱子与其门人有关家礼问题的若干问答，全书末尾附有周复刻本的《跋》一篇，落款为淳祐五年（1245）。

值得一提的是，周复在《跋》中针对朱子弟子杨复关于《家礼》与《仪礼》在内容上多有不同所表示的疑难，阐明了一个重要观点："《仪礼》存乎古，**家礼**通于今；《仪礼》备其详，**家礼****居其要**。"我认为，"通今""居要"是对朱子《家礼》之特色最为贴切的概括，这也是朱子撰述《家礼》，志在与时俱进、通经致用的生动体现。而在礼学研究复兴的当下，朱子"通今""居要"之礼学思想精神是值得我们认真借鉴的，一味复古的态度并不可取。

概言之，宋代新儒学是对汉唐经学的一场"思想突破"，在此过程中，出现了重建儒家"新经典"的运动，经典诠释也出现了理学化的转向，其典型标志便是"四书学"的形成，而其典范之作是朱子的《四书章句集注》。与此同时，在"礼即理也"观念的引领下，新儒家开始了一场将思想落实于生活的礼学重建运动，出现了以建构家族礼仪为核心内容的"家礼学"，不仅在哲学层面，更是在文化层面，推动了儒学的全面复兴。

第四讲　朱子学与阳明学的思想时代

朱子学与阳明学同属近世中国的思想，共同展示了宋明时代新儒学的思想风貌，然而两者所建构的思想世界却大异其趣，这一点不容忽视。

要想深入了解和整体把握这一思想异趣现象发生的根源，就有必要将两者分别置入各自的思想时代，加以仔细的考察，进而从一个宏观的视野，来探讨理学传统与心学传统的由来。

一　朱子的学思历程及其思想时代

朱熹（1130—1200），字元晦，一字仲晦，号晦庵，祖籍徽州婺源（今属江西），但他出生在福建南剑州尤溪县，盖其父朱松（1097—1143）曾在宣和年间为建州政和县尉，后又转任尤溪县尉，遂携家迁居该地。绍兴十三年，朱子时年14岁，遭遇父丧，后随母迁徙至福建崇安县五夫里居住，朱子成年后，主要在崇安读书讲学，从事学术活动，因此，历史上称其思想学派为"闽学"。

1. 接续洛学

据朱子回忆，朱松曾与二程门人杨时的弟子罗从彦相识，故得闻杨时所传的"河洛之学"(《朱子文集》卷九十七《皇考朱公行状》),而朱松自己亦对理学很有兴趣,曾向朱熹讲授二程的《论语说》(《朱子文集》卷七十五《论语要义序》),可见,朱子早年便开始接受理学启蒙。朱松在临死前,留下遗命,将家事托付给好友刘子羽,朱熹母子后来就一直居住在刘子羽在崇安为他们构筑的宅第里;朱松又令朱熹从学于父执辈的胡宪(1086—1162)、刘勉之(1091—1149)和刘子翚(1101—1147)。此三人常讲学于武夷山中,故有"武夷三先生"之称。

三人为学虽各有所长,但皆有洛学渊源。朱熹追随胡宪的时间最长。胡宪是胡安国(1074—1138)之兄子,胡安国为著名经学家,曾拜二程弟子杨时为师,故为二程一派传人,胡氏家学以史学见长,尤精于《春秋》,开创了南宋的湖湘学派,其著《春秋传》成为后世科举士人的必读书。胡宪年少时从胡安国那里得闻二程"洛学",对其为学方向产生重大影响,后亦专治《春秋》。虽然朱子师事胡宪长达二十年,然两者关系属父执之类,在思想上胡宪对朱子的影响似不及其他两位,《朱子语类》甚少提及,《籍溪先生胡公行状》(《朱子文集》卷九十七)也没有叙述其学说。

根据朱子平生自述,刘子翚对其影响最大,因子翚当时主要收徒授举业,这对意欲通过科考而进入仕途的少年朱子而言,实有重大影响。此外,由于子翚经历过出入佛老、由佛归儒的学思经历,故对少年朱子的思想产生了两方面的影响:一方面,给朱子带来接触佛老的机会;另一方面则是主要的,即促使朱子立志于儒家"为己之学"(《朱子文集》卷九十《屏山刘公墓表》)。至于刘勉之,尤喜朱熹,并以女配之,他也曾拜入杨时门下,讲学论道以二程理学为宗。然《朱子语类》或《朱子文集》言及刘勉之处不多,其对朱子的思想影响似不及刘子翚。

朱子18岁中举人，19岁登第进士，后于24岁时，出任福建同安县主簿，在赴任途中，往福建延平（今南平）见李侗（1093—1163）。朱子少年时曾随父朱松见过李侗，而正式师事李侗则当为是年，后直至1160年，两人多次见面，特别是庚辰（1160）十一月，朱子在延平逗留数月，与李侗论二程理学尤为详密。从学脉上讲，李侗为二程的三传弟子，从学于罗从彦，罗又为杨时门人，因三人同为福建南剑人，故有"南剑三先生"之说。而杨时开创的"道南一脉"在为学主张上，偏向于主静涵养工夫，提倡在静坐中体验"未发"气象，追求一种"洒落"的精神境界，李侗的思想宗旨"默坐澄心，体认天理"便源自杨时**道南一脉**"的思想传授。朱子早年显然受其影响，曾回顾道："看来须是静坐，始能收敛。"（《朱子全书》第十三册《延平答问后录》。又见《朱子语类》卷十二）直至后来40岁，朱子有"未发已发"的"中和"之悟，才回归到二程的"居敬"主张，此是后话。

要之，李侗在思想上对朱子的理学启蒙、归本洛学无疑有决定性的影响。钱穆《朱子新学案》根据朱子任同安主簿时期的诗文，以为乙亥（1155）朱子26岁时，始归宗儒学。这显然是由李侗的影响而带来的结果（陈来，M2000，第37页）。后朱子将其与李侗的来往问学的书信整理成册，题为《延平答问》，编刻出版。

由上可见，朱熹早年长期在理学的氛围中得到熏陶。这一点也可从他后来的夫子自道得到印证："**熹少好读程氏书。**"（《朱子文集》卷四十六《答李滨老》）"熹自十四五岁时，得两家之书读之。"（同上书，卷五十八《答宋深之》）"某少时为学，十六岁便好理学。"（《朱子语类》卷一百一十五）

朱子进士及第之后，总体上，仕途还算顺利、平稳，主要出任地方官，除上面提到的同安县主簿以外，先后担任过江西南康、福建漳州、湖南潭州（在今长沙）等地的地方长官。朱子在地方任上颇有一些声誉名望，在家乡五夫里还实施了"社仓"的社会实验。时在辛卯（1171）朱子42岁，此实验的特色在于倡导乡民自治、地方救济，而不同于官府所建"社仓"往往置于城市，于偏僻乡村未免鞭长莫及。故朱子的"社仓"法对后世影响极深，明清时代尚有地方沿用此制，及至当代，在福建崇安五夫里仍有"社仓"得以保存（陈荣捷，M1990，第3页）。

据载，朱子一生的仕途，"仕于外者仅九考，立朝才四十日"（《宋史·朱熹本传》）。这里所说的"立朝"，盖指绍熙五年（1194）朱子65岁时，是年七月，宁宗即位，朱子被召赴行在奏事，出任焕章阁待制兼侍讲一职，即担任皇帝身边的侍讲官，十月初赴任，至十一月十九日。朱子在进讲之际，常常言及当朝政治，招致时揽大权的韩侂胄不满，宁宗亦不喜朱子讲学言及时政，即降旨罢黜朱子侍讲，改差宫观。朱子在中央朝廷的短暂任职，至此而终。

尽管朱子对此事坦然处之，然而他仍然未能逃过中央朝廷正在酝酿的"党争"之祸。庆元元年（1195），韩侂胄与丞相赵汝愚之间的矛盾已到了不可调和的地步，赵汝愚遭贬，第二年暴卒，韩侂胄独揽大权。次年，韩侂胄便发动了"庆元党禁"的运动，朱子首当其冲，道学被斥为"伪学"，遭到全面压制。直至朱子逝世两年后的1202年，党禁才告终止。

可见，朱子在世时虽在民间倡导道学颇有影响，在政治上却始终怀才不遇，故身处"后王安石时代"的朱子，虽有将其道学诉诸

"外王"事业的理想，然始终未能获得实际的成就。晚年竟遭"党禁"之厄运，及至嘉定二年（1209），才诏赐追谥曰"文"，是以后世追称"文公"，宝庆三年（1227）追赠太师、信国公，绍定三年（1230）改封徽国公，淳祐元年（1241）从祀孔庙。自此以往，朱子所开创的"朱子学"才最终赢得了举世公认的声誉，朱子学的思想世界在近世中国思想史上才真正拉开了序幕。

2. 东南三贤

朱子一生交友甚多，这里仅略述与张栻、吕祖谦的交往。因三人被后人称为"东南三贤"，而乾道、淳熙年间的道学复兴亦有赖于此三人者居多。通过对三人交往的考察，我们可以一窥当时学界之风向以及朱子思想的发展动态。

张栻（1133—1180），字敬夫，又称钦夫，号南轩。朱子与张栻相识甚早，约在1163年，两人一见倾心，结为莫逆之交。张栻师胡宏（1106—1161），属湖湘学派传人，然在思想上，与朱子交流甚多，逐渐受其影响，对于湖湘学的一些观点竟有所修正。据朱子《祭文》所云："盖缴纷往反者几十余年，末乃同归而一致。"（《朱子文集》卷八十七《又祭张敬夫殿撰文》）关于两人往返论辩，大致可归纳为"中和之辩""《知言》之辩"以及"《仁说》之辩"，以下略叙仁说问题，中和问题待下节再说。

在仁说问题上，朱张两人的探讨最为密集，可谓字斟句酌，锱铢必较，且两人分别有《仁说》之作，他们在关键问题上见解基本一致，只是在某些措辞上存在分歧。例如朱子《仁说》一上来便说**"天地以生物为心"**，张栻认为："《仁说》如'天地以生物为心'之语，平看虽不妨，然恐不若只云'天地生物之心，人得之为人之心'

似完全。"(《张栻集·新刊南轩先生文集》卷二十一《答朱元晦秘书》第八书)然朱子《仁说》却未见修改。又如在仁包四德、仁之无所不体、以公为仁之体以及以知觉言仁等重要问题上,朱张的看法虽有同有异,但总体来看,张栻被朱子所折服者居多。不过,张栻的《仁说》亦有其自身的特色,如强调"克己"作为"为仁之方"的重要性,这一点后来也受到朱子的肯定。朱张之间有关"仁"的论辩表明,在道学思潮中,"仁"的问题重新受到关注,最终朱子建构了一套"新仁学",推动儒家仁学思想的完善和发展。在此过程中,张栻等人(包括吕祖谦)的参与,反映出南宋道学的思想氛围,值得关注。

吕祖谦(1137—1181),字伯恭,学者称东莱先生,婺州金华人。吕氏家族,累世显宦,且得中原文献之传,家学传统重在史学,故吕祖谦所开创的南宋婺学,亦以史学见长,究心文献整理。不过,吕祖谦对于宋以来的道学一脉亦有关注,曾与朱子合编《近思录》,收录北宋道学四子周敦颐、张载和二程的语录,该书对后世影响极大,也使吕祖谦被公认为理学中人。

在"东南三贤"之中,朱吕之交绝不亚于朱张之交,《朱子文集》中所存朱吕书信有一百零四封,而《东莱吕太史文集》中所存两者书信也有六十七通之多。除多数为学术讨论以外,也涉及家庭私事,朱子甚至将长子的教育委托给祖谦,而祖谦亦严加管束,可见两人交谊之深在当世罕有。不过在学术上,两人则屡有分歧而难以弥合,朱子重经而祖谦重史,尤重《左传》,朱子认定读史易坏人心术,以为史书尽讲些"零碎道理,济得甚事?"(《朱子语类》卷一百二十一)祖谦则广涉史书,乐此不疲,反而认为《论语》可不必读(同上书,卷六)。所以朱子对祖谦有不满和批评:"伯恭失之多","吕太巧杜撰"(同上书,卷一百二十一)。

尽管朱吕两人的为学兴趣不尽相同,然在思想的基本取向上却相同者多,两者恰可经史互补,共同助推理学的发展。故朱子始终引祖谦为同道友,并对祖谦的学问品格有极高之评价:

> **兼总众说,巨细不遗、挈领提纲,首尾该贯**。既足以息夫同异之争,而其述作之体则虽融会通彻,浑然若出于一家之言,而一字之训、一事之义,亦未尝不谨其说之所自。及其断以己意,虽或超然出于前人意虑之表,而谦让退托,未尝敢有轻议前人之心也。(《朱子文集》卷七十六《吕氏家塾读诗记后序》)

这段话是只有对祖谦学术思想有深刻了解之人才能道出的至当之言。由此可见,朱吕两人属同道中人,已然毋庸置疑。尽管由于祖谦早卒,朱子晚年对祖谦后学的批评愈发严厉,指责"浙学"(广义上包含婺学和浙东功利之学)推崇史学的"本意却只在于权谋功利"(《朱子语类》卷一百二十二),包括祖谦弟子潘叔昌、祖谦之弟吕子约等人,"皆已深陷其中"(《朱子文集》)卷五十《答程正思》第十六书)。

总之,以上所述朱子与张栻、吕祖谦的交往,正可从一个侧面窥探他们身处的理学辉煌时代,尽管朱子晚年遭遇庆元党禁的压制,以至于在外王事业上几乎一无所成,然而他们共享着北宋以来特别是二程洛学一脉的新儒学思想氛围,勉力重建儒家传统的成德之学,这便是朱子的思想时代。

3. 参悟中和

上面提到,朱子之师李侗属"道南一脉",而"道南一脉"的说法源自程颢"**吾道南矣**"（《**程氏遗书**》卷十二）的感叹，这是其弟子杨时（1053—1135）南归福建之际，程颢对杨时的一种期待。程颢卒后，杨时四十余岁又回到洛中从师程颐，故其晚年思想又受程颐的影响，"程门立雪"这一著名故事，当事人之一就是杨时。

"道南一脉"指二程洛学的后传一支：杨时—罗从彦—李侗。这一脉的思想传授有一个重要特征，就是对心性论中的"中和"问题表现出浓厚的理论兴趣，如何在未发之际体验"中"（又称"体验未发"）成为他们的核心关怀，故朱子又称其为"道南指诀"。

杨时的核心观点是："**学者当于喜怒哀乐未发之际，以心体之，则中之义自见。**"（《**杨时集**》卷二十一《**答学者·其一**》）这个说法源自《中庸》"喜怒哀乐未发谓之中"，杨时认为在"未发"之际，做一番"以心体之"的工夫，便自能对"中"有真正的体验和把握。那么，什么才是"中"呢？根据杨时的说法，未发之"中"并不是喜怒哀乐之情感本身，而是指当这些情感还未发动之际，就已存在的"允执厥中"的"中"，也就是《尚书·大禹谟》"人心惟危，道心惟微，惟精惟一，允执厥中"的"道心"。杨时所谓"惟道心之微而验之于喜怒哀乐未发之际，则其义自见"（《宋元学案》卷二十五），就是这个意思。

问题是，为何在未发之际"以心体之"才能把握"道心"呢？这其实是要求体验者最大限度地平静思虑和情绪（这里主要指喜怒哀乐四种情感活动），努力达到意识活动的相对静止状态，由此去体验处在静止状态中的内心意识所呈现出来的"中"——即"道心"。这在道学工夫论中属于内向直觉的体验方法，在道学史上，属于主静主义一派的工夫主张。杨时对这种工夫所能到的境界有一个生动描述：

夫至道之归，固非笔舌能尽也。要以身体之、心验之，**雍容自尽、燕闲静一**之中默而识之，兼忘于书言意象之表，则庶乎其至矣。(《宋元学案》卷二十五)

"雍容自尽、燕闲静一"八个字便是对这种工夫最贴切的描绘，达到这种境界，便自能将一切语言、书册、意念等外在表象完全克除，不会再对意识活动构成任何干扰，也就实现了"至道之归"的境界。当然，其关键还在于：必须**"以身体之""以心验之"**——将全部身心投入这种静中体验的工夫中。

杨时的这些主张可以追溯至二程，程颐与其门人吕大临、苏季明就曾讨论过"喜怒哀乐未发"以及如何把握"中"的问题。事实上，自周敦颐首次提出**"主静立人极"**(《太极图说》)以来，"无欲故静"的"主静"问题便成为贯穿宋明理学的重要理论问题之一。程颢有"静后，见万物自然皆有春意"(《程氏遗书》卷六)的说法，程颐则有"每见人静坐，便叹其善学"(《程氏外书》卷十二)的记录，都表现出对"静"的问题的关注，认为如何通过澄净意识的方法来克治意识活动中容易出现的"人欲"等意念，是涉及如何恢复人之德性("复性")的重要问题。

不过，在工夫论问题上，二程最终意识到主静主张有可能产生脱离人事社会的弊病，故竭力主张回归孔孟儒学的"主敬"传统，并赋予"敬"以新的理论含义。二程以"端庄严肃""主一无适"来解决"敬"之名义问题，主张只有使内心世界达到高度的道德意识集中，才能真正实现"复性"的目标。杨时开创的"道南一脉"却又回到了主静的立场，认为只有使意识活动达到静止状态，才能从根本上防止心中欲念的萌动，才能体验到喜怒哀乐尚未发动之前心灵意识的"中"的状态。这种状态已经超越了经验意识的层面，而达到了"道心惟微"意义上的"道心"状态。由此出发，按杨时的说法，"执而勿失，无人欲之私，发必中节矣"（《宋元学案》卷二十五），进而实现《中庸》"发而皆中节谓之和"的"和"的理想目标。换言之，杨时认为，"静"能使"天下之大本"的"中"与"天下之达道"的"和"得以全面实现。

根据朱子的记载，李侗曾经向他回忆其师罗从彦是如何传授学问的：

> 某（李侗）曩时从罗先生（罗从彦）学问，终日相对静坐，只说文字，未尝一及杂语。先生**极好静坐**，某时未有知，退入室中，亦只静坐而已。先生令**静中看喜怒哀乐未发谓之中**，未发时作何气象。（《朱子全书》第十三册《延平答问》）

这段回忆生动描述了罗从彦与李侗之间进行思想传授的情景，罗以"静坐"为教法，以体验未发之中为旨归。李侗认为静坐可以收到"进学"和"养心"两方面的效果。

另一方面，李侗也明确提出了"**默坐澄心，体认天理**"的独特主张。对此，朱子解释道，前者是手段，后者是目的，通过默坐澄心的手段，以实现"天下之理，无不由是而出"（《朱子文集》卷九十七《延平先生李公行状》）的目的。李侗这一偏向主静的思想对早年的朱子是有一定影响的。

不过，在从师李侗期间，"中和"问题始终未能引起朱子的足够重视。朱子坦承："余蚤从延平李先生学，受《中庸》之书，求喜怒哀乐未发之旨，**未达而先生没**。"（《朱子文集》卷七十五《中和旧说序》）"昔闻之师，以为当于未发已发之几，默识而心契焉……向虽闻此，而**莫测其所谓**。"（《朱子文集》卷四十《答何叔京》四）这些记录出自朱子亲笔而非弟子记录的语录，应当是可信的。从中可以看出，朱子对于体验未发的"道南一脉"的思想理路存在某种隔阂。

李侗过世之后，朱子才逐渐意识到体验未发其实与心性问题有重要关联，中和问题在实质上就是心性问题。在李侗逝世后的第三年（1166），朱子37岁时，他对中和问题有过一次了悟，史称"中和旧悟"（又称"中和旧说"）。其核心观点是八个字："心为已发，性为未发。"这是用体用观念，将性规定为体，将心规定为用，认为心只是性之体的一种发用，而作为本体的性则是未发的。这一观点便与"道南一脉"的思想产生了重要差异——不认为心有什么未发状态，心总是处在流动不已的发动状态中。在朱子看来，喜怒哀乐这四种基本情感都是心的活动状态，属于经验层面的心灵意识活动，在其背后还有作为本体存在的性。因此，所谓体验未发以使心灵意识处在静止状态，也就根本无法实现。

与此同时，朱子的"中和旧悟"又与湖湘学派的核心观点"先察识，后涵养"形成了冲突。因为所谓"先察识"其实就是先识本心之意，但是这样一来，就会导致已发的"心"如何才能"察识"另一个未发的"心"这一难题。所以，在"中和旧悟"的次年，即乾道三年（1167），朱子特地赴长沙，与张栻相见，两人就"中和"问题展开了辩论。朱子归后，与张栻往来四封书信，继续讨论。第一书朱子在中和问题上有湖湘学的思想痕迹，承认因事省察而后加以涵养之功的观点；第二书从体用的角度认为未发已发在"**一念间已具此体用，发者方往，而未发者方来**"，亦近于湖湘学观点；第三书及第四书，观点略有改变，力主以心为主宰，存养之功，始从容自得，只是如何通过存心工夫来打通未发已发以实现"中和"，朱子尚在疑信参半之间而未获最终的解决（以上四书分别见《朱子文集》卷三十《与张钦夫》第三书、第四书；同上书卷三十二《答张敬夫》第三十三书、第三十四书）。

数年之后，朱子40岁之际的"中和新悟"对中和问题有了彻底的理论解决。"中和新悟"之后，朱子第一时间写了《与湖南诸公论中和第一书》，开始就中和问题及更为重要的心性问题，与湖湘学派诸子展开全面的辩论。这标志着朱子思想摆脱湖湘学的影响而回归二程道学的轨道，也标志着朱子思想已臻成熟。朱子指出：

《中庸》未发已发之义，前此认得此心流行之体，又因程子"凡言心者，皆指已发而言"，遂目**心为已发，性为未发**。然观程子之书，多所不合，因复思之，乃知前日之说非惟心性之名命之不当，而日用工夫全无本领。盖所失者，不但文义之间而已。（《朱子文集》卷六十四《与湖南诸公论中和第一书》）

按照"中和新悟"，未发已发只是意识活动的不同阶段，未发为性，已发为情，至于心则是贯通未发已发。朱子《已发未发说》对此有集中论述：

思虑未萌，事物未至之时为喜怒哀乐之未发。当此之时，即是**心体流行寂然不动之处**，而**天命之性体段具焉**。以其无过不及、不偏不倚，故谓之中。然已是就**心体流行**处见，故直谓之性则不可。（《朱子文集》卷六十七《已发未发说》）

"思虑未萌"相当于喜怒哀乐情感未发的意识状态，这一状态又是"心体流行寂然不动之处"，但在此状态之中，"天命之性体段具焉"——性体已在未发心体的状态之中；另一方面，意识活动（思虑、情感）一旦启动，使天命之性达到"无过不及、不偏不倚"，也就实现了"中"的理想状态，而这一状态已经"就心体流行处见"，这里的"见"读作"现"，意即展现、呈现或发现。因此关键在于：已发未发虽处两层，然工夫则须贯通。我们可称之为**一体两层工夫论**。一体即指"天命之性"，两层指打通未发已发的居敬工夫和穷理工夫，一体既在"寂然不动处"，又在"心体流行处"。换种说法，性体为一体，心体工夫则有居敬和穷理两层工夫的表现。

更重要者，"中和新悟"在工夫论问题上，摆脱了静中体验未发的主静主义，而向二程的主敬工夫回归，主张在心体未发之际，须用主敬工夫加以涵养。这是朱子深刻反省"中和旧悟"时，只是一味关注心性名义问题而忽略了工夫问题："乃知前日之说非惟心性之名命之不当，而日用工夫全无本领。盖所失者，不但文义之间而已。"这里所谓的"日用工夫全无本领"，意谓在心性问题上，忽视了工夫问题的重要性。因而，朱子主张必须用主敬工夫来调整和弥补。

总之，朱子主张通过主敬工夫来调整察识与涵养的关系，认为两者可以在主敬工夫的引领下同时并进，由此才能从根本上解决未发已发的中和问题。他说：**"未发之前是敬也**，固已主乎存养之实；**已发之际是敬也**，又常行于省察之间。"（《朱子文集》卷三十二《答张钦夫》第四十八书）自此，朱子终于彻底摆脱"道南一脉"和湖湘学说的阴影，基本解决心性问题和主敬问题，完成了他的心性情三分构架的理论模式，用他的话来说，就是"性者心之体，情者心之用"。

二 阳明的学思历程及其思想时代

王阳明的一生与朱子相比很不相同。在政治上,阳明的仕途几经大起大落,可谓波澜壮阔;在学术上,阳明的头上仿佛始终萦绕着朱子学的"阴影",因为朱子学正是其超越的对象。就结果而言,王阳明通过对朱子理学的批判,最终开辟出阳明心学的思想世界。有关阳明的政治生涯,我们略去不谈,而主要关注阳明的思想生涯。

王阳明(1472—1529),名守仁,字伯安,号阳明,浙江余姚人,后迁居山阴(今绍兴)。王阳明出身官宦世家,远祖可追溯到晋光禄大夫王览。阳明之父王华为成化十七年(1481)的状元,阳明于弘治五年(1492)举浙江乡试,弘治十二年及第进士,后累官至南京兵部尚书,因平定宁王朱宸濠叛乱有功,封新建伯,隆庆年间追谥文成,万历十二年(1584)从祀孔庙。

1. 格竹事件

一般而言,阳明的思想生涯可以其 37 岁时的龙场悟道为界,分为前后两个时期,前期为"学成之前",后期为"学成之后"。根据《年谱》《行状》等记载,"学成之前"有"为学三变","学成之后"有"教亦三变"。"为学三变"是:(1)泛滥于词章,驰骋于孙吴,(2)究心于佛老之学,(3)从事朱子格物穷理之学;"教亦三变"是:(1)主张动静合一、工夫本体之说,(2)以默坐澄心为学的,(3)自江右以后(1520)始专提致良知。

所谓"格竹事件"发生在阳明思想的前期。《阳明年谱》系此事件于弘治五年,阳明 21 岁时,这个记载有误,现在根据新发现的《阳明先生遗言录》(见《王阳明全集》新编本),我们可以明确"格竹事件"发生在阳明十五六岁之时,也正是阳明从事朱子格物穷理之学的时期。此事给少年阳明留下了刻骨铭心的记忆,对其早期思想的转变具有重要影响。少年阳明的思想历程中,朱子学的"阴影"挥之不去,不过,此所谓"阴影"也正是激发阳明对朱子学的问题必须有所"突破"的一种动力。

上面提到"刻骨铭心的记忆",这是因为阳明到了晚年仍然对此耿耿于怀。他在晚年跟弟子的一场对话中,甚至将"格竹事件"与标志其思想发生彻底转变的"龙场悟道"相对比,以凸显"格竹事件"对他早期的思想经历的重要含义。现在我们来看阳明的这段回忆:

> 众人只说格物要依晦翁,何曾把他的说去用?我着实曾用来。初年与钱友同论做圣贤要格天下之物,如今安得这等大的力量?因指亭前竹子,令去格看。钱子早夜去穷格竹子的道理,竭其心思,至于三日,便致劳神成疾。当初说他这是精力不足,某因自去穷格,早夜不得其理,到七日,亦以劳思致疾。遂相与叹:"圣贤是做不得的,无他大力量去格物了!"及在夷中三年,颇见得此意思。乃知**天下之物本无可格**者,其**格物之功只在身心上做**,决然以圣人为人人可到,便自有担当了。这里意思,却要说与诸公知道。"(《传》第 318 条)

《年谱》(尽管所系年份有误)对"格竹事件"的前因后果有更详细

的记述，不妨一参：说是王阳明努力从事宋儒格物之学，遍求"考亭"（即朱子）遗书读之，有一天，阳明突然想起朱子和二程分别说的两句话："众物必有表里精粗"（朱子语）、"一草一木，皆涵至理"（二程语）；阳明对此当然深信不疑，于是，就在京师官署（其父当时正在京师做官）的庭院中，面对一片竹林，进行"格物"的亲身实践，而其格物乃是运用"沉思"的方法，结果是"沉思其理不得，遂遇疾"。

这段记述与上面阳明自己的回忆，内容大体是一致的，只是这里提到的朱子和二程的两句话，引人注目。这说明，少年阳明深信程朱理学的一条真理："一草一木，皆涵至理"，事事物物当中存在某种客观外在的"至理"，通过格物的方法就可以把握它、认识它。阳明认为这就是程朱理学教导我们的基本思想。

尽管在朱子学的解说当中，"格物"就是到物上去，穷尽事物的道理，所以，格物就是即物穷理，这是朱子在《大学章句》中讲得明明白白的一番道理。然而，具体而言，如何到物上去才能穷尽事物的道理，却并不是通过"沉思"的方法可以做到的。沉思属于一种内在的自我反思，是无须直接面对外在客观对象的自我审视，故运用沉思的方法去面对外在的一片竹林，是不可能获得有关竹子之所以存在的道理的。这种对格物理论的误解，其实在朱子的时代就已存在。朱子强调格物可以运用各种方法和手段，如"穷天理、明人伦、讲圣言、通世故"等等，若"以为存心于一草木器用之间而忽然悬悟也"，则必将导致"炊沙而欲其成饭"之类的荒唐结果（《朱子文集》卷三十九《答陈齐仲》）。

十余年后，在阳明27岁时，又发生了一次类似的"格竹事件"——严格说来，应该是"格物事件"。有一天，阳明读到朱子在《上宋光宗疏》中的一句话时,深受感动:"居敬持志,为读书之本;循序致精,为读书之法。"阳明突然意识到,自己以前对朱子教导的格物理论存在严重误会,原来,朱子的格物论强调的是"读书",而且读书有两种基本途径:一是读书之本,即居敬持志;一是读书之法,即循序致精。于是,阳明又一次按照朱子所讲的读书法,循序渐进,竟然也能"思得渐渍洽浃"。但是,阳明有一个心结却始终未能打开,这就是"然物理吾心终若判而为二也"。这导致的结果却与"格竹事件"一样:"沉郁既久,旧疾复作。"(《王阳明全集》卷三十三《阳明年谱》)

我们将上述两个事件合起来看便可发现,问题的症结并不在于阳明对朱子格物论的故意曲解,而在于"物理吾心终若判而为二"。原来,心与理究竟应当如何打通,又何以可能,这才是少年阳明一直隐伏在心底而难以解开的关键问题。格竹也好,读书也罢,其理论前提是必须预设心与理的二元存在,然外物之理如何与主体存在的心打通为一,便成为阳明首先遭遇的理论困境。

因此,在上引阳明晚年的回忆中,紧接着"格竹事件",阳明就披露了"及在夷中三年"所发生的一场悟道体验,并指出这场体悟得出了"天下之物本无可格""格物之功只在身心上做"的结论。这一结论显然从根本上推翻了朱子学"今日格一物,明日格一物"的格物理论。此即众所周知的"龙场悟道",也是我们接下去要考察的问题。

2. 龙场悟道

"龙场悟道"意味着阳明从朱子学的思想阴影中摆脱出来,由理学的信奉者向心学的建构者成功转型。然就广义理学史的宽阔视域看,"龙场悟道"无疑是宋明理学史上的一场思想事件。因为我们只有将其置于理学史的发展脉络中,才能掘发出"龙场悟道"的思想意义,对其做出恰切的历史评估。

我们在上面所看到的阳明晚年的那段回忆,即从十五六岁讲到37岁时的"在夷中三年"的思想转向,透露出理学发展的一段重要脉络,也就是长期困扰少年阳明之思绪的一大问题:如何面对此心与外物、心灵与物理乃至诚意与格物之间的关系。而阳明的问题意识其实关乎理学与心学的基本分歧,"龙场悟道"之所以发生的契机也就在于此。

正德三年(1508),阳明由堂堂兵部侍郎突然被贬谪到贵州修文县担任龙场驿丞,个中缘由我们在此不必深究。简言之,这与正德初年的一场政治动乱有关。当时以言官(又称科道官)戴铣为首的一批人不满于宦官刘瑾一手遮天,纷纷上疏弹劾刘瑾,结果遭到了严酷的镇压。本来,这是言官的职责,与兵部侍郎王阳明没有任何关联,但阳明却"不识时务",竟然在事发之后,也上疏痛陈时局的各种弊端,他不仅要求正德皇帝武宗"去权奸",而且要求武宗"追收前旨……明改过不吝之勇"(《王阳明全集》卷九《乞宥言官去权奸以章圣德疏》),言下之意,就是要求武宗铲除刘瑾为首的宦官势力,还要勇于改正自己的错误。

阳明的上疏,勇气可嘉,但后果很严重。他不仅立即被特务组织锦衣卫逮捕入狱,而且还须承受廷杖四十的肉体折磨与公开羞辱,然后被贬谪至遥远的边疆地区——贵阳龙场。时在正德元年(1506)。不过,阳明赶到贵阳赴任,则已是正德三年的春天,其间的曲折经过在此按下不表。

我们关心的是,经历了此番人生大磨难以后,阳明在思想上会发生怎样的改变？是万念俱灭、意气消沉，从此一蹶不振、自甘沦落？还是在人生观、生死观乃至宇宙观等问题上继续探索、不断反思，开拓出一条新的思想出路？答案当然是后者。据《阳明年谱》记载，阳明在当地身无居处，临时找到一个山洞（后被命名为阳明洞）栖身，他在山洞里面挖了一个"石塸"，整天"**端居澄默，以求静一**"，心中不断念叨着："圣人处此，更有何道？"乍一看，这个问题颇为奇特，圣人如孔孟不能复生，如何能来此跟阳明对谈？所以，这个问题其实是阳明一直在心中拷问自己。既然是自问，那么答案只能是自答。结果是：

忽中夜大悟格物致知之旨，寤寐中若有人语之者，不觉呼跃，从者皆惊。始知**圣人之道，吾性自足**，向之求理于事物者误也。（《王阳明全集》卷三十三《年谱》正德三年戊辰条）

这条记述可分前后两段来看。前段中的"中夜"，大致指子时（晚上十一点至一点之间）前后。至于阳明忽然彻悟"格物致知之旨"，如果我们回顾上面提到的十五六岁时的"格竹事件"以及 27 岁时的"格物事件"，就不难了解，这是指阳明对于朱子学格物致知的问题终于有了一个彻底的了断。也正由此，才有后段"**向之求理于事物者误也**"的彻底悔悟。而这一悔悟显然是针对阳明此前一直无法摆脱的朱子学格物理论。

不过，这一"悟"的过程，似乎关涉"神秘"体验。其中有几个迹象值得注意：一是突然性，二是仿佛有人在阳明耳旁说话，三是"不觉呼跃"的莫大愉悦性。这三点都非常符合宗教人类学研究的宗教经验中的神秘体验的基本特征（陈来，M1991，第 410 页）。

指出这一点虽然有必要,但阳明的这场体验与宗教体验往往指向外在的终极存在有所不同。从根本上说,将此理解为阳明对生命的一种彻悟更为贴切。因为"龙场悟道"的真实内涵其实是内在的心性问题,也就是后段所述的"**圣人之道,吾性自足**"这八个字。

必须指出,"吾性自足"的"性"字也可换作"心"字。因为事实上,阳明真正体悟到的是:儒家的圣人之道不仅在"吾性"中充分具备,而且在"吾心"中圆满自足。心即性、心即理或性即理,是阳明思想成熟之后的思想命题,特别是心即理更是阳明心学的"第一哲学命题"。尽管这是我们站在后见之明的立场所下的判断,从《阳明年谱》的简短记录中似乎也难以找到确切的文字来印证"吾性"等同于"吾心",但是我相信这种"后见之明"对于哲学诠释而言,不仅是合法的,而且有时是不可或缺的。因为此所谓"后见之明"其实是建立在对阳明学的整体了解和把握之上的。

总之,"龙场悟道"告诉我们,阳明至此已经悟出了心学第一命题:"心即理"。对此,我们不必再有任何怀疑。否则,我们就无法认定"龙场悟道"是阳明思想成熟的标志,也就无法确估"龙场悟道"在心学史上的意义。当然文献上有关"心即理"问题的集中探讨,在阳明弟子徐爱于1512年底所记录的14条语录(即《传》上卷的开首14条)当中才能看到。虽然这些记录比"龙场悟道"晚了四年,但我深信徐爱对阳明的提问乃至质疑,无一不与"龙场悟道"密切相关。

最后顺便一提,不仅是"心即理"命题,而且根据阳明晚年的回忆,在"龙场悟道"之际,阳明已对"良知"问题有了基本的了悟,只是"点此二字不出"而已(钱德洪《刻文录叙说》,《王阳明全集》卷四十一)。为避枝蔓,有关良知问题,这里暂且不表。读者若有兴趣,可参看徐爱所录《传习录》上卷第 6 条,其中阳明将良知明确规定为"心之本体",亦必与"龙场悟道"有重要关联。尽管良知的理论化和系统化,以及正式提出"致良知"三字,需要等到阳明 49 岁(1520)的时候。

三　作为理学传统的朱子学

通过前两节的介绍,我们对朱子和阳明的生平思想有了基本的了解,接着我们将从广义的宋明理学视域出发,来了解朱子学和阳明学得以产生的思想渊源。这就意味着有必要将朱子学和阳明学置入广义理学传统(亦含心学传统)的思想脉络中做整体的考察。首先,我们来厘清朱子学与二程洛学及程门后学一脉的渊源关系。

1. 理学道统论的重建

上面提到朱子有三位老师,一位思想导师李侗,故从狭义的角度看,朱子思想的直接来源与此四人有关。若从广义的视域看,则可说朱子学直接渊源于二程洛学的理学传统,当无可疑。那么,此话从何说起呢?

所谓广义的视域,正如本书第二讲所言,指朱子学既是朱子个人的思想产物,又是整个理学思潮的产物,甚至是朱子后学以及后世朱子学者共同推动的思想再生产之结果。由此来看,朱子学的形成及发展是一个动态的、开放的过程。强调这一审视视域,有利于突破以往那种以为朱子学只是朱子一人的思想形态的观点。从广义视域来看,朱子学与二程洛学有着非常重要的渊源关系,尽管两者相距一百多年,然而朱子超越了这种时间局限,对于继承二程洛学以来的理学传统具有充分的理论自觉。

这一理论自觉表现为朱子对道统论的重建。在唐宋之际,道统论成为儒学历史的一种新的学术话语,首次出现在韩愈的文章《原道》中。韩愈建构了自尧舜至孔孟的一套道统论说,结论是孟子之后,道统突然中断。那么,何谓"道统"呢?质言之,是指儒家圣人之道的传统,用今人的语言来说,陈来的一个说法颇为精到:"儒家的道,既指精神价值,也包括道德原则、经典体系、政治制度、社会结构、仪俗礼仪、伦理秩序,实际上是一整套文化-社会秩序。"(陈来,M2010,第 30—31 页)韩愈之后,宋代道学所欲重建的终极目标便是这一整套文化-社会秩序。

第二次拾起道统话语,以接续韩愈道统论的是程颐。他认为孟子之后圣人之学失传的现象,一直要到其兄长程颢那里,才终于"得不传之学于遗经",从而"圣人之道得先生而后明"——失传已久的道统得以重新接续了起来(《程氏文集》卷十一《明道先生墓表》)。程颐曾坦陈"自予兄弟倡明道学,世方惊疑"(《程氏文集》卷十一《祭李端伯文》),可见,在程颐心里必有一种自觉意识——道统接续者非其兄弟二人莫属。而在程颐设想的道统谱系中,不仅韩愈被排除在外,其师周敦颐亦不在其列。

然而,不论韩愈还是程颐,其实都未使用过"道统"一词。程颐之后,第三次继续道统叙述的便是朱子,而且到了朱子那里,完整意义上的理学道统论才得以正式确立。朱子在淳熙六年(1179)知南康时撰写的牒文中,第一次采用"心传道统"(《朱子文集》卷九十九《又牒》)的说法来称颂周敦颐,在理学史上首次明确了周敦颐接续道统的地位。在 1189 年的《中庸章句序》中,朱子的道统论就更清晰:

> 《中庸》何为而作也？子思子忧道学之失其传而作也。盖自**上古圣神，继天立极**，而**道统之传**有自来矣。……故程夫子兄弟者出，得有所考，以续夫千载不传之绪。

这是将道统说成是自"**上古圣神，继天立极**"而来，因此不仅有相当悠久的历史，更有至高无上的权威，是尧舜、孔孟以来直至二程兄弟的圣人之道的传统。至此，孔孟之后，道统接续者为周、程这一道统新谱系正式确立。

那么，程子之后的道统接续者又是何人呢？朱子本人虽未明言，但其弟子普遍认为这个新道统的接续者非朱子莫属。朱子门人黄榦便认定朱子毕生的志业就在于重建道统（《勉斋先生黄文肃公文集》卷二十四《朱子行状》），另一名弟子李果斋也认为朱子"身任道统"（引自王懋竑《朱子年谱》）。

程朱之所以努力重建儒家道统，是因为他们认为在重续圣人之道和圣人之学的过程中，有必要为儒家精神史确立一个一以贯之的传统，唯此才能使人树立起一个信念：道在天下，亘古长存。这正是复兴儒学的根本目标。所以朱子再三强调"**道之在天下者未尝亡**"（《朱子文集》卷七十八《江州重建濂溪先生书堂记》），认为"道"具有普世性和永恒性。阳明学对这一信念也坚信不疑。王阳明就曾把良知喻作"万古一日"，告诉人们良知之在人心是"**亘万古，塞宇宙，而无不同**"（《传》第171条）。

诚然，道统叙述并不是严格意义上的史学建构，因为在文献上并没有充足的史料可以证明尧舜禹汤、孔孟程朱之间存在历史延续的确切线索。所以清代有不少儒者纷纷指责程朱理学的道统论是一种向壁虚构。然而我们必须承认，重建儒家圣人之道的传统所依据的是精神信念，而非如同家谱一般血脉清晰的传承记录，正如在人类精神史上，某些精神理念的传承自有其独立性与超越时空局限的普遍性一般，儒家道统论其实便是儒家精神史的重建。这一理论工作在程朱手上得以完成，标志着作为理学传统的朱子学获得了儒家道统意义上的"合法性"。

不过，从阳明学的立场看，这一"合法性"却是值得怀疑的。因为根据阳明对儒学传统的基本判断，儒家圣人之学"心学也"，而孟子之学和象山之学才是真正意义上的"心学"（《王阳明全集》卷七《象山文集序》）。在这一心学谱系中，我们看不到程颐或朱子的身影。也正由此，在《王阳明全集》中竟然找不到任何一处有关"道统"的概念论述。表面看，阳明似乎并不关心理学道统论，但这绝不意味着阳明缺乏道统意识，相反，他提出了一种心学道统论：即"**颜子没而圣人之学亡**"（《王阳明全集》卷七《别湛甘泉序》），意谓颜渊之后，圣人之学便已发生了中断。

显然，这一历史判断是否成立，与阳明心学立场有关。按照阳明弟子王畿的理解，阳明的这一截然判断揭开了"**千古大公案**"（《王畿集》卷十六《别言赠梅纯甫》），挑明了儒学史上的一个重要事实：与子张、子贡等人的"多闻而识"的为学传统不同，颜渊的"不善未尝不知"之"知"必是良知，而良知即心体，心体乃是道统得以成立之基础，进而推论，颜渊才有资格成为儒学道统的真正传道者。至于其中的推论细节，这里不能展开，有兴趣的读者请参拙文《心学道统论》（吴震，J2017b）。

2. 二程对道学的建构

若要对朱子学作一番思想溯源，那我们仍须回到二程洛学。

所谓洛学,是以二程长期生活的河南洛阳来指称他们开创的思想学派。事实上,二程洛学才是宋代道学的真正开创者。因为,周敦颐、张载、邵雍等理学奠基者都没有明确使用过"道学"这个概念。道学作为一个学派或学说的名称,其出现始于二程。前面屡次引用的"自予兄弟倡明道学"便是显著的一例。在《二程集》中,"道学"竟出现了十多次,说明二程对于重建道学有充分的理论自觉,故朱子明确承认二程接续道学于孔孟既没千载不传之后(《中庸章句序》)。事实上,程颢所说"吾学虽有所受,**天理二字却是自家体贴出来**",可谓道学的思想宣言。甚至可以说,没有二程,道学运动便会失去目标方向,朱子学也不可能出现。

更为重要的是,周、张、邵三人的思想趣向偏于宇宙论,至二程始发生了重要的转向,由宇宙论(无论气学宇宙论还是易学宇宙论)转向天理观、心性论以及人生观等道学核心问题。钱穆曾指出:与"善讲宇宙论的周张邵三大师"不同,程颢之被认为宋代中期思想的重要人物,在于其思想兴趣转到了"人生修养与心理修养上"(钱穆,M1993,第64页)。劳思光也认为,周、张、邵三人尚处在理学开创的初期,及至二程,宋代新儒学遂进入另一阶段,其思想由天道论色彩的宇宙论转入心性论为主的形上学建构(劳思光,M2005,第49页)。

不过,早在20世纪30年代,冯友兰在《中国哲学史》下册中就已指出,二程之间存在思想上的异同。除了在天理观问题上,两人保持基本一致以外,在心性问题上其实存在重要的差异,尤其是程颢对"心"的重视和肯定,已大不同于程颐,因此"二人之学,开此后宋明道学中所谓程朱陆王之二派,亦可称为理学心学之二派"(冯友兰,M1961,第295页)。冯友兰在晚年著作《中国哲学史新编》第五册中仍然坚持此说。

而牟宗三则根据自己的一套义理标准，不仅从文献上对二程言论进行了严密的分梳，而且指出在天理观的根本问题上，程颢偏向于认同理是活动的，而程颐的理只是存有而不活动。程颐的立场被朱子所继承，构成程朱理学的基本特质，且歧出于孔孟儒学的基本方向，故朱子学在儒学传统上属于"别子为宗"的系统（牟宗三语）。关于这一判教语，当今港台新儒家中已有学者进行了反思，认为朱子学在广义上仍不失为孔孟儒学传统的一种理论形态（杨祖汉，J2009）。

尽管二程存在思想差异，但是两者之间的同大于异，并不存在对立性的根本差别。例如"仁体""实理""性即理"等基本理念乃是二程的共识。被朱子赞为"颠扑不破"的"性即理"命题，对于二程道学建构而言更具有关键性的意义。因此，二程思想同样可以被视作广义朱子学的思想渊源。

冯友兰指出，宋代诸儒虽都提到过"理"字，但是在道学家中"确立理在道学中之地位者，为程氏兄弟"（冯友兰，M1961，第295页）。显然，这个说法的依据便是程颢"天理二字却是自家体贴出来"。尽管从历史上看，"天理"两字在《庄子》及《礼记》中就已出现，但是在二程道学思想中，天理显然已不是描述性的概念，而是具有理论建构力的理念，是重建道学的核心观念，代表宇宙的最高实在。

事实上，从二程主张**"天者，理也"**（《程氏遗书》卷十一）、**"理便是天道也"**（同上书，卷二十二上），便可明显看出，理已经被提升到最高层次。因为在中国传统文化当中，"天"具有至高无上的地位，象征着某种终极的存在。当天与理结合而为"天理"时，理实际上便被赋予了终极存在的形上学意味,成为宋明理学的最高范畴、普遍原理,并成为支配宇宙、社会、人生乃至所有事物的理性根源,成为新儒学的本体论基础。在这个意义上,不论朱子学还是阳明学,都共享着这一思想智慧。

不过,"理"作为哲学概念,在宋明理学史上有多重含义及多种用法,冯友兰和牟宗三等对此都做过仔细梳理。要之,其根本义就是两点:性理义和物理义。以"性即理也"和"在物为理"(程颐语)为标志,前者属人性论,后者属事物界。由于在宋明理学中,"性"字本身已统括人性和物性,故以"性理"概念作为统称,将"理学"称为"性理学"。特别在李氏朝鲜时代,此说比较流行。这个说法有一定的合理性。

事实上,二程以"理"作为人与物、事的一般规定,有"**物我一理……合内外之道**"(《程氏粹言》卷二)之说,这不仅给予儒家传统的性善说以本体论的肯定,同时赋予人之性和物之性以某种本质和价值的规定。"理"不仅是人性的"所当然之则",也是事物的"所以然之故"(朱子语)。合而言之,理就是人性和物性的"所以当然之故"。朱子的这一用法,显然是对二程思想的继承和发展。

那么,何谓"性即理"呢?程颐有一个典型的论述:"性即理也。所谓理,性是也。**天下之理,原其所自,未有不善。**"(《程氏遗书》卷二十二上)这里的"原其所自"就是穷本极源之意,亦即"推上去说"(朱子语)的意思,是理学特有的一种本体论说法。在这个意义上,"天下之理"就是形上之理。故"性即理"便是以形上之理对"性"的一项规定,换言之,"性"的内在规定表现为"理"。

程颐又说:"在天为命,在人为性,论其所主为心,**其实只是一**

个道。"(《程氏遗书》卷十八)强调的是同一个意思。具体而言，形上之理（或道）乃是根源于上天的，叫作"在天为命"；其赋予人之本质而言，就是"在人为性"；就其禀受之主宰而言，便是"所主为心"。此"心"乃是"道心"，为人心之主宰，其内在规定是"理"或"道"，故程朱理学的"心为身之主"，是说心中之性或理才是主宰者而非人心本身。

总之，二程道学的"性即理"既是论证人性本善的本体论依据，也是一切价值判断的基础。理既是本体意义的终极存在，又是极善至好的表德，是一切是非善恶的标准。故"性即理"既是一项存在论表述，又构成一价值理论。就存在论而言，"**天下物皆可以理照。有物必有则，一物须有一理**"（《程氏遗书》卷十八），凸显了理的普遍性；就价值论而言，"若性之理也，则无不善"（《程氏遗书》卷二十四），是说理之在性必表现为善的价值。这套论说系统显然是对先秦儒学的理论发展，而构成广义朱子学乃至阳明学的一项共识。

只是对阳明学而言，与朱子学发生歧义的关键点在于：其一，所谓"所主为心"之"心"直接就是人之本心——即作为道德主体的自觉心；其二，与此相关，关于理的存在论论述也须作一重要转化，"在物为理"的外在之理必须收摄至心体才能成立，故只能说"此心在物则为理"（《传》第321条），才符合"心外无理"的心学立场。何以故？这是我们在下一节要面对的问题。

四　作为心学传统的阳明学

1. 心法、心传与"心学"

当朱子以"心传道统"四字为周敦颐作历史定位时，"心传"一词其实另有一层重要的思想渊源及理论背景。其思想渊源可追溯至先秦，这里暂缓不议，先说其理论背景。

据程门弟子尹彦明的记录，程颐曾明确指出："《中庸》乃**孔门传授心法**。"（《程氏外书》卷十一《时氏本拾遗》）此处"心法"虽与"心传"有一字之差，然其含义却完全一致，所谓"孔门传授心法"，即孔门"心传"。朱子显然继承了程颐的这一观念，早在绍兴三十二年（1162）33岁时便在《壬午应诏封事》中，明确向孝宗皇帝指出了一个历史事实："自古圣人口授心传。"意思是说，自古以来，圣人之道代代相传的传统，主要是通过"心传"秘诀的方式得以传承延续的。

可见，宋代道学家意识到，所谓儒家"道统"的传承方式主要不是依赖于历史文献的明确记载，而是有赖于心法的传授——即便自尧舜禹至于孔孟长达上千年的历史中，没有明确的记录可以证明他们之间存在家谱般的清晰线索，然而尧舜以来的圣人之道却能奇迹般地绵延不息，中国传统的文化慧命得以延续不绝，其中必有"心传"的奥秘。那么，所谓"心传"的具体内容如何确定呢？及至1189年朱子在《中庸章句序》这篇重要的文献中，才最终明确了"圣圣相传"的"心法"其实就是道学史上著名的十六字"心诀"：

> 其见于经，则"允执厥中"者，尧之所以授舜也；"人心惟危，道心惟微，惟精惟一，允执厥中"者，舜之所以授禹也。尧之一言，至矣，尽矣！而舜复益之以三言者，则所以明夫尧之一言，必如是而后可庶几也。……夫尧、舜、禹，天下之大圣也。**以天下相传，天下之大事也**。以天下之大圣，行天下之大事，而其授受之际，丁宁告戒，不过如此。则天下之理，岂

> 有以加于此哉？**自是以来，圣圣相承。**（《四书章句集注》，第14页）

这便是朱子对"心传"问题的定论。

其所谓"经"，当然是指《尚书》。《古文尚书·大禹谟》所载尧舜禹相传的"十六字心诀"，根据朱子的判断，"天下之理，岂有以加于此哉？"意谓"十六字心诀"乃是普世法则；更重要者，朱子还坚信"自是以来，圣圣相承"的无非就是心传四句的公开秘诀——天下相传的"天下之大事也"。

从历史上看，新儒家普遍相信十六字心诀是圣圣相传的"心法"，是儒家圣人之道绵延不绝的道统，更是中国历代圣人治国理政的大纲大法。于是，"心传"便具有了儒家政治学的重要意涵，而历朝历代的世俗政权想要获得政治合法性——与"道统"并列的所谓"政统"，端赖于统治者是否能接纳儒家精英承继下来的"心传道统"，切不可以为作为"天子"便自然能将道统与政统集于一身。因为，按照殷周之际"轴心时代"所出现的"以德配位""天命转移"的政治设想：君主只有真正做到"**天德合一**"，才能确保其政治合法性。

在宋代新儒家看来，君主须与儒家士大夫共同高举"天道"的旗帜，在圣人之道的指引下，才能最终实现治国平天下的政治理想。在这个意义上可以说，"心传道统"确是"天下之大事也"。上面提到朱子竟然在《壬午应诏封事》这篇政治文献中向孝宗强调"自古圣人口授心传"，其用心可谓昭然若揭。由此可见，道学家的道统论述并不局限于儒家学术史的特定范围内，更具有儒家政治学的特殊意涵，这一点毋庸置疑。

那么，阳明怎么看呢？不待说，道学家的十六字心诀，也是阳明学的一项重要共识，只是在他看来，十六字心诀乃真正的心学之根源，而心学就是儒家的圣人之学。阳明说得非常明确："**圣人之学，心学也**。尧、舜、禹之相授受曰：'人心惟危，道心惟微，惟精惟一，允执厥中。'**此心学之源**也。"（《王阳明全集》卷七《象山文集序》）阳明此说并非独创，朱子后学真德秀便已说过："舜禹授受，十有六言，万世心学，此其渊源。"（《心经赞》）与阳明同时的另一位朱子学代表人物罗钦顺也承认："夫'危微精一'四语，乃心学之源。"（《困知记》附录《答黄筠溪亚卿》）

需注意的是，阳明的这段文字出自为《象山文集》的重新刊刻而写的《序言》。在阳明看来，象山之学直可称为"圣人之学"——即"心学"，而且阳明甚至认定在圣人之学的道统谱系中，孟子之学非常重要，故在他的道统谱系中，"**陆氏之学，孟氏之学也**"（《象山文集序》）。结合韩愈《原道》所言孟子之后，圣人之学便"不得其传焉"来看，我们可以大胆地推测：在阳明的道统意识中，继孟子之后，道统的接续者不是朱子理学，而应当是象山心学。也正由此，当阳明在《象山文集序》开首说"**圣人之学，心学也**"时，所指应当是"孟氏之学"及其接续者"陆氏之学"，而十六字心传便是最有力的历史证据。

2. 象山学旨趣：心同理同

象山即陆九渊（1139—1193），他开创的思想体系史称象山心学。后世也将其与阳明心学合称，于是有"陆王心学"之名。不过若从一个内在比较的视野看，尽管阳明表彰象山可谓不遗余力，引以为同道中人，但阳明根据自己的义理判断，认为象山之学仍不免留下若干"粗些"(《传》第205条)的遗憾,甚至与周(周敦颐)、程(程颢)相比也有所"不逮"(《象山文集序》)。这是从理学内部的比较得出的判断,其意是指,象山心学的理论化和体系化尚不完备,仍有有待深化和完善之处。

比较而言,显而易见的是,象山心学不仅缺乏对"心即理"命题的深入论证,而且缺乏有关良知理论的思想原创力。阳明虽对朱子的思想多有不满,两者在原则问题上存在诸多不可调和的观点,但是阳明显然对其批判对象朱子学心存莫大的敬意,尽管阳明的思想认同更倾向于象山学而非朱子学。

与朱子相比,象山的思想气质属于"早慧"类型。朱子曾多次说过:"熹天资鲁钝,自幼记问言语不能及人"(《朱子文集》卷三十八《答江元适》第一书),"熹少而鲁钝,百事不及人"(同上书,卷四十《答何叔京》第一书),"熹自少鄙拙,凡事不能及人"(同上书,卷二十九《与留丞相书》)。这些说法虽有自谦之意,但基本可信其智力并没有超乎常人之处,他的思想成就与后天坚韧不拔的刻苦努力分不开。相比之下,陆象山自幼展示出来的思想气质有着不同于常人的表现。据载他在8岁读《论语》时,"闻人诵伊川语,云'伊川之言,奚为与孔孟之言不类'?"(《象山年谱》)而且这里不提明道(程颢)而是单提伊川(程颐),是否隐喻与程颐思想同调的朱子学日后将成为象山思想的对手,亦未可知。

也许有人会质疑《象山年谱》的这类记载出自门人之手,不免有夸张之处,那么,象山对门人所说的一句"夫子自道"便值得重视:"因读《孟子》而自得之。"(《陆九渊集》卷三十五《语录下》)这一自述其思想来源的晚年回忆获得了后世儒者的一致承认。作为旁证,我们还可从象山的书信来印证:

> 窃不自揆，区区之学，**自谓孟子之后，至是而始一明也。**
> (《陆九渊集》卷十《与路彦彬书》)

显然，象山不仅对孟子学的传统有某种惺惺相惜的同情与了解，而且在更严肃的意义上，象山自认为其思想是接续孟子而来的。事实上，在宋明理学史上，"窃不自揆"的这类说法屡见不鲜，常用来表明话语者获得了某种思想创新。例如阳明在提出"致良知"学说之后，经常有类似的自述，表达他对"良知"问题的理论创新乃是"赖天之灵"而"偶有所见"的缘故，这与象山所言"窃不自揆"属于同一类型的"夫子自道"。

一般而言，象山对孟子的思想欣赏更多表现为对孟子"本心"学说的推崇。然而，我认为象山对孟子的"万物皆备于我矣，反身而诚，乐莫大焉"的"万物一体"（这也是程颢思想及阳明学的一个核心观点）宇宙论、世界观的思想情怀具有深深的共鸣。所以我愿相信象山13岁时，对于宇宙存在与自我心灵相通相感的觉悟不是随意杜撰出来的。据载：

> **宇宙便是吾心，吾心即是宇宙。** 东海有圣人出焉，**此心同也，此理同也**；西海有圣人出焉，**此心同也，此理同也**。千百世之上，至千百世之下，有圣人出焉，此心此理，亦莫不同也。(《陆九渊集》卷三十六《年谱》)

象山的这段话被后人归纳为四字诀："**心同理同**"。如果说"宇宙便是吾心，吾心即是宇宙"更多地与孟子"万物皆备于我"存在家族相似性，属于同一种心学意义上的宇宙观、一体观；那么，"心同理同"则是一种普世主义的"心-理"合一的心学观念,与孟子将"人人皆可为尧舜"的理想诉诸圣凡之间"**人心之所同然**"这一普遍主义理性精神有一脉相通之处,同时又具有超越孟子伦理学的普世主义的真理观念。其实,不论是心学还是理学,这种普世主义或世界主义的思想情怀可谓根深蒂固,例如阳明学在提倡"天地万物一体之仁"的思想之际,他想表达的便是一种"天下主义"的伦理学观念(吴震,J2017a)。

象山无论如何也想不到,他的这一观念在五百年后的17世纪,竟然在"西学东渐"的明代被西方传教士偷梁换柱,用以宣扬天主教的真理与中国士人信奉的"心同理同"不谋而合,同样具有普遍主义的意义。19世纪末,当中国人开始意识到有必要"睁眼看西方"时,才猛然想起象山"心同理同"说其实与西方通行的"万国公理"说竟有异曲同工之妙,如谭嗣同就曾坦露过这一想法(《谭嗣同全集·与唐绂丞书》。另参葛兆光,J2006a)。

当然,象山对孟子的理论自觉,首先表现为对孟子学"本心"(《孟子·告子上》)的认同。具体而言,所谓"本心"盖指"君子所性,仁义礼智根于心"(《孟子·尽心上》)。儒家主张的仁义礼智等基本德性都深深根植于人的"本心"之中,象山所言"心同理同"之"心"便是孟子学意义上的"本心",而绝不能是一般意义上的认知心。如何见得呢?只要揆诸象山所言,便可明了这一点:

> 恻隐,仁之端也;羞恶,义之端也;辞让,礼之端也;是非,智之端也。此即是**本心**。(《陆九渊集》卷三十六《年谱》)

可见，依象山的理解，孟子所言"四端之心"无非就是人的"本心"。不仅如此，象山还有进一步的创造性诠释，将本心的根源诉诸上天，由此得出"心即理"这一象山心学的标志性命题：

>　　四端者，即此心也。**天之所以与我者**，即此心也。人皆有是心，心皆具是理。**心即理也**。(《陆九渊集》卷十一《与李宰书》)

四端之心是"天之所以与我者"，这是孟子学意义上的上天赋予说，也是孟子性善说的理论基础。对此，象山几乎全盘接受过来。问题是："心皆具是理"何以能推出"心即理也"的结论？下文我们将会看到朱子也有"心具众理"之说，但朱子却决不认同"心即理也"的命题，因为在他看来，心与理属于两种不同层次的存在，不能直接同一。然而象山却由"心皆具此理"得出"心即理也"的命题，而象山有关"心即理也"的论述除了上引这一条资料外，找不到第二处，那么象山是以何为依据提出"心即理"命题的？

　　其实，答案就在上引材料的语脉当中。依象山，其所谓"具"，盖指"天之所以与我者"意义上的"具"，用今天的话来说，意谓"此心"之所"具"乃是"先天"意义上的"具"或"形上学"意义上的"具"，这不同于朱子所言"心具众理"只是"心－理"结构论意义上的"具"。也就是说，象山此说是就本体论，即心体而言的，因此，"心即理"的"即"便不可能是结构论意义上相即不离的意思，而是本体论意义上的直接同一。

　　象山另有一句话可对此做出有力的补充论证："盖心，一心也，理，一理也。至当归一，精义无二，**此心此理，实不容有二**。"(《陆九渊集》卷一《与曾宅之》）这段话的旨意可归结为"心即理",是再明显不过的事实了。而且象山还援引孔子语来加强论证:"故夫子曰:'吾道一以贯之。'"(同上)意思是说,孔子所谓"一以贯之"就等于是"心－道"或"心－理"的直接同一。且不论孔子的本意如何,亦不论象山的推论是否符合孔子之本意,从哲学上说,直接同一意味着"同一"的对象属于同质同层的存在,此即象山强调"此心此理,实不容有二"的旨意所在。

与朱子理学不同,象山学作为一种心学传统,最主要的思想贡献就在于提出了"心即理"命题,这一命题上承孟子而下启阳明,具有承上启下的重要理论意义。至于"心即理"命题对阳明学具有怎样的思想意涵,这是第五讲将要探讨的主题。接下去先谈谈朱陆之辩,因为这是我们思考阳明学必须经历的一个环节。

3. 朱陆之辩及其问题所在

对阳明而言,朱陆之辩是长期萦绕心头的一大阴影。"龙场悟道"之后,阳明与一大批朱子学者如魏校、夏东岩等人发生论辩,这其实可谓是朱陆之辩的延伸。1515 年阳明写下《朱子晚年定论》,意欲为朱陆之辩这场思想史上的纠缠划上终止符,然而由于其对朱子书信的年代考辨失察误判,于是,此书在 1518 年刊刻出版之后,有关朱陆思想异同的辩论不仅没有偃旗息鼓,反而引发了一场轩然大波,竟演变成朱子学与阳明学的直接碰撞。可见,朱陆之辩在宋明理学史上的影响之深远。

朱陆之辩是指淳熙二年（1175）,经吕祖谦的联络,朱子与陆象山在江西信州鹅湖寺会面,两者之间所发生的一场争论,以及稍后两者通过书信来往所发生的有关无极太极问题之争。相关史实的探讨，各种教科书或论著已有深入详细的考察（陈来，M2000；陈荣捷，M1996）。简言之，前一场争论的焦点在于为学工夫的方法论之争，并未涉及本体论问题，后一场论辩的焦点在于"无极"和"太极"概念的诠释，朱子明显占据了理论上风，象山的反对意见反而显得有些牵强。因此即便到了明代，偏向于象山的心学家对于后一场争论也大多避而不谈，这或许是出于为贤者讳的考虑。

所谓为学方法的问题，朱子主读书穷理，象山主发明本心。象山在鹅湖之会，赋诗一首，其中有一句"**易简工夫终久大，支离事业竟浮沉**"（《陆九渊集》卷三十四《语录上》），典型地反映了朱陆思想的根本差异。在象山看来，为学方法重在"发明本心"的"易简"工夫，而朱子的学问重在"即物穷理"，不免堕入"支离"之窠臼。据载，朱子闻及此句便不禁"失色"，继而听到最终一句"**欲知自下升高处，真伪先须辩只今**"，更是"大不怿"（同上）。最终，鹅湖之会并未取得任何实质性的成效，双方反而不欢而散。

一言以蔽之，朱陆之辩的根本问题是"心与理一"究竟为何意又如何可能的问题。象山自信自己的学问是一种"易简工夫"，原因在于他坚信为学工夫必须以"**发明本心**"为要务，而一味追求本心之外的所谓客观知识则必定陷入"支离事业"。在朱子看来，象山不免"**自信太过，规模窄狭**，不复取人之善，将流于异学而不自知耳"（《朱子文集》卷三十一《答张敬夫》），此所谓"规模窄狭"，正是针对象山在为学问题上只信"发明本心"一条，而置格物穷理、博学审察等一套儒家工夫论于不顾。

很显然，导致朱陆分歧的原因在于：尊德性与道问学（或道德与知识）究竟何者为本何者为末的"本末"问题以及两者工夫次第的"先后"问题，这一点我们在第二讲已略有涉及，此不赘述。需注意的是，淳熙年间的朱陆之争使得后人都以为两者之异在于朱子强调道问学而象山力主尊德性，直到黄宗羲撰《宋元学案》仍持这一基本看法。事实上，朱陆之争端在于为学之次第而不在为学的目标上，故在尊德性问题上，两者之间的分歧并没有后人所想象的那样严重。

其实，朱陆之辩所凸显的更为重要的问题是，究竟如何理解"心与理一"。如上引象山语"心，一心也；理，一理也"，故"此心此理，实不容有二"等观点，朱子亦能在某种意义上表示认同。如在《大学或问》等文献中，朱子再三强调"心与理一"的观点。而且在朱子看来，这一观点涉及"儒释之异"的关键，他指出："儒释之分，正为**吾以心与理为一**，而**彼以心与理为二**耳。"（《朱子文集》卷五十六《答郑子上》第十四书）朱子对佛教的批判是否成立另当别论，但接着他话锋一转指出：

> 然**近世一种学问，虽说心与理一**，而不察乎气禀物欲之私，故其发亦不合理，却与释氏同病，又不可不察。（同上）

这其实是对象山学的严厉批判。所谓"近世一种学问"，显然指象山，而"心与理一"则暗指"心即理也"，只是按照朱子的判释，象山此说存在一个重大纰漏，即在心与理之间，忽视了"气质"介在的问题，进而导致无视"气禀物欲之私"的严重后果。在朱子的哲学观念中，这个世界的所有存在包括人类，都无法摆脱"理气"的要素。因为从宇宙结构论上讲，气之要素始终与理的存在紧紧相随、互相牵制，理对气的范导和引领，气对理的牵制和局限，使两者往往形成缠斗之势。最终必须将气控制在理的规范之下，这是朱子理学最基本的任务。

那么，上述"故其发亦不合理"又是何意呢？"发"者，盖指心中之气的发动。因为，朱子的一个根本看法是，"心者，气之精爽"，意谓心中同样存在气之要素，故人的心灵意识、知觉作用等都离不开气的作用。正是由于气的存在，人心才能发挥其功能性的主宰作用、知觉作用、认知作用。但是另一方面，气又是一个充满差异的多样性存在，因此，气是一种差异性原则，是导致这个世界纷纭复杂的基本原因，人心意识亦概莫能外。正是由于气质因素介在于人心，人的心灵就会出现各种差异，而不可能与"理"永远保持同一，人心中会出现情感、欲望等现象，并不得不在气禀因素的影响下而发生。问题是，这一发动过程总是不可避免地发生方向上的偏离——偏离于正常的方向或轨道，发生朱子所说的"亦不合理"的现象，于是，就有悖于人心的道德意识（吴震，J2018a）。

在朱子看来，象山力主的"心与理一"便忽视了上述问题。朱子的这一判定显然源于在"心"的问题上与象山存在的根本差异。象山的心体概念属于本体领域，而与气质要素论无关，心与理的直接同一，其中并不需要气的介在来确保其道德价值，而理则可借助于心而直接发动，否则"心即理"便无法成立。至于人心欲望或情感等负面因素，虽会导致本心偏离方向，但这只不过是一种外在因素的影响，从根本上说，气质并不构成本心的存在要素，而是对本心的一种外在作用。就此而言，上述朱子对象山的批判正表明两者的哲学立场已不可调和。

然而朱子晚年，在象山逝世之后，更是加强了批判象山的火力。他虽然在心与理的关系上，承认"**人之一心，万理具备**"，"**此心此理，虽本完具**"，与"心与理一"的观念相一致，但是，朱子始终强调人心"却为气质之禀不能无偏"的观点,他非常坚定地认为,有关气禀物欲的问题,"若不讲明体察,极精极密,往往随其所偏,堕于物欲之私而不自知"(《朱子文集》卷五十四《答项平父》第五书),关键在于运用怎样的工夫实践才能防范此类现象的发生。

朱子的解决方案其实很简单,他认为只要运用其格物论便可从源头上杜绝上述现象的发生。他指出:我们必须做到"即事即物,考古验今,体会推寻,内外参合",唯有如此,"然后见得**此心之真,此理之正**,而于世间万事一切言语,无不洞然了其白黑"(同上)。朱子的想法也许过于简单了,然就其实质而言,他相信通过格物而明白事理,便可了解气禀物欲所以发生的根源,把握人心之真、此理之正,进而便可实现"存天理,去人欲"这一成德之学的目标,也就能最终实现"心与理一"的理想境界(徐复观,J2004)。

至此,我们看到,朱子的"心与理一"命题,与象山的"心即理也"命题之间存在微妙而重大的差异。在朱子,"心与理一"乃是工夫熟后的理想境界,需要运用即物穷理之功,待"积习既久"而有朝一日"**脱然贯通**"(《大学章句》第五章"格物补传")之后,才能实现的事情。但朱子并没有给我们一份保证书,明确告诉我们这个"积习既久"而"脱然贯通"需要等到何年何月。然而在象山看来,上述这些向吾心之外追逐"物理"的工夫属于"**支离事业**",而其主张的"心即理也"则是本体领域的前提预设,因此也就无须朱子学那套烦琐的工夫。四百年后的王阳明对朱陆之间的这场思想论辩洞若观火,他敏锐地觉察到朱子所谓"心与理一"下一"与"字,仍不免将心与理割裂为二了,此是后话。

不过,当象山说"心,一心也,理,一理也"之际,也不免导致"心与理一"的结论,严格说来,这一表述不够严密,容易与朱子所说"心与理一"混淆，以为两者没有本质差异，而与象山的哲学命题"心即理也"发生偏离。这也许正是阳明认为象山学"粗些"的缘由所在。

不论朱子的批判对象山学而言是否具有理论说服力，但是这些批评出自朱子晚年，是他通过对象山后学的总体观察，进而追根溯源至象山学之"本质"所得出的结论，故值得倾听："陆子静之学，看他千般万般病，只在**不知有气禀之杂**，把许多粗恶底气都把做心之妙理，合当恁地自然做将去"；"看他意，只说儒者绝断得许多利欲，便是**千了百当，一向任意做出都不妨**"；又说象山之学"只道这是胸中**流出自然天理**，不知气有不好底夹杂在里，一齐衮将去，道害事不害事？"归根结底，"看来这错处，只在**不知有气禀之性**"。（《朱子语类》卷一百二十四）

总之，朱子反复再三的批评，标靶只有一点：象山学的病根就在于"不知有气禀之性"而只知"胸中流出自然天理"，由此必然导致在为学方法上主张"千了百当，一向任意"，而其后果将贻害无穷。然而若从阳明学的立场看，朱子以气禀之说纠弹心学，却不免无的放矢。这是由于朱子错认"心体"或根本不能认同"心之本体"的缘故（吴震，J2016）。因此，接下来的问题便涉及朱子学和阳明学的哲学基础：如何理解"心体"。

第五讲　理学与心学的哲学基础

按一般的理解，理学第一命题"性即理"与心学第一命题"心即理"分别构成了理学与心学最重要的哲学基础，然而严格说来，朱子学只认同"性即理"而不认同"心即理"，阳明学却同时认同"性即理"和"心即理"。两者对心、性、理观念的理解存在重要差异，有必要作进一步的学理分疏和探讨。

若从广义宋明理学的视域看，理学与心学的核心观念涉及天理观、心性论、理一分殊、良知自知等层面的哲学问题，这些观念表述或思想命题无疑与上述的"性即理"或"心即理"存在重要的关联，因而值得关注和探讨。深入思考理学和心学的哲学基础，将有助于我们厘清朱子学与阳明学的思想理路，加深了解理学和心学在广义宋明理学脉络下的理论意义及其历史地位。

一　性即理与天理观的重建

在朱子的判定中，北宋道学的"心统性情"（张载语）和"性即理也"（二程语）乃是"颠扑不破"的两大哲学命题。的确，性即理构成了程朱理学的第一哲学命题，成为理学理论的重要基础。关于这一点，我们在第四讲讨论"二程对道学的建构"时，已有初步考察。这里主要以朱子论述为核心,从性善证明和天理重建两个角度来展开讨论。

1. 性即理与性善证明

在中国哲学史上,性善与性恶是人性论领域中的两大主张,而人性问题在北宋道学兴起之际,便引发了极大的关注,或者说是道学必须首先面对和解决的理论问题。张载提出"天地之性"与"气质之性"这对概念,为人性论域开辟了新的途径。这两大哲学概念亦为二程所认同。他们认为性善之依据在于"天地之性",而性恶的原因则在于"气质之性"。

与此同时,二程对先秦人性论有一个批判性的总结,提出了**"论性不论气不备,论气不论性不明"**(《程氏遗书》卷六)这一著名论断。尽管二程没有指名道姓,然而根据朱子的判断,第一句应指孟子的性善说("孟子终是未备,所以不能杜绝荀、扬之口。"《朱子语类》卷五十九),第二句应指荀子的性恶说。二程的意思是说,主张性善者,容易忽略气质之性的问题;主张性恶者,容易无视天地之性的存在。因此,只有人性二元的配套结合,才能解决善恶的问题,以图示之:

性——天地之性、天命之性、本然之性——具有善的本性
气——气质之性、才质之性、生之谓性——趋向恶的可能

在朱子看来,"气质之性"概念的提出,为儒学史上的一大功绩。即便是主张性善的孟子也"未尝说气质之性",只有到了二程那里才最终有此理论大发现:"程子论性所以**有功于名教**者,以其**发明**

气质之性也。以气质论，则凡言性不同者，皆冰释矣。"(《朱子语类》卷四)当然，首次提出"气质之性"的是张载，朱子在此特别表彰二程，是因为他对二程的"气质之性"的论述显然更具同情了解和思想认同。

然而人性二元论若要证成人性必善，显然还需要一个理论环节，即天地之性或天命之性何以必善的理论依据。二程将这一问题诉诸"理"的领域来进行论证，提出"性即是理，理则自尧舜至于涂人，一也"(《程氏遗书》卷十八)，这是说"理"对于所有人而言，都具有普遍必然性；反过来，由于"理"是"性"的内在规定，甚至"性"本身就直接等同于"理"，因而从根源上就可得出"性即理"的结论。

而这一推论的经典依据便是《中庸》首句"天命之谓性"。这里的"命"字，训作"令"(《中庸章句》第一章)，从哲学上讲，被诠释成"赋予"之义，如"天之付与之谓命，禀之在我之谓性"(《程氏遗书》卷六)，"'天命之谓性'，此言性之理也"(同上书，卷二十四)。"天命之谓性"这一主谓结构的命题，主语是"天"，动词是"命"，而谓语是"性"，依此语句脉络，便可作这样的解释：性是由上天所赋予的。进而可引申出一个重要哲学概念："天命之性"。这一概念与张载的"天地之性"或程朱理学的"本然之性"几乎就是同义语。

与此相对的概念是"气质之性"，如程颐曾说"**极本穷源之性**，乃是对气质之性而言"(引自《朱子语类》卷九十五)。此所谓"极本穷源之性"便是天命之性，是"人生而静以上"(《礼记》语，又见程颢语："人生而静以上不容说")之"本然之性"。对此，朱子有一个贴切的解释："'人生而静'，此'生'字已自带气质了。

'生而静以上',**便只是理,不容说**。"(《朱子语类》卷九十五)更重要的是,这个"不容说"的"理"其实就是"**天命之本体也**"(同上),即"天命之性"。

以上的概念论述虽显复杂,然其间自有层层分疏,仔细领会其中环节,便可了解理学有关"性即理"说的逻辑推演过程。在概念层面上,这些推演步骤环环相扣、缺一不可。总体而言,理学"性即理"命题的核心是"本体"。此"本体"既指"天命",又指"天理",如"自理言之谓之天,自禀受言之谓之性"(《程氏遗书》卷二十二上)。可见,天命就是理之本体,而"性即理"其实就是理本体论意义上的人性论命题。由本体之理推出人性之理,故曰"**所谓理,性是也**"(同上),再由本体之理的根源——上天的至善圆满,完成人性必善的性善证明。

按照朱子学的理解,孟子所谓性善其实就是理善:"孟子说'性善',便都是说**理善**。"何以故?因为孟子说性善是从四端之心的情感发动处而言的,因此"就发出说,然亦就**理之发处**说"(《朱子语类》卷九十五)。而理是一种价值存在,故"理之发处"必展现为"善"。可见,"性即理"的性善证明其实是由"理善"得以证成的。

最后,我们来看朱子高足陈淳的一个明确解释:

性即理也。何以不谓之理而谓之性?盖理,是泛言**天地间人物公共之理**;性,是在我之理。只这道理,**受于天而为我所有**,故谓之性。性字从生、从心,**是人生来具是理于心**,方名之曰性。其大目只是仁、义、礼、智四者而已。……性与命本非二物,在天谓之命,在人谓之性。故程子曰:"天所付为命,人所受为性。"(《北溪字义·性》)

这段话可谓是对"性即理"命题的一个善解。陈淳基于程颐"天所付为命,人所受为性"的命题,运用朱子学的"天地间人物公共之理"这一存在论预设,兼综文字训诂的原则——"性字从生、从心",并根据"受于天而为我所有"的普遍理念,最终得出"性即理"就是指"人生来具是理于心,方名之曰性"的结论。

2. 天理观的形上建构

上述有关人性必善的证明关涉理学的一个核心观念,即"天理"观。为何说"性,是在我之理"?又为何说"只这道理,受于天而为我所有"?更重要的是,何以说"盖理,是泛言天地间人物公共之理"?这些问题都涉及如何理解朱子学有关天理观的理论重建,进言之,更涉及天理观如何构成朱子学的哲学基础。

凡一系统之哲学理论,必有其不可动摇的哲学基础或称思想底线,朱子学(亦含阳明学)概莫能外。朱子学的理论系统至为繁复,由多项重要理论学说构成,而其有关天理观的形上学建构无疑是最为重要的基础。在此基础上才延伸出人生观、心性论、价值论、历史观以及种种道德实践理论和文化批判理论(例如佛老批判、功利主义批判)。

上面提到"天理二字是自家体贴出来"乃是二程理学的思想宣言,至此,天理观便已成为理学的核心内容。到朱子学,天理观已成一座理论大厦,其中包含理气宇宙论、理一分殊论、理欲观等,可谓不一而足。这里仅就天理问题试作分析。

在朱子学,天理观构筑的是一幅世界图像,同时也是宇宙图像。在朱子看来,"**天地之间,有理有气**"(《朱子文集》卷五十八《答黄道夫》),理气是构成整个世界的基本要素。然而重要的是,

"理也者，形而上之道也，生物之本也；气也者，形而下之器也，生物之具也。"（同上）这是用《周易》的道器观念——即形而上与形而下的观念来甄定理气的位相，一方面表明宇宙万物必内含理气两种基本要素，另一方面从哲学上规定了"理"是形而上者，"气"是形而下者。

理是一切事物表象背后的存在依据，换言之，理决定了一切事物的存在本身，这就是朱子强调"惟其理有许多，故物亦有许多"（《朱子语类》卷九十四）的缘由所在。可见，就物而言，任何一物必由有其一物之理所决定；推而言之，人类社会中的任何一事同样是由"理"所决定的："做出那事，便是这里有那理；凡天地生出那物，便都是那里有那理。"（同上书，卷一百零一）"若无是理，则亦无是物矣。"（《朱子文集》卷五十五《答李时可》）依照朱子的说法，任何事物必依一理而存在，表明理是所有事物之所以存在的最终依据。

问题是，物与理究竟何者为先？没有物，那个理是否已经存在？朱子的答案非常明确："未有事物之时，此理已具。"（《朱子语类》卷九十五）"如未有此物，而此理已具；到有此物，亦只是这个道理。途辙是车行处，且如未有途辙，而车行必有途辙之理。"（同上）显然，这是就形上学的理论次序而言，抽象绝对之理必然先于具体相对之物而存在。比如即便没有"途辙"，"车行"之理也必然已先存在，否则就造不出车来。也就是说，造车之理并不依赖于"途辙"而有，先有车之理而有车之行，然后由车之行而形成车之"途辙"。

依照上述思路，理先于物而存在，又称作"本原"之理，而此理本身是具足圆满的，不存在"偏全"的问题；然后，世界一旦形

成,理又随物而具在,由于具体事物千差万别,故具体事物之理则有"偏全"之表现。朱子说:

> 若论**本原**,即有理然后有气,故**理不可以偏全论**;若论**禀赋**,则有是气而后理随以具,故有是气则有是理,无是气则无是理,是气多则是理多,是气少即是理少,又岂**不可以偏全论**耶?(《朱子文集》卷五十九《答赵致道》)

由此可见,在朱子的天理观所构筑的世界图景中,有本原世界与现实世界,理贯穿于其中,而理的存在样态则有不同。从"本原"上说,理是充足圆满的;从"禀赋"上说,理是多元多样的。前者又称"理一"之理,后者则称"分殊"之理。关于两者之关系,我们会在本讲第三节详谈。

既然理在气先、理在物先,那么,物或者气又如何依"理"而有的?这就涉及"理"是否有动静、有意志的问题。对此,朱子有一个非常著名的说法:"**理却无情意,无计度,无造作。**"(《朱子语类》卷一)因此,"理则只是个净洁空阔底世界,无形迹,他却不会造作"(同上)。可见,理绝不是如同"上帝"一般的造物主,理不是宗教性的绝对存在,而是一种理性存在。"理"充分反映出朱子哲学所具有的理性主义精神,而这也是宋代新儒学的一般特质。

设若"理"不活动、无情感、无意志、无计度、无造作,那么,物又从何而来?朱子的答案是:理乘气而动、随气而行。因为第一"气则能凝结造作",第二"但有此气,则理便在其中"(《朱子语类》卷一)。作为形上之理,其本身无所谓动静,是超越于动静之上的绝对存在;所谓动静者,只是现实世界中的经验现象,故

"动静者,时也",而理恰恰不受任何时间的制约。

在这个意义上,牟宗三判定朱子之理"只存有而不活动",是有一定道理的。然依牟宗三之说,所谓"活动"是指终极实在的创生活动,并赋予世界以道德义。就此而言,朱子虽不以"动"言理,但强调理的流行义、生生义,肯定太极本体赋予这个世界以"万善至好的表德"(《朱子语类》卷九十四)。就本体世界言,朱子认为理是超越动静而无所谓动静的,他曾明言"太极只是理,**理不可以动静言**"(同上)。然就现实世界看,则天理流行、发用不止、生生不息,因为按照有其体必有其用的"体用"原则,天理存在必在流行发用的过程中呈现自身,这叫作"由体而达用,从微而至著"(同上)。故朱子又说四端之情皆从"**天理流出**"(同上)。这说明情自天理而"流出",道德价值必根源于"理"——尽管不必由"理"直接发动,此即根源义而非动静相对意义上的发动义(吴震,J2019b)。

对朱子而言,理的基本义有二:第一,理是一切事物存在的"**所以然之故**",此表明事物背后有一个基本原因或依据,它构成事物的存在原理;第二,理是人类社会的秩序得以保障的依据,此意味着理是人类一切行为的准则,又叫作"**所当然之则**"。故理不仅是物质世界的原因,而且是人类世界的原理。由此,朱子学世界图像中的"一个世界"得以形成,即所谓"形而上即形而下"之意,在此"一个世界"中,又有理气二元的因素。

至此,我们对朱子学天理观已有了基本的了解:

第一,理是形上存在,是"生物之本"的本体存在;第二,理先于物而有,是任何事物的存在依据;第三,理是普遍绝对的,超越时空限制的;第四,理是自足圆满的,不存在任何的亏缺;第五,既然在本原上,理不可以"偏全"论,故理必然在价值上表现为绝对至善；第六，理是一个"净洁空阔底世界"，其本身是无所谓动静的，是超越动静之上的绝对存在；第七，理是无情感、无意志、无造作的理性存在，其本身并不是"造物主"；第八，理是整体世界的"所以然之故""所当然之则"，是贯通物质世界和人类世界、形上世界和形下世界的存在原理，也是构成"一个世界"的理性原则、秩序规范。

总之，朱子学天理观所涉及的言说系统极为繁复，其义理亦非常丰富。天理观是朱子哲学理论的重要基础。不过，它引申出来的"理先气后""理气不杂""理无动静""天理赋予"等问题，也为明清学者特别是清代学者的批评埋下了伏笔。

二　心即理与心性论的重建

程朱理学的第一命题"性即理"，是由"理善"证"性善"的一项重要创见。然而，理何以必善？朱子在解释"太极即理"时，曾说太极是"**极好至善**的道理"（《朱子语类》卷九十四），冯友兰依此指出："太极即如柏拉图所谓好之概念。"（冯友兰，M1961，第899页）这是说，柏拉图所谓的"理念"是一圆满自足而无外物对待的绝对理念，故意味着此理念必是一种完美。劳思光称之为"Idea of Good"（劳思光，M2005，第212页）。

然而，此所谓完美或至善只是一种形式义，并不涉及任何内容，故不可与仁义礼智等德性之善（即分殊之理）相混同。只有在"天理流出"的意义上，才展现为内容上的恻隐之心、羞恶之心等德性之善。由此以观，"理善"主要指根源义，即唯有通过四端之心的情感发用，并上溯至其根源"理善"，始可证明人性本善。这套由理说性的"性即理"学说，不仅是朱子学的至上命题，也为阳明学所共享。

1. 心即理与心外无理

阳明学从本体论视域出发，认为心与性同属本体的存在，故对阳明学而言，心即性、性即理、心即理三句命题可以同时成立，而无任何义理的障碍。然而朱子学与阳明学各自所坚持的性即理与心即理命题的理论目标及理论效力有重要差异。

如果说，朱子学是从天理观或天道观出发，以"性即理"来完成性善证明，那么，阳明学则从其良知心学的视域出发，以"心即理"来重建儒家心性论。阳明学的理论意图在于颠覆朱子学那套客观外在的天理学说，而将天理、天道等超越存在统摄至道德主体的内在本心，以证成心性本体才是终极的道德根源、理性原则。

那么，何谓心性本体呢？这首先涉及何谓"本体"的问题。在宋明新儒学的语境中，本体之要义大致有二：一是指任何事物存在的本来状态、本来属性或本来面目，盖指客观的实在；二是指存在于事物现象背后的依据或原因，亦指永恒的存在（张岱年，J2007），如朱子所言"形而上之道""生物之本"的"理"便是一本体论的概念。至于阳明学所用的"本体"概念，往往杂二义而用。既然我们关注的是，阳明学意义上的心性本体究为何意，就需要从阳明学的第一命题"心即理"说起。

上面曾提到，阳明早年的思想纠结表现为一句话："**物理吾心终若判而为二也。**"也就是说，自阳明早年的思想经历看，心与理的关系如何，两者又如何打通等问题，乃是贯穿其学思历程之始终、长期困扰其思绪的根本哲学问题。龙场悟道四年之后的1512年年底，阳明弟子徐爱所记录的《传习录》上卷开首 14 条便集中探讨了心即理的问题。

按照朱子学，就本体世界看，理是绝对超越一切事物现象的、先于物而存在的终极实体；就现实世界看，理必然挂搭在气上，随气而动，客观存在于所有事物的结构当中，也存在于人心之中，从而构成人心之本质——即"性"。要之，理是一种客观实在，表征着宇宙万物、人生世界的秩序性、规范性，并且是客观存在于"一个世界"中的所以当然之故。

另一方面，在朱子学"人心莫不有知""万物莫不有理"的前提下，运用人心的认知能力，通过与事物的接触，便可明白事物的道理，从而了解什么是对什么是错，进而可以控制住气禀物欲之私的牵累，以提升和完善自己的道德品格，最终使得自己的心灵与外在的道理打合为一，实现"心与理一"的道德境界。但是，此一理想境界的实现必须以日常生活中"今日格一物，明日格一物"的坚持不懈的格物实践为前提条件。

显然，朱子学的这套理路从一开始便预设了"物理"与"吾心"属于二元——即主客两分的存在，而从根本上拒斥"心即理"之类的理论设定。因此，从朱子学的立场看，阳明早年"物理吾心终若判而为二"的思想纠结无疑是庸人自扰。然而反过来说，从阳明学的立场看，则朱子学的致思方向已然有误。

因而，当阳明悟出"心即理也"之际，便意味着与朱子学分道扬镳，开辟出一个崭新的思想世界。此所谓分道扬镳，首先意味着必须彻底扭转朱子学的理学知识论方向，重建阳明心学意义上的良知伦理学——即必须打破任何有关主客两分、外在实体的理论建构，从心即理的立场上重建以良知心体为核心的良知伦理学（即基于良知本体的德性伦理学)。于是,所有外在于人心的所谓客观实在或经验知识,都必须经由主体良知的审视,才能呈现出价值和意义。

所以当徐爱质疑"至善只求诸心,恐于天下事理有不能尽"的时候,阳明立即觉察到这其实是朱子学的问题,他的回答非常直截:"心即理也。**天下又有心外之事,心外之理乎?**"(《传》第3条)由"心即理也"直接推出"心外无事""心外无理"的结论。然而阳明这一简短有力的回答,并不能从根本上消除徐爱心头的疑惑:如果心外无事、心外无理的说法成立,那么,且不论人心之外是否存在客观的事理,即便在道德领域,如"事父之孝,事君之忠,交友之信,治民之仁"这样的道德行为也必然需要与此相关的道德知识,即"其间有许多理在",由此,徐爱进一步质问道:"恐亦不可不察!"的确,在道德领域,道德知识与道德行为密切关联,知识推动行为而构成行为的基础,行为落实知识并体现知识的价值。若说忠孝信仁等道德知识可以一概不问而"只求诸心",那天底之下为何会有此等事情?

至此,徐爱仿佛成了朱子的"化身",而阳明像是在跟四百年前的朱子进行超越时空的对话,他不由得深深感叹:"此说之蔽久矣,岂一语所能悟!"这里的"**此说之蔽**",显然是指朱子理学。

接着,阳明先针对徐爱所说的"有许多理在"的道德知识做了一番转化,将知识之"理"转化为道德之"理"(德性之理),进而反问:这种德性之理究竟存在于道德行为主体的心中还是道德行为对象的身上?这一反问很有力:

且如事父,不成去父上求个孝的理?事君,不成去君上求

个忠的理？交友治民，不成去友上、民上求个信与仁的理？都只在此心，**心即理也**。(《传》第3条)

可见，阳明言"理"是紧扣德性而言，而非外事外物之理；由于德性必根源于心，因而结论便是"心即理"。如同事父事君、交友治民所讲求的忠孝信仁等德性之理，必然存在于道德主体的心中（"都只在此心"），而不能外在于行为对象的身上。这是就行为方向而言，行为之"理"必存在于行为者的心中。从道德哲学的角度看，任何道德行为所遵循的道德原则理所当然也存在于道德主体的心中。

但是这样讲"心即理"时，是否意味着道德行为不需要道德知识了呢？这是一个很容易引发联想的疑问，以为阳明言"心即理"便是对知识的一概否定或者至少是采取了漠视的态度。于是，就引发了德性之知与闻见之知之间互不相容、各执一端的争辩（参见第二讲第三节）。事实上，这是对阳明学的莫大误会。当徐爱进一步追问，例如行孝之际是否不再需要"温清定省"之类的道德知识？阳明断然回答："如何不讲求？"

由于这种知识追求属于道德领域的行为，就必然要追问讲求知识的道德目的或道德动机究竟何在。换言之，道德知识须由道德主体的意志或良知作为主宰，知识行为的方向才不至于发生偏差。用阳明学的术语来说，就是知识追求过程中"只是**有个头脑**"，此"头脑"便是良知、便是天理。只要有良知天理作为"此心"之主宰，以防"一毫人欲间杂"，使得此心"纯是天理"，由道德意志的纯化而发动道德行为，那么，"冬时自然思量父母的寒，便自要去求个温的道理；夏时自然思量父母的热，便自要去求个清的道理"(《传》

第 3 条)。

阳明打了一个比方来说明上述道理:"譬之树木,这诚孝的心便是根,许多条件便是枝叶。须先有根,然后有枝叶,不是先寻了枝叶,然后去种根。"(同上)所谓"许多条件",泛指道德知识,但都只不过是树木之枝叶,相反,"诚孝之心"才是"树木之根"。一个人的道德行为同样存在树根与枝叶的关系,道德意志的心便是树根,而道德认知所得的知识便是枝叶,树根与枝叶不是拒斥的关系,而是相得益彰的关系,也是根源与发用的关系。

总之,在阳明看来,上述道理便可归结为"心即理"。

2. 心即理与心外无物

阳明"心即理"命题中的"心"并非指认知心,而是道德心,又指道德主体或道德意志的自觉能力;其中的"理"则是规范义或根源义,而非规律义或秩序义。因此,"心即理"便意味着人的道德自觉能力同时内含普遍规范的要求,换言之,价值规范如忠孝信仁等阳明所言之"天理"即根源于道德主体的意志活动。据此可见,心即理不仅是存在论命题,更是伦理学命题。

在阳明看来,作为心之本体的天理乃是终极存在,而天理已经内化为良知而存在于内心。故就存在论的角度看,阳明认定心体必纯然合乎天理,是如同天理一般的本体存在。不过,阳明也清楚地意识到"心即理"并非指事物之理先验地存于心中,而是说价值规范皆由此心发出,才能呈现其意义。对阳明而言,若要证成此义,须首先确立心体的本体地位。

心之本体或"心体",在阳明的思想系统中占有首要地位。它不仅是道德规范的根源,道德意志的动力源泉,更具有主宰一切行为、指引行为方向的主导性地位和作用。为了强调心体的本体地位，阳明甚至提出了"心即天"和"人心是天渊"的命题，将"心"提升至"天"的高度，作了形而上的全新诠释。这种"即天言心"的表述方式，使得人心的内在性获得了一种超越的意涵。

比较而言，朱子学决然不会提出这类命题。对朱子而言，他只主张"以理释天"，而绝不能认同"以心释天"的哲学思路；同时，朱子亦只能从存在方式的角度认同"心具众理"，而不能认同阳明从心体形上化的角度主张心理一体同在。这也正好凸显出阳明学"心即理"命题的独特性，赋予人之本心以一种本体论意义。

阳明正是基于上述立场，由"心即理"推出"心外无理"，进而推出"心外无物"这一惊世骇俗的命题。这句命题首先涉及如何理解"物"，关于这一问题，这里暂不深究，因为这将衍生出许多其他的复杂问题，我们准备在第七讲讨论格物时再做分析。现在我们暂且将"物"理解为外在客观物。

关于"心外无物"，最著名的案例莫过于"**南镇观花**"的故事：

> 先生游南镇，一友指岩中花树问曰："天下无心外之物，如此花树，在深山中自开自落，于我心亦何相关？"先生曰："你未看此花时，此花与汝心同归于寂。你来看此花时，则此花颜色一时明白起来。便知此花不在你的心外。"（《传》第275条）

提问者根据山中之花的绽放和凋谢乃是按照自然规律"自开自落"这一事实，来质疑阳明的"天下无心外之物"的命题。阳明的回答非常简洁，一共三句话，然其中却蕴涵深意，存在丰富的诠释空间。

作为客观存在的花树颜色与作为主体行为的观花行为之间，会有两种情况发生：一是如果两者之间不发生接触，那么两者便"同归于寂"；二是如果两者之间发生了接触，那么前者便在后者的心里"一时明白起来"。由此，阳明得出的最终结论是："此花不在你的心外"，亦即"心外无物"。

那么，"同归于寂"与"明白起来"的两种情况，何以能合乎逻辑地得出"心外无物"之结论呢？

先看"同归于寂"。其意是说，当观花的主体还没有来到山中与山中花树发生直接接触，那么，外在客观的花树便与行为主体同时处于一种彼此隔绝、互不感通的状态——此即"寂"字之本义。依《周易》的说法，这就叫作"寂然不动"，意谓宇宙万物还未形成之前，整个世界处在一片宁静寂然的状态，这是人物还未产生的宇宙原初状态。阳明旨在强调：当一个人的主体行为还没有发生时，整个外在世界对主体而言，便处在一个互不关涉的寂静状态。但是即便如此，并不意味着外在世界就不客观存在了，也并不意味着"意识"与"存在"何者为先的问题，因此也就与朱子学热衷讨论的"理在气先"这类的宇宙论问题无关。另一方面，阳明欲强调的是，这个世界之所以存在，它的价值和意义必然与人的存在密不可分，甚至可以说，正是由于人的存在，才有可能赋予这个世界以价值和意义，也正由此，阳明判定：当人的主体行为一旦发动，与外在世界的"花树"发生关联，"花树"——隐喻整个世界——的价值和意义便在行为主体的心中一时间明朗起来。由此，我们就可顺利推出"心外无物"的结论。

可见，阳明所谓"心外无物"，是要求我们转换审视这个世界的角度——从价值论的角度来看待世界。倘若这个世界离开了我们人类，那么，即便客观存在于任何地方，但对于我们人类而言，这个世界也是没有任何价值和意义的。由此可见，"心外无物"这一遮诠式命题恰能证明一个正面命题："心即理"。因为对阳明而言，"理"并非客观外在的规律或秩序，而是内在于心性主体的价值和规范，与人的心性主体密不可分。

总之，王阳明由"心外无理""心外无物"证成心学第一命题"心即理"，其结果是，儒家心性论在心学意义上获得了富有创新性的理论重建，成为阳明心学的哲学基础。正如后述将要看到的那样，如果没有"心即理"命题作为支撑，那么，阳明学的"知行合一""致良知"等理论也就难以成立。

三　理一分殊与多元一体

从广义宋明理学视域看，"理一分殊"可谓是新儒家的一项重要智慧，说它是中国传统哲学的一项重要智慧亦不为过。不论是朱子学还是阳明学，对此都高度认可，只是阳明较少提及这一命题，但他在论证"**一节之知，即全体之知；全体之知，即一节之知**"（《传》第 222 条）的问题时，所运用的便是"理一分殊"的智慧。

事实上，理一与分殊的问题，就是全体与部分的问题。这个问题涉及许多层面，其中既有宇宙论问题，又有伦理学问题，甚至涉及"一"与"多"等一般哲学问题。若放在当代哲学的视域下，又可引出多元一体的问题。故"理一分殊"有必要放在理学与心学的哲学基础部分来探讨。

1. 理一分殊与具体普遍性

"理一分殊"是程颐对张载《西铭》之旨意的一项创造性诠释，也是朱子之师李侗所强调的"吾儒之学，所以异于异端者"（《宋元学案》卷三十九《豫章学案》）的重要儒学理念。

《西铭》的主旨本来在于强调民胞物与的思想，其文本并未提及理一分殊，不过经程颐的创造性诠释之后，朱子竟断定《西铭》整篇文字讲的就是四个字"理一分殊"。可见，哲学文本经过创造性诠释之后，往往会释放某种新观念或形成某种新义理，而"理一分殊"成为理学新义理便是一个典型案例。

二程弟子杨时对《西铭》有一个质疑，他以为《西铭》所言民胞物与有近于墨家兼爱思想之嫌疑，而有悖于儒家爱有差等的原则。程颐复书，首先对《西铭》作了极高的肯定："**扩前圣所未发**"，而且"与孟子性善、养气之论同功（原注：二者亦前圣所未发）"；继而指出："《西铭》明**理一而分殊**，墨氏则**二本而无分**（原注：老幼及人，理一也；爱无差等，本二也）。"（《程氏文集》卷九《答杨时论西铭书》）

可见，问题的缘起在于如何理解《西铭》，其思想旨意究竟是儒家仁爱还是墨家兼爱？儒家的仁爱是根据"老吾老，以及人之老；幼吾幼，以及人之幼"（孟子语）的差等原则或曰推恩原则，对此，程颐解释成"理一"；相比之下，墨家的兼爱是"爱无差等"的原则，程颐认为这是"二本"。重要的是，在程颐看来，儒家既讲"理一"又讲"分殊"，而墨家虽讲"兼爱"却在本质上主张"二本而无分"。这里的"分"字读去声，意指分位、职位、身份的区别。那么，儒家主张"爱有差等"何以是"理一"，而墨家主张"爱无差等"为何反而是"二本"呢？

先说"理一"。其实,"理一"是说一般原理,指理的普遍性和同一性。相对而言,"分殊"是指理的分殊性、特殊性。所以,"理一分殊"的意思是,基本原理有不同的具体表现。程颐提出这个命题的本意在于表示伦理学的意义,揭示出理具有共同性与差别性双重特征,而两者又是可以统一的。朱子说:"天地之间,人物之众,其理本一,而分未尝不殊也。"(《孟子或问》卷一)这是对"理一分殊"命题的一个恰当解释,它揭示了理的存在具有同一与差异、整体与个体、一与殊、一与多等关系问题。

具体到儒家的仁爱学说,"仁"是一般原理,而"爱"则有等分的差别,须根据"老幼及人"的原则逐渐推进,始为实际可行。但这种差等原则又是"仁"之精神的体现,而不意味着仁爱精神在施及他者时有程度上的削弱,正是"推己及人"的仁爱次序才具有实施的普遍性和适当性。相反,墨家兼爱立足于"爱无差等"原则,看似体现出一种一律平等的精神,其实泯灭了爱之行为须由近及远的次序原理,预设了人的本分位相等差异性的消失,其结果便导致理的同一性与差异性出现二元分割,终使所谓的"爱"沦为抽象的普遍主义,而背离了"仁"的具体普遍性。也就是说,仁的普遍性须落实在人的具体存在当中才能展现其意义。

再说"分殊"。朱子打了一个比方,生动地阐发了"理一"的普遍性必须在"分殊"的具体性当中才能落实:

> 如这片板,只是一个道理,这一路子恁地去,那一路子恁地去;如一所屋,只是一个道理,有厅有堂;如草木,只是一个理,有桃有李;如这众人,只是一个道理,有张三有李四,李四不可为张三,张三不可为李四。如阴阳,《西铭》言理一分

殊，亦是如此。(《朱子语类》卷六)

朱子的比喻告诉我们：任何事物都存在一般原理（"理一"），但切不可以此为据而抹杀了这个世界的丰富多样性（"分殊"）。将张三等同于李四，或将李四等同于张三，这就是片面强调"理一"而完全忽视"分殊"，导致理的抽象绝对性；片面强调普遍性而完全无视具体性，将导致理的抽象普遍性。在朱子看来，《西铭》所讲的"理一分殊"正体现了具体普遍性。

程颐之所以批评墨家为"二本而无分"，这是因为在程颐看来，墨家所谓的"兼爱"正忽视了分殊性和具体性，与孟子主张的"**天之生物也，使之一本**"（《孟子·滕文公上》）的儒家"一本"论发生严重背离（林月惠，J2008）。须指出的是，我们切不可误会儒家反对仁爱的普遍性。其实在根本原理上，儒家并不反对仁爱具有"博施济众"的普遍精神，儒家正是在"一本"或"一体"的思想前提下，主张"**泛爱众，而亲仁**"（《论语·学而》）、"**四海之内，皆兄弟也**"（《论语·颜渊》）、"**天下一家，中国一人**"（《礼记·礼运》）。朱子就曾使用《礼记》的这句话来高度概括《西铭》的思想精神（《西铭解义》）。不过，在实践论上，一方面这种普遍主义的仁爱精神表现为"亲亲""仁民""爱物"（《孟子·尽心上》）这一现实次序的具体性，另一方面又必须建立在"**爱之本体**"的仁（《王阳明全集》卷五《与黄勉之》）以及"万物一体之仁"这一基础上。

在程颐的文本中，"理一分殊"仅见一处，没有更多的理论阐发，至朱子始有集中的讨论和理论上的创新，由伦理学扩展至宇宙论、天理观等一般哲学层面，展示出"理一分殊"的丰富内涵。

2. 理一分殊与多元一体论

一个哲学命题一旦以文字形式固定下来，其内涵便获得了相对稳定性。但这只不过是一个方面。另一方面哲学命题又具有诠释的开放性，人们可以通过诠释视角的转换或文字含义的重新理解，提出某种创造性的诠释。"理一分殊"命题就有不断诠释的可能性。

一般而言，"理一分殊"的"分"读作平声，意指分开、分散，与"殊"字相配合，指差异和不同，而分散或差异既可指各种不同事物的多样性差异，也可指同一种事物内部存在多样性差异。另一方面，程颐批评墨家"二本而无分"的"分"字则读作去声，意指身份的差别。这两个读音不同、含义有别的"分"字，却都可在特殊性或差异性的意义上进行解释，用来强调理之存在的多元一体性。如朱子强调"**天地之间，理一而已**"（《西铭解义》），这是源自孟子的儒家固有观念，成为儒者的一般共识。但是具体到《西铭》的义理解释，朱子指出："盖以乾为父，以坤为母，有生之类无物不然，所谓理一也。"（同上）这是说，任何事物均自乾坤而来，这个道理便是"理一"，具有普遍性。与此同时，"人物之生，血脉之属，各亲其亲，各子其子，则其分亦安得而不殊哉"（同上）。这里的"分"读作四声，不同于"分殊"之"分"的分开或分散之意。显然朱子有关"分"字的用法与程颐"理一分殊"的用法有异，但都旨在强调作为理一之理在人物之生以后，必存在于不同的身份或位相之中，并有不同的表现。所谓"**理只是这一个，道理则同，其分不同。君臣有君臣之理，父子有父子之理**"（《朱子语类》卷六），便清楚地指明了普遍道德原理在不同伦常关系中的差异表现，突出了人伦之理的多元一体性。

朱子在有关"理一分殊"的理论拓展过程中，还经常使用"月印万川"的比喻以及"**一实万分**"的观点,来表达宇宙本体的一理与万物分殊之万理的关系,其中又涉及体之本源与用之派生的体用关系等问题。朱子指出,从宇宙本源的意义上说,"本只是一太极",此即作为"一实"的终极实体,然而万物无不"禀受"此本源之太极(理),于是,"又自各全具一太极尔"。打个比方,"如月在天,只一而已,及散在江湖,则随处而见,不可谓月已分也"(《朱子语类》卷九十四)。又好比佛教所说"一月普现一切水,一切水月一月摄",朱子认为这个说法表明"那释氏也窥见得这些道理"(同上书,卷十八)。在他看来,"月印万川"之喻,深刻地揭示了理本体的整体与个体、普遍与特殊的关系问题,而在此问题上,儒佛两教的智慧有共通之处。

究极而言,整体与个体、普遍与特殊的关系就如"月印万川"一样,天上之月与万川之月,虽属"分殊"之关系,但所谓"分殊"却不意味着对整体的分割。作为"一实"的本体是不可分割的、具足圆满的,即便散在万物,亦在万物中展现其自身的整体意义。如果说万川之月是"多元性"的表现,那么,万川之月便是天上之月的说法则表明,在多元中展现出"一体性"。

多元与一体如同体用关系一般,需要分辨彼此的区别,像朱子所说:"须分得此是体,彼是用",然后才可以"说得一源"——即"体用一源"。同样的道理,我们不能只看到"理一"的整体性、绝对性,而忽视理的展现形态具有多元性和特殊性。当然,理一的多元性展示以及分殊之理的一体性存在,表明理之本体"**所居之位不同**",故"**其理之用不一**",所以"物物各具此理,而物物各异其用"。也就是说在"用"上,众理可以有不同的表现,但在终极意义上,作用层面的万物之理又"**莫非一理之流行也**"。(《朱子语类》卷十八)

当然,"多元一体"既非程颐亦非朱子所用之词,而是我们对程朱理学"理一分殊"命题的一种当代诠释。这一诠释旨在揭示:一个超越的理一之本体,必同时内在于散殊万象的现实世界中;宇宙本体的理一既在永恒之中,与万物构成"一体"同在的意义结构,同时又在历史文化发展的时间之内而具有多元性。这样既可避免片面强调文化多元而无视一体存在的意义,又可避免片面突出一体存在的本质主义实在论而忽视文化多元性的面向。

最后须指出,王阳明虽然未就"理一分殊"命题发表过任何直接的评述文字,但他思考意义世界所得出的一个结论,可与"理一分殊"的智慧相提并论。他说:

> 人一日间,古今世界都经过一番,只是人不见耳。夜气清明时,无视无听,无思无作,淡然平怀,就是**羲皇世界**。平旦时,神清气朗,雍雍穆穆,就是**尧舜世界**。日中以前,礼仪交会,气象秩然,就是**三代世界**。日中以后,神气渐昏,往来杂扰,就是**春秋战国世界**。渐渐昏夜,万物寝息,景象寂寥,就是**人消物尽世界**。学者信得良知过,不为气所乱,便常做个羲皇以上人。(《传》第 311 条)

一个人在一天之内竟然能经历五重"世界"(分殊):羲皇世界、尧舜世界、三代世界、春秋战国世界、人消物尽世界,但重要的是,在五重世界之内却存在一个永恒的"良知"(理一),只要我们坚定良知的信念,就能由内在而实现生命的超越。毫无疑问,这是阳明心学对"理一分殊"的一个哲学洞见。

在当代新儒家中,对理一分殊问题最为重视者莫过于刘述先,他引用当代西方哲学家普特南的一个说法："如果理性是既超越而内在，那么哲学既是与文化不可分割的反省以及有关永恒问题的论辩，它既在时间之中，也在永恒之内。"进而指出这个说法"简直是提供了'理一分殊'的一个现代阐释"。（刘述先，J2011）

因为，哲学是对终极问题的理性思辨，它超越相对的是非而最终指向"道通为一"的"理一"世界，而"理一"必然在具体的历史文化发展过程中才能得以呈现。天道流行而产生的万物"分殊"的世界，正是不同文化传统得以形成的基础。所以立足于当代世界，我们必须对各种文化传统持有一种尊重和反省的态度，才能求得"理一"的认同。刘述先坚持文化哲学的立场而特别关注理一分殊问题的思想睿识，是值得我们重视的。事实上，这也是理学家强调"理不患其不一，所难者分殊耳"（《宋元学案·豫章学案》）的根本原因，因为"分殊"问题才是现实关怀的立足点，也是实现"理一"的基础。

四　良知自知与当下呈现

良知理论无疑是阳明学最核心的内容，是其重要的哲学基础，也是分判心学与理学的重要分水岭。

阳明学的良知理论涉及多个层面的哲学问题，尤其与"心即理"以及知行合一学说构成了一套有机的理论系统。如果我们缺乏对良知问题的根本了解，就无法真正把握阳明学"知行合一"命题的义理内涵及其思想意义（吴震，J2018b）。

一般而言，说到阳明良知学，首先涉及什么是良知以及如何做良知——即所谓名义问题与实践问题。但是，从存在方式以及作用形式来看,"良知自知"和"当下呈现"则是阳明良知学理论的基源性问题,构成了良知心学的实质内涵。正是由于阳明良知学对此问题的深刻阐述,使良知学在广义宋明理学乃至中国哲学史上凸显出别具一格的思想特色和理论意义。

1. 良知自知与自反自证

"良知"原本是一个儒家伦理学概念,但"良知"更是阳明学的标志。

从概念史的角度看,良知原是孟子的核心概念,指是非之心。按孟子的典型表述,良知与良能构成一套概念系统,其基本义有二:(1)"不虑而知,不学而能";(2)"是非之心,人皆有之"。这就表明:第一,良知良能不是通过后天的思虑或学习而获得的道德判断能力,而是一种"先天"具足的当下直接的道德意识;第二,良知作为一种"是非之心",这里的"心"既指意识、意志或意愿,又指道德的判断力,因此其本身涉及价值和规范的含义,而不是单纯的无关乎道德价值的意识或意愿;第三,在这个意义上,良知就等同于"良能",此即说良知本身就是一种价值判断能力;第四,更为重要的是,这种知是知非的道德心和判断力,是所有人生来便具足圆满的。

由上述可见,孟子学意义上的"良知"大致具有先天义、规范义、普遍义这三层含义。首先,良知是人之所以为人,也是人与禽兽"几希"的依据所在,故良知具有先天性;其次,良知作为一种是非之心,是有关道德价值的一种意识,故具有规范的意义;最后,根据孟子"人心之所同然"的预设,这种道德本心是普遍存在于所有人的内心意识当中的,而不是某种个别或特殊的人心现象,故良知必然是普遍存在的。

毫无疑问，阳明对于孟子学意义上的良知概念不仅具有自觉的认同意识，更有重要的理论推进。例如"**良知自知**"（《传》第169条、第320条等）便是阳明学对"良知"的一项创造性诠释，还构成了阳明良知学的重要特色。那么，阳明为何要强调良知是一种"自知"呢？所谓"自知"又究为何意呢？

我们先来看一段阳明的表述。这段表述大致时间在1512年——即龙场悟道四年之后，比阳明正式提出"致良知"的1520年还早八年。他是这样说的：

> 知是心之本体，心**自然会知**。见父自然知孝，见兄自然知弟，见孺子入井自然知恻隐，**此便是良知**，不假外求。若**良知之发**，更无私意障碍，即所谓"充其恻隐之心，而仁不可胜用矣。"然在常人不能无私意障碍，所以须用致知格物之功，胜私复理，即**心之良知更无障碍**，得以充塞流行，便是致其知，知致则意诚。（《传》第8条）

首先须注意，阳明在这里提到了三次"良知"，其含义应当是一致的。第一句"知是心之本体"虽然未用"良知"一词，但根据后面所述，这里的"知"应当就是"良知"。由此可知，阳明晚年提出"致良知"教之后，再三强调的"良知是心之本体"观点，其实早在徐爱所录的《传习录》上卷——即1512年年底左右便已形成。指出这一点很重要。如果此时"良知"已被置入"心之本体"的视域进行理解，那么，这就意味着阳明在提出良知理论化和系统化的"致良知"学说之前，便已对良知问题有了根本领悟。因为，"**心之本体**"

绝非泛泛之词，而是阳明心学系统最为关键的核心观念。

所谓"心之本体"，首先涉及如何理解"本体"的问题。在上面第二讲，我们已经对其基本含义做过两点提示，在这里我想援引瑞士现象学家耿宁的一个说法来略作延伸。耿宁指出"本体"概念有两种基本含义：一是"某种类似基质（Substrat）和能力（Vermögen）的东西，它可以在不同的行为或作用中表现出来"；二是"某个处在与自己相符的完善或'完全'状态中的东西"（耿宁，J2012a，第474页）。这段表述有点晦涩，我们需要做一番过滤工作。

耿宁说的第一层含义，是指某种"潜能"本质。在他的理解中，孟子所谓良知是一种"向善"的"潜能"本质或禀性（尽管我们对此表示存疑）。耿宁说的第二层含义是指某种"完全本质"，具有"与自己相符"之特征，意谓不假外力亦不假外求的自我完善之"本质"。这与上引阳明所言"此便是良知，**不假外求**"（当然此义已见诸孟子）相一致。

重要的是，这样一种"与自己相符"的"完全本质"并不意味着"与其作用之对立中的一个单纯实体"，而是"心的完全本质，属于心的真本质"。（同上书，第475页）应当说，阳明所说的"心之本体"属于耿宁所指的第二层含义。若用宋明理学的术语来表述，则此所谓"本体"并不是指事物存在的本然样态、本来属性，而是指事物存在的所以当然之故——某种存在的终极原因或理据。据此，良知便是道德心的一种自我完善的"完全本质"（吴震，J2015）。

接下来的问题是，作为心之本体的良知为什么"自然会知"？"会"当然是一种能力，但这种能力为什么是"自然"的？概言之，这里的"自"即"自己"，指良知自己，表明良知首先是真正的"自己"而非他人所能"与力"(《传》第 145 条),阳明学的术语称作"**真己**";这里的"然"即"本然",指"本然如是"或"如其本然",表明良知不仅内在于自己,而且道德意识必然具有一股发自本身的知是知非的力量。阳明认为这种道德意识必然自己知道自己"本然如是"的状态,而不是外在地对自己行为的第二次反思所得的某种道德判断。此即指良知必然"**自心所见**"(《传》第 96 条),也是阳明强调"见父自然知孝"的缘由所在。"自然知"便意味着"必然知",这就是良知自知的真实含义。

究极而言,良知不是一种单纯理论或知识意义上的"知",也不是一种源自外在的"与知",更不是一种关于"物"或指向"他人"的"知",而是一种关于自己的"知",因而具有"**自反自证**"的基本特质。根据耿宁的研究,有关良知或良心的这种基本特质的描述在欧洲哲学历史上也非常普遍(耿宁,J2012b,第 190 页),他进而断定"王阳明的'良知'也就是自知"。应当承认,阳明学意义上的良知首先是关于自己的一种涉及伦理价值和实践动力的"自知",揭示这一点在理论上十分必要。

但是欧洲哲学史上对这种"自知"在实践上的运用持有一种警惕的态度,认为这种根源于绝对自我意志的"自知"判断一不小心便很容易产生"良知傲慢"的流弊。而阳明学随着心学末流的推演,及至晚明时代,就被人指责出现了"目空一切""师心自用""率性任心"等流弊,似非空穴来风。当然,就阳明学而言,良知自知乃是良知存在的作用形式,若就良知存在而言,由于心体即性体、良知即天理,故良知既是关于自我的道德意识,更是普遍存在的客观理性。

因此,阳明在强调良知"自然会知"的同时,又说"若良知之发,更无私意障碍,即所谓'充其恻隐之心,而仁不可胜用矣。'"这是说,若要使恻隐之心的仁达到"不可胜用"的境地,须以良知发用"更无私意障碍"为必要条件。然而常人往往由于种种外在的原因,不免受到私意物欲的影响,所以有必要作一番"胜私复理"的克己工夫,使"心之良知更无障碍,得以充塞流行"。这就凸显出良知不是无涉任何价值的一般知识能力,而是有关为善去恶的道德意识的实践性能力,因为良知本身就是一种"好善恶恶"的道德力量。

阳明晚年提出致良知之后,更强调良知自知、良知自信、良知自觉的观念。在他看来,即便人心受到种种"邪思枉念"的影响,然而良知"**这里一觉,都自消融**"(《传》第209条),"良知亦自会觉,**觉即蔽去,复其体矣**"(《传》第290条)。此"一觉"之能力,便是良知自己能意识到所有意念的一种自我意识能力。用阳明弟子王畿的话说,就是"**一念自反,即得本心**"或"**一念入微,归根反证**",这里的"自反"和"反证",都是指内在于意念中的良知自我判断力,亦即良知自知自觉的根本能力。这种能力是由良知本体的实践性以及"见在性"所决定的。所以,良知见在性的问题也很重要,这是下面就要讨论的重点。

2. 良知遍在与当下呈现

良知作为是非之心,具有不学而知、不虑而能的先天性,这是孟子创发良知良能概念的原初本意。然而,到了阳明那里,良知不仅是一种判断是非的道德意识,更是作为一种德性存在而被赋予了本体的意义。

作为一种实在,良知因而就具有了遍在性特征(包括客观世界及人伦世界)。良知的遍在性与先天性,可以用"良知见在"这一阳明学的术语来表达,而良知见在性是阳明学的一项重要理论创见。所谓"**良知见在**"(《传》第225条),主要是指良知"千古见在"(强调良知存在的遍在性)和"见在具足"(强调良知存在的圆满性)。这里"见在"的"见"读如"现",故"见在"又作"现在",意指"当下"。故"良知见在"说,凸显了良知遍在义、当下义(吴震,J2016)。

"见在"或"当下"作为日常用语,早在宋代语录体文章中就已大量使用,但作为思想概念的用例则较为少见。有趣的是,朱子晚年在批评象山后学之际,便严厉批评象山学的旨趣就在于力主"**当下便是**",而对于"许多道理切身要紧去处不曾理会",其结果便导致"实见得个道理恁地,所以不怕天、不怕地,一向胡叫胡喊"(《朱子语类》卷一百二十四)。可见,在朱子眼里,"当下便是"之主张竟是象山学的一条罪状。在此我们不必纠缠于朱陆之辩的是非对错,唯须指出,若"当下便是"是对即刻当下之现实状态的直接认同,则将导致对有限现实予以绝对性的盲目肯定,这类主张绝非象山或阳明所能认同,阳明所言"良知见在"的遍在性亦绝非此意。

良知遍在性约有两义:普遍而超越,超越而内在。质言之,**心体即良知,良知即天理**,作为超越存在的天理良知的遍在性具有打通形上形下、天道人心的特质。这正是阳明学强调良知"**发用流行**""**无所不在**""**因用见体**"的旨趣所在。不过,说到超越而内在,便会出现一个问题:一种凌驾于人世间或现实之上的天-天道一般(在西方则犹如上帝)的超越存在,何以可能又是内在于人的生命、心性乃至精神领域的?

按西方神学(不同于一般意义上的宗教学)的理解,任何超越性的存在必然是外向性的终极实在，高高在上、超凡脱尘，外在于现实世界，而不可能同时又内向性地存于人心之中。这一外在超越虽然不意味着否定现实世界，但至少在价值上凌驾一切现实。也正由此，人们对现代新儒家津津乐道的"**内在超越**"说不无质疑，以为犯了概念倒置的错误。也有人认为"**内向超越**"（余英时，M2014）或"**超越内化**"（张灏，J2000）等不过是换汤不换药的另一种措辞而已，就其实质而言，不外是既超越又内在的思路。所以，要了解阳明良知学的超越内在性——即良知遍在性、见在性的问题，有必要拓展视域的时距，从先秦时代的古典儒家或者套用西方学界流行一时的"轴心突破"说进行审视。

简言之，内在超越不是在与西方神学比较意义上的一种设定，而是中国传统文化的固有思维方式。这一点自有其重要性。有学者指出，若环视世界上的一般宗教如早期犹太教及日后的基督教，便可知这些宗教传统也相信**超越内化可以成为个人生命的信仰本源**，因为上帝的道德旨意烙印在人的内心，故信仰的"天路历程因此也是生命的德性之旅"（张灏，J2000）。由此以观，超越内化或内向超越不是在文化比较意义上，而是"轴心时代"（前800—前200）经哲学突破之后的传统中国才有的文化特质。再比如，同样是轴心时代之后的婆罗门教（以《奥义书》为代表）所形成的超越意识——梵天信仰，既是超越现实万有而凌驾于各种神灵之上的终极真实，也潜存于人心深处而形成其本质，故人的生命有一条内在的精神提升通道，经解脱而与梵天相贯通（张灏，J2000）。

因此，轴心时代经宗教突破（或称"哲学突破"）之后形成的超越意识只是一个方面，其另一方面则是人的内在精神获得重视。更重要者，从早期巫文化摆脱出来之后，人的自觉意识得以彰显，相信神与人之间有内在沟通的渠道，可以使人的生命通过自我的精神转化而上升至超越境界，故超越的上天与人的内在意识便有获得一体性之可能。那种将内在与超越打成两橛的神学说教倒是中世纪以降的一种理论后设，其目的在于垄断政教合一的神权政治。至于基督教一神论意义上的外在超越，无非是在人与神之间设定一道无法逾越的鸿沟。故在严格意义上，附庸于经院哲学的神学不同于作为人类文化学的一般宗教。

自公元前8世纪开始，中国轴心时代思想突破的一个结果便是儒道两家思想文化的形成。自殷商时期的帝－天的外在超越意识，转化出"道"（天与天道）这一宇宙背后的超越精神及其动力，构成了儒道两家的新信仰。尽管儒道两家有关"道"的理解存在差异，但是，从老子的自然无为的道观念到庄子的道**"无所不在"**；从孔子的**"人能弘道""天下有道，丘不与易"**到《中庸》的**"道不远人"**等表述，都具体表明了超越的道并不能远离人的现世性。到了孟子的时代，超越而内在的理论思维变得更为清楚，不论是《中庸》的**"天命之谓性"**，还是孟子着力强调的**尽心知性知天、存心养性事天**的观念，都清楚地表明外在的超越与内在的本质构成了一体之**存有连续性**（杜维明语），经个人的精神转化可以上达至天的境地——雅斯贝尔斯所谓的"在内心中与整个宇宙相照映"。

经过以上考察，回过来看阳明所强调的良知遍在性，我们便可了解良知不仅是超越的，犹如**"千古一日"**，不受任何时空的局限，同时，良知本体又必然存在于"人之一心"，是**"不离日用常行内"**的当下存在，因而具有内在性、见在性。不过，当良知意识转化成现实的意识知觉活动时，良知本体的见在具足、个个圆成、不假外力的道德能量是否会受到扭曲或遮蔽，就此问题，阳明后学曾围绕

"现成良知"说进行了激烈的思想辩论。我们在第九讲将详细讨论这一问题。

必须指出的是,阳明"良知见在"说固然主要是从本体立论,然而良知见在性亦同时表现在良知本体的发用方面——良知存在的"**发用流行**"义,并引出良知的**当下呈现**义,这一点同样不可忽略。阳明强调:

> 盖日用之间,见闻酬酢,虽千头万绪,莫非良知之**发用流行**。除却见闻酬酢,亦无良知可致矣。(《传》第 168 条)

> 良知只是一个,随他**发见流行**处**当下具足**,更无去来,不须假借。然其**发见流行**处却自有轻重厚薄,毫发不容增减者,所谓**天然自有之中**也。虽则轻重厚薄毫发不容增减,而原又只是一个。虽则只是一个,而其间轻重厚薄,又毫发不容增减。若可得增减,若须假借,即已非其**真诚恻怛之本体**矣。(《传》第 189 条)

这两段话当中有几个关键词值得注意:"**发用流行**"或"**发见流行**""**当下具足**""**天然自有之中**""**真诚恻怛之本体**"。细读之下,不难发现阳明意在强调良知本体不是悬在空中的某种玄虚抽象之存在,而就流行发用于当下即刻的意识活动及日常生活之中;与此同时,良知本体的自足圆满性必须是在"随他发见流行处"才能呈现自身。更重要的是,良知本体一旦处在"发见流行"的过程中,必然会有"**轻重厚薄**"等差异性的表现。此即强调良知在日常人伦生活中会受到不同程度的外在因素的"障碍"。即便如此,良知本体却不会受到任何"增减",如同"一节之知即全体之知,全体之知即一节之知"那样,也好比分殊之理便是理一之理一般。反之,如果"可得增减"或者必须"假借",那么,良知就不再是"真诚恻怛之本体矣"。

阳明的这个思想告诉我们,人的良知在本体上是自足圆满的,即便在流行发用过程中也本然如是、当下具足,而不须假借。另一方面,良知的道德意识在发用流行过程中会受到外在因素的影响而导致差异性现象的出现,对于人的这种自我局限性,我们必须有自知之明。不过,良知是一种"自知",一念不善,"觉即蔽去"(《传》第290条),故良知本身不会受现实的制约而发生丝毫的减损,对此我们须充满理论自觉和自信,用阳明的口头禅来说,就是"信得及"(《传》第115条等)。

上述说法略显曲折,但其核心观点是明确的:良知遍在性表明良知本体必发用流行于当下,而良知本体在发用流行中依然"当下具足"。一方面,良知的发用流行表现出轻重厚薄的差异现象;另一方面,此一差异性并不导致良知本体的任何减损。可见,良知遍在性凸显出良知作为一种道德意识必会当下呈现,同时,良知见在又表明本体在作用形式中展现自身的价值,即良知的呈现义。

总之,阳明良知学内涵丰富,它绝非一种单纯的知识论建构,而是一种关乎人生实践的"**哲学的生活方式**"(耿宁语)。它的四种基本义最值得关注:**自知义**、**遍在义**、**见在义**、**呈现义**。这四层义理之间环环相扣,构成了一套有机的良知理论系统。

第六讲　宇宙论、本体论以及气学问题

在世界各大文明传统中，宇宙论也许是最为古老的问题之一。或以"水"或以"火"或以"气"来解释宇宙的起源，是古希腊、古印度以及上古中国最朴素的早期"宇宙论"。

一般而言，身处宇宙之中而又想为宇宙寻找一个发生的起源，这是人类思维的某种固有特性。据传，朱子在五六岁时，便曾为"天地四边之外，是什么物事"的问题而"烦恼"，而且"思量得几乎成病"（《朱子语类》卷九十四）。这在中国思想史上大概不是孤例。陆象山在14岁时，"因读古书至宇宙二字"，对于"四方上下曰宇，往古来今曰宙"的解释颇存疑惑，久思之后，忽然省悟"宇宙内事乃己分内事，己分内事乃宇宙内事"（《陆九渊集》卷三十六《年谱》）。尽管这些记录不乏传奇色彩，但宇宙问题曾引发朱、陆的思考兴趣，这一点是确凿无疑的。

大致说来，朱子学以理气问题为核心来重建本体宇宙论，而阳明学的思想旨趣在于心性论的重建，以理气问题为核心的宇宙论却已淡出其理论视野。因为，心学更关注"世界"的问题而非"宇宙"的问题，心学所关注的"世界"主要是人心世界与人伦世界。

一 从气化宇宙论到本体宇宙论

从哲学上讲宇宙论,大致可以从三个方向入手:其一是宇宙的起源问题,其二是宇宙的构造问题,其三是宇宙的终极实在问题。将元气、阴阳或五行视作宇宙的起源或构造,从而形成某种气化宇宙论或宇宙生成论,是自汉代以来一直占据主流的宇宙论,至宋初仍有一定影响。

另一方面,将宇宙起源或构造的问题转向有关宇宙存在论或本体论的问题,则会形成一种新的宇宙论,亦即为宇宙存在寻找本体依据的"本体宇宙论"。例如宇宙本体究竟是"理"还是"气",便会形成不同的宇宙本体论。对宇宙本体的探究,是宋代新儒学在启动之初便面临的一大理论问题,也是宋代义理之学(道学)对汉唐训诂之学(经学)真正实现"思想突破"的首要任务。反之,若要从根底上彻底推翻宋明道学的形上学建构,就必须从理气宇宙论下手,如对宋儒火力全开的戴震便发誓要"发狂打破宋儒家中《太极图》"。戴震所说的《太极图》,当然是指道学开山祖师周敦颐的《太极图说》。

1. 太极即理

周敦颐的《太极图说》可谓宋儒重建宇宙论的开山之作。从历史上看,周敦颐虽然是二程之师,但是自北宋中期以来,其人其书几乎一直处在湮没无闻的状态,直到南宋孝宗乾道年间(约1160年代),随着道学家张栻和朱子的关注和推崇,才一跃而成为"**道学宗主**"(张栻语),甚至被认定是孟子以来"心传道统"的接续者(参见第三讲第三节)。这一历史现象值得我们关注。张栻且不论,朱子之所以如此推崇周敦颐，必有其重要的思想缘由。

一言以蔽之，朱子是借由周敦颐的《太极图说》，并通过对其的哲学诠释，开始建构宇宙本体论的。那么人们难免会问，朱子的解释是否合乎周子文本之本意？周子的思想是否须经朱子的解释才得以彰显？尤其是朱子释太极为理，提出了"**太极，形而上之道也**"（《太极图说解》）、"**太极者也理也**"（《周易本义》）的太极本体论命题，这究竟是朱子的思想还是周子的观点？应当说，任何哲学文本或经典文本的义理都具有可诠释的空间，关键在于诠释在理论上能否实现与文本之间的圆融，倘若完全偏离文本而作主观任意的发挥，并不是真正意义上的哲学诠释，而是另一种意义上的哲学创作——即便假托某个文本，也不过是借题发挥而已。

事实上，中国哲学的特性表现为：任何一种哲学创见，总是依托已有的经典文本，通过对文本的严密解读和义理分析，展开创造性的理论诠释，从而建构起一套哲学理论体系。至于这套理论体系与原有的经典文本之义理之间，是否完全吻合无间、严丝合缝，是属于理论判断领域的问题，与哲学诠释活动关联不大。哲学诠释的意义在于从文本中重新揭示出蕴涵其中而又存乎言外的思想意涵。

现在我们再来看周敦颐的《太极图说》以及朱子的解释作品《太极解义》。毫无疑问，《太极图说》的文本依据其实是《易传》——例如"易有太极，是生两仪"之类的思想，然其阐述的一套学说却严重偏离《易传》本身。因为周敦颐并没有运用章句训诂的方法来进行这项诠释工作，其思想企图在于建立一种"含有形上学与宇宙论双重成分之理论"（劳思光，M2005，第69页）。按我们的理解，此所谓"形上学"，盖指太极本体论，即以一种太极本体的观念来重建宇宙论。

事实上,"本体"概念是朱子在《太极图说解》中创造出来的,被运用得十分熟练,如朱子开篇解释"无极而太极"一句,便断言:"此所谓无极而太极也,**所以**动而阳、静而阴之**本体**也。""所以……本体"这套说法,意指某种存在之所以可能的依据。使用这一意义上的本体概念来解释太极,是北宋道学未曾有过的现象。由此足见,太极本体成为朱子诠释太极的核心概念,被朱子视为阴阳动静的所以然之根据。

然而周敦颐在《太极图说》的整个文本当中,并没有明确使用过"本体"的概念。周敦颐《太极图说》的两个核心概念是"太极"和"人极"。"太极"用于描述和解释宇宙生成的过程,以为阴阳五行——广义上指天地万物——之本在于"太极"。《太极图说》开首一段说:"**无极而太极**。太极动而生阳,动极而静,静而生阴,静极复动。一动一静,互为其根,分阴分阳,两仪立焉。……阴阳一太极,**太极本无极**也。"质言之,意谓宇宙形成的根源就在于太极。

至于第一句出现的"无极",是否意味着在作为本源的"太极"之上存在另一个本源?倘若如此,莫非正如陆象山所批评的那样,变成"叠床上之床""架屋下之屋"——在太极之上,再设定一个"无极",完全是画蛇添足。更严重的是,"无极"一词本是道家概念而非儒家所能认同——尽管这是象山基于儒家原教旨主义立场而下的判词,往往缺乏理论解释效力。

朱子通过自己的一套哲学诠释对此进行化解:无极只是一个形容词而并非实指之名称;其本身不是一种实在,而是用来形容太极本体"无声无臭""无形无象"之特征的一般语词。但是,无极的重要性在于:若不言无极则太极便有可能混同一物;与此同时,太极的重要性在于:若不言太极则无极便有可能沦为空寂。两者的结果都将导致太极不足以成为"**万化之根**"(《朱子文集》卷三十六《答陆子美》第一书),既不足以成为宇宙本体,也不足以成为阴阳动静、万物化生的动力因。

此处所谓"动力因",涉及太极作为理之本体,其本身是否会"活动"的问题。按照周敦颐的"太极动而生阳"的论述,似乎是主张太极具有活动义。若太极为理,故理也就有活动创生的能力。但是,按照朱子理学的一般规定,"理"本身无所谓"动静",不应有"动静"之说,故朱子又以"天命之流行"进行解释:"**太极之有动静,是天命之流行也**。"(《太极图说解》)这也就是本书第五讲中已提到的"天理流出"说。因此,究竟应如何解释"太极动而生阳",便是一个需要解答的问题。

其实,朱子有更严密的说法,进一步区分了太极与动静的关系:"谓**太极含动静**则可,以本体而言也;谓**太极有动静**则可,以流行而言也。**若谓太极便是动静**,则是形而上下者不可分,而'易有太极'之言亦赘矣。"(《朱子文集》卷四十五《答杨子直》)此处以"含""有""便是"三词作区分,又从"本体""流行""形而上下"三个角度分别言之,其意甚明。朱子旨在强调太极无所谓动静而又内含动静。此所谓"含"是指太极之体而言,所谓"有"则是指太极之用而言,要之,太极是阴阳动静之根本因,故不能将动静直接等同于太极。

《太极图说》中最为难解也是引发争议最多的乃是首句"无极而太极",这句涉及的关键问题是,无极是否意味着对太极的规定性?甚至是一种虚无化的规定,如同魏晋的王弼、何晏注《易》释《老》一般,"太极"乃是"无称之称,不可得而名"(王弼《周易注》)的玄妙东西。陆象山对此非常敏感,针对朱子的无极解释发出了严厉的追问："**圣人言有，今乃言无，何也？**"（《陆九渊集》卷二《与朱元晦书一》）显然，这是根据太极为"有"、无极为"无"的字面理解而提出的质疑。

然而，按朱子的理解，更应从字义的背后读出另一层义理。

在朱子看来，这五个字其实蕴涵"无形而有理"的深层意涵，因为此"无"字并没有实指的意向。对此，牟宗三有一个妥当的解释："那无限定的而一无所有者，但却亦即是极至之理。"（牟宗三，M1999，第307页）。有关终极实在究竟是"无"还是"有"的有无之辩，是中国哲学史上渊源有自、争论不断的问题，直至阳明学提出的"四句教"，仍在探讨良知本体的有无问题。

劳思光就此有一个重要的解释，他认为朱子以"有形之理"和"万化之根"来同时解释"无极"和"太极"，则可推知朱子之意"乃以'无极'与'太极'为'本体'之两面描述。……而'本体'可称之为'无极'，以表其'超越性'，又可称之为'太极'，以表其'创生性'；此即所谓'非太极之外，复有无极'也"（劳思光，M2005，第72—73页）。也就是说，"无形而有理"乃是一完整句式、一套义理，均表示太极本体论的意义。

要之，以"本体"释太极，是朱子对周敦颐《太极图说》的一项创造性诠释，揭示了《太极图说》应说而未说、未说而已内含的重要义理。按照朱子的《太极解义》，所谓"无极而太极"（实指太极）无非就是阴阳动静之所以可能的"本体"的一体之两面。不过需注意的是，朱子强调指出："然非有以离乎阴阳也，**即阴阳而指其本体，不杂乎阴阳而为言耳。**"这便是朱子理气观的典型主张，也是其重要理论特色，可用四字来归纳："**不离不杂**"。

这表明朱子在40岁己丑之悟以后，执笔撰写《太极解义》的时期,有关理气"不离不杂"的重要观点已经初步形成,换言之,朱子正是借助有关《太极图说》的哲学思考,才逐渐形成了这一重要观点。由此可见,有关《太极图说》的诠释工作对于朱子哲学的形成具有何等重要的意义。《太极解义》的诠释工作几乎与《四书集注》同时并行,就在《四书集注》整体推出的前一年(1188),朱子终于将定本《太极解义》(含《太极图解》和《太极图说解》)刊刻出版。据传,至逝世前五日,朱子仍然在向弟子讲解《太极图》的问题。

总之,周敦颐《太极图说》所蕴含的哲学义理经过朱子《太极解义》的创造性诠释得以彰显,有关太极的宇宙生成论被赋予了本体宇宙论的重要意涵。尽管周敦颐本人和《太极图说》中并没有提及"本体",而且在其另一部重要著作《通书》中也极少提及"理"的观念,所以周敦颐或许只是提供了一份思想文本。不过,正是经由朱子的诠释,太极成为形上之道、本体之理,周敦颐文本中的"太极"概念在道学意义上的本体宇宙论系统中得到合理圆融的解释。至于《太极图说》如何由上篇"太极"转出下篇"人极"概念及相关论述,则已越出宇宙论进入伦理学领域,这里只能按下不表了。

2. 太虚即气

从概念史的角度看,对《易传》"易有太极,是生两仪"中"太极"概念的解释,汉代以降的主流观点是以"气"释"太极",以为太极是指天地未形成之前的"元气"状态,这在"易学"史上尤其如此,其影响力几乎是覆盖性的(葛兆光,J2006b)。例如,东汉经学家郑玄注《易乾凿度》(汉代流行的《周易》纬书)中的"太极",曰"气象未分之时,天地之所始也",经学家刘歆在《三统历》当中则有"太极元气,函三为一"之说等。可以说,不仅在汉唐,即便自宋初直至朱子的时代,以气释太极,仍很普遍,胡瑗、司马光、苏轼、王安石等大抵如此。以下试举两例。

孔颖达《周易注》疏:"太极谓天地未分之前,元气混而为一,即是太初、太一也。故老子云'道生一',即此太极是也。"孔颖达所援引的便是汉代以来流行的太极元气说。宋初胡瑗以擅长易学闻名,其解"太极"亦谓:"太极者,是天地未判、混元未分之时,故曰太极。"(《周易口义·系辞上》)上述两例中的"太初""太一""混元"云云,盖指"原初",又指"元气"。而元气处在未分化的状态,故又有"太虚"之名,要之,皆指"气"而言(三浦国雄,J1983)。

从概念渊源上说,"气"在先秦时代早已出现,阴阳家和道家以此作为思想建构的重要术语,儒家亦曾采用这一概念。程颐称颂孟子在儒学史上有两大理论贡献:就是"性善"说和"养气"说(《程氏文集》卷九《答杨时论西铭书》)。不过归结而言,气的观念在汉代扮演了特别重要的角色。纵观中国思想史,我们甚至可以说,"气"是中国哲学最具"本土"特色的富有原创力的哲学概念(小野泽精一等编,M2007)。

在宋代道学家群体中,张载无疑是汲取了儒道两家的气学思想,并将其纳入儒家"天道"论当中,以重建新儒学天道论。故人们向来视张载为宋明新儒学史上"气学"思想的代表,如他所提出的"太虚即气"说、"太虚无形,气之本体"说等,都被当成是有力的证据。

不过,近年来有学者提出新解,认为张载思想之宗旨不能以

"气"来归结,而应视张载的哲学基础在于儒家的天道性命论,因为我们不能无视"性与天道合一"(《正蒙·诚明篇》)和"性即天道"(《正蒙·乾称篇》)的命题是张载哲学的基本观点,甚至认为《正蒙·太和篇》揭示的天、道、性、心的"《太和》四句"才是张载哲学的总纲(林乐昌,J2018)。

可是,当我们探讨北宋道学家有关宇宙论的重建时,却不得不认真审视张载文本中有关"气"的一系列描述性命题以及丰富的理论阐述。我们来看张载的几段著名论述:

> **太虚无形,气之本体**,其聚其散,变化之客形尔。(《正蒙·太和篇》)
>
> 气之聚散于太虚,犹冰凝释于水,知**太虚即气**,则无无。(同上)
>
> **太虚不能无气**,气不能不聚而为万物,万物**不能不散**而为太虚。循是出入,是**皆不得已而然也**。(同上)

这里描绘的是一幅宇宙生成循环的图景:太虚→气→万物;万物→(气)→太虚。而且这一循环式的宇宙生成变化是"不得已而然"的客观事实。其中的关键在于如何理解"太虚"和"本体"这两个概念。

如果我们综合张载有关"太虚"的论述(此不烦引),则可了解其所谓"太虚"涵指"无形""清""通""无碍""不可象"以及"无碍故神""不可象为神"的"神"等诸义。所谓"本体",非指根本因,而是指太虚的本然状态——"无形"。由此,"太虚无形,气之本体"便可得出"太虚即气"的结论,换言之,"太虚即气"并不意味着太虚作为本体而与气直接同一。正是由于"气"之聚散变化乃一实在变化之"客形"状态,故理解了"太虚即气"的道理,就不会误将太虚或气作本体论的理解。太虚其实就是虚与气(有无)的合一状态,更重要者,由此构成了性与道的一种"统一体"(张岱年,M1982,第60页)。所以,张载强调"知太虚即气,则无无",接着这句话,他加强语气指出:"故圣人语**性与天道**之极,尽于参伍之神变易而已。诸子浅妄,**有无之分**,非穷理之学也。"(《正蒙·太和篇》)

这里出现的"性与天道"一语,显然是接着《易传》"一阴一阳之谓道,继之者善,成之者性"而言的,并认为其中内含的"性与天道"的问题才是儒家易学的根本问题,也是真正意义上的"穷理尽性以至于命"(《易传·说卦》)的圣人之学。相反,异于儒家立场的"诸子"(暗喻道家玄学等)则纠缠于"有无之分"(如"有生于无"之类)的争辩,或以道为"无",或以气为"有",以为无形之道为生成万有之根源。在张载看来,他们都违背了儒家"穷理之学",无法从整体上对"性与天道"作根本之把握。

至此可见,"太虚即气"意味着无形无象之太虚与有形有象之气,异名而同实,恰构成一关联性的同构体。两者在名义上可以互相规约,在结构上则彼此依赖、相即不离。换言之,无形之太虚并不是有形之气的本体依据,而是对气之状态的一种描述,在这个意义上,"太虚无形,气之本体"是一描述性命题而非规范性命题,亦即不是对本体论存在的一项事实陈述,而是对气之"无形"表象的描述。职是之故,气为实有,"而非在'气'外,另立一'太虚'"(劳思光,M2005,第132页)之本体。

尽管太虚并非本体,此义甚明,然张载所言之"气"是否为一

"本体"之概念，迄今为止，学界对此仍有争议。如劳思光认定张载的"气""既为万物之根源，又为有形上意味之实有"，而与朱子视"气"为"形而下"者颇不同（同上书，第133、134页）。据此而言，张载哲学似乎应属于以气为本的本体宇宙论形态。

上述林乐昌却以张载"《太和》四句"乃其哲学之总纲为由，反对将张载思想宗旨归结为气的传统观点，指摘以气为本体的看法是"没有经典依据的"，并指出张载理学首先确定了"天"在宇宙中具有至上的超越地位，从而为儒家"重建天观"。林乐昌因此主张张载思想属于理学派别中的"天学"，并认为这与定位张载之学为"理学"并无二致。（林乐昌，J2018）其实，劳思光已注意到张载在提出太虚与气作为根本概念的同时，又推出了"天""道""性""心"四语：

> 由太虚，**有天之名**；由气化，**有道之名**；合虚与气，**有性之名**；合性与知觉，**有心之名**。（《正蒙·太和篇》）

劳氏以为张载四语的意思并不难解，然就表述方式看，有欠严密，如"合虚与气"一语"便不可通"，因其所谓"气"与"太虚"原不可分，"何能言'合'乎？并指出"总之，此四观念之解释，与张氏自身之'气'观念颇有乖忤之处"（劳思光，M2005，第134—135页）。但是，劳氏并没有给出充分理由为上述推断提供依据，故其结论略显仓促。

的确，仅就名义看，本体之性何以由非实体性的虚和气整合而来，这一点必须辨明。其实，张载之意实在于赋予本体之性以虚与气的结构性基础。道与性、虚与气分别属于形上形下的存在，这两组概念恰又构成异质异层的结构性关联。因此,"太和所谓道""性即天道"的天道才是张载哲学的形上本体,而虚与气则是现实世界所有存在的结构基础或构成要素。

于是,所谓合虚与气而有性之名,便表明"性与天道"必与"太虚即气"分属两层,虽为两层,实又构成一体两面之关系。由此可说,"性与天道"属"一体",而与"太虚即气"构成"二层"之结构。我们不妨称之为"一体二层论"的理论形态。基于此,"合虚与气,有性之名"的名义问题便不难化解。至于张载的"天参"之论——例如"天之所以参也"和**"天所以参,一太极两仪而象之性也"**(《正蒙·参两篇》)等观点,则表明在"天"的笼罩之下,构成了"太极"—"两仪"—"象"的三层宇宙构造,其中突出了"天"至高无上的地位,具有将三层宇宙构造的"本性"一以贯之的哲学意蕴(林乐昌,J2018)。

在虚与气的二层构造中,气显然是一个更复杂的概念。张载独创的**"气质之性"**概念尤其重要。根据"气质是一物,若草木之生亦可言气质"(《经学理窟·学大原上》)、"如气质恶者,学即能移"(《经学理窟·气质》)等说,可知在张载,"气质"不仅是物质世界的基础性概念,而且是构成人性善恶的差异性原则。故朱子对"气质之性"说赞不绝口,直言"某以为极有功于圣门,有补于后学……前此未曾有人说到此"(《朱子语类》卷四)。这一论断对于我们理解朱子学在继承发展张载气学思想方面极富参考价值,值得重视。

总之,张载哲学无疑属道学(或理学)之形态,然其哲学基础则在于"气论",其以"太虚即气"作为理论建构的逻辑起点,《正蒙》开篇《太和》即以"太虚"和"气"作为首出的根本概念(葛艾儒，M2010，第 144—145 页），就是明证。但这并不妨碍张载的理论旨趣最终指向重建天道、天性乃至天心，尤其是"天心"观念的提出和强调，在整个宋明理学史上都颇具特色（吴震，M2005）。

由于气质有可能趋向"恶"，故在工夫论意义上，张载十分强调**"变化气质"**的重要性，其依据则在于"气质"的可变性以及"人之性虽同，气则有异"（《张载集·张子语录下》）的理论预设。既然人的气质是可变的，而可变便意味着存在差异，故气质就成了一种差异性原则。正是由这种气质差异，才能解释人性中恶的来源问题。这也是张载说**"性犹有气之恶者为病"**（同上）的理由所在。所以，作为宇宙构成要素的气其实是有限的，而非永恒不变的，而可变和有限的气便不能成为宇宙的终极本体。

至此我们可以为张载哲学作一初步的历史定位。张载哲学毋宁是以"太虚即气"的气化宇宙论为论述框架，以重建天道的本体宇宙论为理论旨归，只是天道离不开气化，就在气化过程之中，由此而在宋明理学史上建构了一套独特的富有理论贡献的气学论述（杨立华，M2015）。不过，"太虚"观念不仅历史悠久，而且其中内含的"无"的思想很重要。阳明心学竟利用"太虚"观念来阐发**"良知之虚"**及**"良知之无"**等问题，可见"太虚"观具有很强的理论解释效力。这一点待本讲第四节来讨论。

二 实理、实体、实有的观念论

为宇宙万物寻找一种终极实体，恐怕是宋代每一位新儒家探索各种哲学基本问题（包括宇宙、人生及社会）的思想动力。从哲学史上看，周敦颐的"太极"、张载的"性与天道"、二程的"天理"以及朱子的"道体"等都是经过一番观念抽象而形成的"实体"观,它们为新儒学所开创的"天道"观念系统注入了新的理论要素,形成了一套观念实体论的天理学说。

1. "天下无实于理"的实体观

在先秦儒家那里,孔子有关"天下有道"与"天下无道"的人文关怀意识和忧患意识表明,"道"这一观念自上古到西周,已经发生了人文理性主义的转向。这正可印证马克斯·韦伯所谓的早期人类文明史上的宗教"祛魅化"和"理性化"现象。如同"上帝""上天"观念的人文转向一般,"天命""天道"(《尚书·汤诰》)也同样不再由巫觋文化时期那些通过"绝地天通"以垄断"交通上帝的大权"(杨向奎,M1962,第163页)的掌权者(祭司或国王)所独揽。

这一变化至迟在西周文化的发展过程中已有了明显的迹象。如同"天"成了具有调控世界之能力的"伦理位格"或"理性实在"(陈来,M1996,第9页),我们不妨说,"道"在早期儒家那里,也逐渐转变为一种普遍性的理性实在。唯有如此,我们才能理解为什么变"天下无道"为"天下有道"会成为孔子儒家思想的终极关怀。

比较而言,"理"在《孟子》一书中仅出现六次,主要有"理义"和"条理"两义,而"道"应当是早期儒家的一个核心观念。如"一阴一阳之谓道""率性之谓道""诚者,天之道;思诚者,人之道也"等,又如《易传》的三才之道:"立天之道""立地之道""立人之道"等,可谓不胜枚举。特别是孔子提出"**人能弘道,非道弘人**"以来,儒者普遍相信,道作为一种理性实在,已经与人的主体存在密不可分，而其价值和意义须由人的主体性才能彰显，因而道与人构成了一种连续体的关系，"道"并不是高悬于人类历史文化之外的只具形式意味的抽象存在。也正由此，我们才可理解荀子为何明确提出这样的重要论断："道者，非天之道，非地之道；人**之所以道也，君子之所道也**。"（《荀子·儒效篇》）这无疑凸显了人道的崇高地位，究极而言，天道与人道便可构成"合一"之连续体（余英时，M2014）。

宋代新儒学在重建"天道"或"天理"时，继承了孔子儒家的这一思想精神，但又有新的理论拓展，尤其是出现了"理"或"道"的实体化思想动向。天理实体化的思想动向至少在哲学上表明，宋代新儒学之所以为"新"的根本缘由就在于其已具有一种思想原创力。

我们先从二程的天理观说起。

二程说："上天之载，无声无臭，**其体**则谓之易，**其理**则谓之道，**其用**则谓之神，**其命**于人则谓之性，率性则谓之道，修道则谓之教。"（《程氏遗书》卷一）这里的"其体""其理""其用""其命"四种特殊说法，显然都是接着第一句"**上天之载，无声无臭**"而言，而此句是扣紧"天道"本身而来，因此，四句中出现的"易""道""神""性"不过是指向天道本身的各种名目。

牟宗三判定这四种名目其实"所指皆一**实体**也"（牟宗三，M1999，第 23 页）。这一论断是贴切的。此即说，天道即"实体"，甚至是终极实体。析而言之，此"实体"可以有种种"名相"，有"其体""其理""其用""其命"等作用表象，名相虽殊，所指则一，故合而言之，无非就是天道实体而已。由于天道实体具有"上天之载，无声无臭"之特征，故实体又具有超越性和普遍性。

从现实世界的角度看，由于"**在天为命，在人为性，论其所主为心，其实只是一个道**"（《程氏遗书》卷十八），"自理言之谓之天，自禀受言之谓之性，自存诸人言之谓之心"（同上书，卷二十二上），故天道天理必内在于人性或人心之中，从而超越的天道天理又具有内在性。如此一来，孟子所说的尽心知性知天、存心养性事天的"心—性—天"观念系统，借由天道天理的实体化而贯穿打通。故就实践哲学的角度看，必然会得出程颐引《中庸》的那两句命题："率性则谓之道，修道则谓之教。"天道成为"率性""修道"的工夫论基础。

也正由此，不仅在本体论上而且在实践意义上，心—性—天构成了一套严密的理论环节："**只心便是天，尽之便知性，知性便知天。**"（《程氏遗书》卷二上）这是因为在存在论上"**理与心一**"的缘故，可是"人不能会之为一"（同上书，卷五），所以导致各种分裂。从本来意义上说，天理的实体性表明，其存在的普遍性贯穿于物质世界和人伦世界。换言之，构成人、物、事等世界的根本依据就在于实体化的同一性的"理"。二程强调"**天下无实于理者**"（同上书卷三）的缘由也正在于此。

另一方面，由于"实理"是统一的宇宙实体，故二程提出"一人之心即天地之心，**一物之理即万物之理**"（《程氏遗书》卷二上）、"**理则天下只是一个理，故推之四海而准**"（同上）、"**物虽异而理本同**"（《程氏易说》卷三）等观点。这些观点都在强调理的普遍性和实体性。关键在于终极存在的普遍性必须由实体性来保证。例如"万物一理耳"（《程氏粹言》卷一）的"一理"以及"**实有是理，乃有是物**"（《程氏经说》卷八）的"实理"，便是对天理实体性的表述。正是由于理的终极实在性，故而又有"**道之外无物**"

(《程氏遗书》卷四)的著名论断。

以上是就本体界而言,若就伦理学领域看,二程提出的"仁体"观念其实正是指"宇宙的**统一性实体**"(陈来语)。陈来指出:"佛道二氏使得儒家的仁体论被逼显出来,也是仁体本身在理学时代的自我显现的一个缘由。"(陈来,M2014,第169页)这个论断是精当的。

当不同思想理论达到最高智慧处时,往往会显出相通性。例如,在"道体"问题上,程颐和朱子便对道教和佛教的某些说法有所肯定。程颐曾坦陈:"佛、庄之说,**大抵略见道体**"(《程氏遗书》卷十五);"庄生形容**道体**之语,尽有好处"(《程氏遗书》卷三)。朱子的类似说法更多:"庄子,不知他何所传授,却自**见得道体**。盖自孟子之后,荀卿诸公皆不能及。如说:'语道而非其序,非道也。'此等议论甚好。"(《朱子语类》卷十六)不过,令朱子想不明白的是,庄子何以有如此精妙之"议论",故他大胆推测庄子"亦须承接得孔门之徒,源流有自"(同上),方有可能。当然,程朱对佛老思想的根本旨归,一直持严厉批评的态度。

上面讲到朱子在诠释《太极图说》时,曾多次使用"本体"这一关键概念来诠释"太极",其实,与此同时,朱子还曾采用"**道体**"概念来进行创造性诠释。淳熙十五年,朱子与象山,围绕"无极而太极"问题发生了一场激辩。朱子再三强调"若论无极二字,乃是周子灼见**道体**",进而对《易传》"一阴一阳之谓道"作了这样的诠释:"正所以见一阴一阳虽属形器,然其所以一阴而一阳者,是乃**道体**之所为也。故语**道体**之至极,则谓之太极;语太极之流行,则谓之道。"(《朱子文集》卷三十六《答陆子静》第五书)在朱子看来,"本体"和"道体"属于异名同指,名虽异而义则同。质言之，朱子以"道体"贯穿"无极而太极"的整套义理系统，"《太极图》只是一个**实理**一以贯之"（《朱子语类》卷九十四）。因此，若不见"道体"或"实理"则根本无法真正理解《太极图说》所建构的宇宙本体论的思想意涵。

朱子在建构"四书"经典系统及理学体系之际，对于"实理"概念更有自觉的运用，明确提出了"天下之物，皆**实理**之所为"（《中庸章句》第二十五章）的观点。这是为了排斥佛老的虚无观，以凸显儒家对世界"实有"的肯定。例如朱子指出："儒者以理为不生不灭，释氏以神识为不生不灭。"（《朱子语类》卷一百二十六）

当然，朱子强调实理、实体的观念，不仅是为了抵御佛老在义理上对儒学的冲击，更是为了申明儒家自身的观念立场，并对二程"天下无实于理"的观念作进一步的推进。在朱子看来，"诚者实而已矣，天命云者**实理之原**也，性其在物之**实体**"（《中庸或问》）。又说："**实有是理**，故有是人。**实有是理**，故有是事。"（《朱子语类》卷六十四）"理一也，以其**实有**，故谓之诚；以其体言，则有仁义礼智之实。"（《朱子语类》卷六）朱子有关"实理""实体"的观念论述可谓俯拾皆是、不一而足，都旨在强调理为宇宙万物的终极实在。而朱子的下一段表述，可被视作宋代道学有关天理实体化论述的典范，特别是其中的"**至实**"和"**至有**"概念，正是指"**实理**"和"**实有**"：

> 天下之理，至虚之中，**有至实者存**；至无之中，**有至有者存**。夫理者，**寓于至有之中**，而不可以目击而指数也。然而举天下之事，莫不有理。（《朱子语类》卷十三）

可见，实理、实体、道体等属于本体论域的终极实在，故已超越了体用论的范畴，具有绝对普遍性。

对此，朱子的弟子黄榦有很好的说明："**道体之说**，此更宜讲究。谓但指隐而言者，岂所以为**道体之全**邪？体字不可以体用言。……所谓道体者，**无物不在**，**无时不然**，流行发用，无少间断。"（《宋元学案·勉斋学案》）黄榦用"道体之全"来揭示"道体"之"体"非"体用"意义上的"体"，而是隐微不显的绝对存在；同时，道体又无片刻的停顿，处在大用化生、流行发用的过程中。应当说，黄榦此论确有见地，也符合朱子思想以及道学传统中"惟道无对"以及天道流行"不间断"的立场。

总之，在宋代道学史上，出现了理的实体化思想动向，其理论企图在于将"理"推至形而上的高度，以论证"理"是贯穿于心性本体和宇宙本体的唯一实体，重建普遍的天理形上学。从理论效力看，天理实体化在于论证"理"在本体世界和现实世界中都具有一种"实有"而"遍在"的穿透力，犹如"物物具一太极"或万物"**自各全具一太极**"（《朱子语类》卷九十四）一般，从而使得天理论述出现了两个互相关联的面向：普遍而超越、超越而内在。这就推动了新儒学的理论建构方式，对于重建儒家价值体系、深化人世取向起到了积极助推的作用。

2. 良知即天理的实体化趋向

所谓良知实体化，与宋代的天理实体观和心性本体论有着密切的关联。

良知原本是一种道德意识，更是指"好善恶恶"的道德判断力以及是非善恶的"**自家标准**"（王阳明语）。因此，良知具有强烈的道德主体性色彩,即道德主体的善良本性或内在意识,甚至是一种以"自知自觉"为特征的"根源意识"(耿宁语)。

在"**本体工夫一元论**"或"**即本体即工夫**"的意义上,良知理论发展出"这里一觉,都自消融"(阳明语)以及"一念自反,即得本心""一念入微,归根反证"(王畿语)的修行语式的组合命题。这些说法都旨在强调:良知的存在方式和实践方式的内在统一,即"**良知见在**"的存在方式与"**当下呈现**"的实践方式是不可分裂的统一体。正是由于良知见在、当下流行,故必能在日用人伦的生活实践中当下呈现。

然而,倘若过分突出良知的道德主体性,过分强调"良知自知""他人莫知"的绝对性,就极有可能造成一种可怕的理论后果:这种唯我独尊的所谓主体性道德本体将拒绝任何外在的伦理规范对自我的行为约束,而唯自己内心中的"上帝"律令(内在良知)是从。如同阳明已经给出的命题:"个个人心有仲尼""心之良知是谓圣",一切只要听从心中"圣人"的命令即可,其结果便是唯我是从,导致极端的自我膨胀,不免产生欧洲哲学史上被称作"良知傲慢"的弊端,或者陷入晚明时期被人所指责的"情识而肆""玄虚而荡"(刘宗周语)等窠臼。

那么,上述流弊对阳明学而言,究竟是"**法病**"还是"**人病**"(牟宗三语),亦即这些流弊究竟根源于阳明心学的理论构造本身,还是发端于后人对阳明心学的误解和误用?此问题不易遽下断语,这里只能稍作提示,详情有待第九讲再作讨论。我们在此关注的是,阳明自己是否对此已有一定程度的预见,并在理论上提出良知客观性及超越性原则以防止主体性原则的自我下坠。

从理论上说,任何一种学说体系都不可能是静止封闭的,都有不断重新诠释和理论拓展的可能性,在此过程中也就难免发生诠释性谬误和导向性偏差。由"良知傲慢"而坠入"情识而肆",应当是一种"人病"的症结表象。由阳明学的良知理论来看,事实上,对于这类"人病",阳明已有预见和担忧:

> 某于"良知"之说,**从百死千难中得来**,非是容易见得到此。此本是学者**究竟话头**,可惜此理沦埋已久,学者苦于闻见障蔽,无入头处。不得已与人一口说尽,但恐学者得之容易,只把作一种**光景玩弄**,孤负此知耳。(钱德洪《刻文录叙说》)

此即阳明晚年向弟子门人的一番由衷之言。这里,"**但恐学者得之容易**"便是阳明深深的忧虑。他所担忧的是,有些学者一听到"究竟话头"的良知学说,便将"良知"两字当作"一种光景玩弄",却不知道"良知之说"其实是经过了一番切身的磨难和历练,"从百死千难中得来"的一种生命体悟,绝非"容易见得到此"的"究竟话头"。

这就告诉人们,良知是一种真实的存在,而不是如"树之倒影"一般的"影子"(即"光景");如果人们误将"影子"当作"树木"本身,那无论如何也不可能把握真实的"树木"。良知亦复如此,其有体而有用,"树木"犹"体","光景"犹"用",执用忘体,此便是"玩弄光景",终不知良知究为何物,此其一也;其二,良知作为一种究竟话头、最高智慧,必须落实在日常人伦实践过程中,而不能仅仅当作一种"话头"看待,更不能当作某种"知识"搬弄口舌、纷纷议论,而忘却切身体验的工夫实践,此亦是一种"玩弄光景"之弊。

阳明又将上述现象称为"只是知解上转",他采用佛教的一个典故,隐喻这类弊病犹如"**扑人逐块**",其结果是"见块扑人,则得人矣,见块逐块,于块奚得哉?"(《传》第167条后"钱德洪跋"所引)这说明良知不是"知解"意义上的知识——客观经验知识,而是必须通过"**反求诸己**"的切身工夫才能把握的德性之知——良知本己的真实存在(阳明称之为"真己")。也就是说,良知是一种德性知识,而非认知性知识。故而良知绝不是"知解可入"(同上)的。

更重要的是,"在良知上用功"必须首先"**信得良知**"(同上)——对良知存在树立起一种坚定的信念,这也是发自本心的一种自觉。也就是说,在致良知工夫时,要对良知本体树立起一种自信,而这种自信又非盲目或傲慢,必须是根源于内在良知的自觉,是良知真己对自我意识的一种直接的当下体认。

那么,良知究竟是一种怎样的"存在"?它是否仅仅内在于人心中的个体性道德意识?换言之,良知能否由内在而上达"超越"?良知"**人人之所同具**"(《传》第155条)的普遍性是否可以证成良知的超越性?就结论言,阳明汲取了广义宋明理学的天理实体化的观念,经由良知本体实体化的论述,以求消解良知主体性有可能导致人心膨胀("情识而肆")或自我下坠("玄虚而荡")的隐忧。

我们以"**良知即天理**"这一命题为例,来看阳明是如何得出上述结论的。

良知作为心性本体是阳明学的题中应有之义,然而良知能否成为如"天理"一般的实体化超越性存在,却是阳明晚年集中关注的一大问题。如果说良知是实体化的天理存在,那么,良知就不仅仅是"人人之所同具"或"人心之所同然"(孟子语)落在平铺的认知层次上的普遍性，更是一种提升至超越层面的形上存在，进而获得超越意义上的普遍性。

我们来看几段阳明的论述。

首先是阳明在逝世前一年（1527）写给马子莘的书信中所说的一句话。他在引用程颢的"理学宣言"——"吾学虽有所受，然'天理'二字却是自家体认出来"之后，立即将"天理"一词纳入自己的良知理论，指出：

> 1. **良知即是天理**。体认者，实有诸己之谓耳。（《王阳明全集》卷六《与马子莘》）

第二句是阳明在提出"致良知"三年之后（1523）所说的一段话：

> 2. 夫心之本体，即天理也。**天理之昭明灵觉，所谓良知也**。（《王阳明全集》卷五《答舒国用》）

这里的第一句"**心之本体，即天理也**"，是阳明的常套语，早在《传习录》上卷就已出现。倒是"天理之昭明灵觉"值得注意，阳明在此后的嘉靖五年（1526）所作《答欧阳崇一》书信中又强调过一次：

> 3. 良知是天理之昭明灵觉处，**故良知即是天理**。（《传》第169条）

"昭明灵觉"作为阳明学术语，特指良知乃具有光明德性及灵妙知觉之双重特性的存在，又称"虚灵明觉"（这是对朱子《大学章句》用"虚灵不昧"诠释"明德"之心的改造），而这样的特性根源于天理，故有"天理之昭明灵觉处"之说。既然良知是天理，据此，亦可说良知是天道，或者直接地说"天即良知"或"良知即天"也无妨。例如阳明晚年屡屡强调：

4. 夫**良知即是道**。良知之在人心，不但圣贤，虽常人亦无不如此。若无有物欲牵蔽，但循着良知发用流行将去，即无不是道。（《传》第 165 条）

5. **道即是良知**。良知原是完完全全，是的还他是，非的还他非，是非只依着他，更无有不是处。这良知还是你的明师。（《传》第 265 条）

6. 先生曰："'先天而天弗违'，**天即良知**也；'后天而奉天时'，**良知即天**也。"（《传》第 287 条）

7. 天道之运，无一息之或停；吾心良知之运，亦无一息之或停。**良知即天道**，谓之"亦"，则犹二之矣。（《王阳明全集》卷七《惜阴说》）

以上所引阳明的七段语录，大意是完全一致的。

不过，针对"良知即天理"命题，此前有一个解释认为，这是阳明将客观外在的原则义或原理义的"天理"内在化、主体化，消融于人心意识之中，主张由良知道德意识才能照见"天理"的规范意义（吴汝均，J2000）。这个解释或有一得之见，至少在阳明良知学的批判者的眼里，是说明了阳明将理学意义上的"天理"观作了"良知"化的主观解释。

然而，只要我们将上述七段语录当作一套观念体系来考察，就不难发现阳明"良知即天理"着重于凸显良知天理化的普遍客观义。从语言形式看，"良知即天理""天理即良知"或者"良知即天""天即天理"，似乎是同义反复，彼此可以循坏解释、互相界定，然而阳明另有深意。

事实上，如同"心即理"命题一般，即便说"理即心"，对阳明而言，亦同样成立。所以关键在于，这一命题并不意味着"理"的心理化、意识化，而在于强调道德性的心之本体直接就是"理"本身。同样，"良知即天理"的重点也在这个"即"字，它并非关系结构意义上的相即不离之义或二元存在的结合之义，而是两种实在的直接同一之义。

由此，在上述第七条语录中，阳明再一次强调：我们只能说"良知即天道"，而不能说"良知亦天道"，因为"亦"字已然将良知与天道作了"二元论"的预设。对阳明而言，这一预设是朱子学的惯用思路，依阳明之思路，便会感叹："此说之蔽久矣，岂一语所能悟！"（《传》第3条）

在固守朱子理学立场的学者看来，阳明的"良知即天理"命题企图将良知实体化，而人心道德意识又何以能"实体化"？这其实是犯了概念倒置的根本谬误。因为在事物界，我们根本无法找到任何实体性的"良知"存在的客观事实。

举例来说，与阳明同时代的朱子学后劲人物罗钦顺（1465—1547）在与阳明门人欧阳德的论辩中，尖锐地指出：从天理的角度看，恐怕难以将良知当作"**实体看**"。如果良知是一个"**实体**"的话，那么，良知与"道、德、性、天"等实体无异；如果将良知认作天理的话，那么，既然天理是遍在于天地万物之中的实体存在，难道良知也存在于天地万物之中吗？罗钦顺进而追问：天地万物何其众多，不必一一列举，就以"草木金石"为例，难道其中也有良知实体吗？

以上只是撮其大意言之，原文恕不烦引，不过有一段话不得不引，因为其中的"实体"一词最值得关注：

> 但以理言，即恐良知难作**实体**看。果认为**实体**，即与道、德、性、天字无异。若曰"知此良知"，**是成何等说话耶**？（《困知记》附录《答欧阳少司成崇一·又》）

毫无疑问，罗钦顺针对的便是阳明"良知即天理"命题。他觉得不可思议的是，作为客观实在的天理怎么突然变成了良知存在？若按此说，岂不将人心意识的良知抬到了天道、天德、天性、天理一般的高度，简直是"成何等说话"？这从一个侧面可以反证："良知即天理"无疑是将良知"实体"化了。

所以，阳明才大胆断言："**我的灵明，便是天地鬼神的主宰**。天没有我的灵明，谁去仰他高？地没有我的灵明，谁去俯他深？鬼神没有我的灵明，谁去辩他吉凶灾祥？天地鬼神万物离却我的灵明，便没有天地鬼神万物了。"（《传》第336条）可见，何止是罗钦顺所列举的"草木金石"，甚至是"天地鬼神万物"等宇宙一切存在，倘若没有"我的灵明"（即"良知"的同义词）便都不存在。关于"不存在"三字背后的哲学意涵，我们在第五讲第二节讲"**南镇观花**"时已经说过。需点出的是，阳明在此强调的其实正是良知实体化的观点，主张良知实体遍在于宇宙万物，构成其形上依据和终极原因。

关于良知实体化的观点,阳明还说过:"**良知是造化的精灵,这些精灵,生天生地,成鬼成帝,皆从此出,真是与物无对**。"(《传》第 261 条)这个"与物无对"意味着无对待的绝对超越。须注意的是,超越性的实体存在并不能真正地生出天地鬼神,因此"生"字只宜作形上学的理解,意谓良知实体是天地鬼神之所以存在的形上依据,并以其德性成全万物,或呈现天地鬼神的存在意义。

回到罗钦顺与欧阳德的论辩。由于欧阳德方面书信的缺失,我们无法知晓他对罗钦顺有关"实体"问题的挑战作何回应,倒是阳明的一位再传弟子、对佛学颇有精研的王时槐注意到这场论辩,他为阳明进行了辩护。他指出罗钦顺所依据的其实是朱子学的那套思路:知觉运动是形下之气,仁义礼智是形上之理;进而"援此以辟良知之说",但却"不知所谓良知者,正指仁义礼智之知,而非知觉运动之知,**是性灵而非情识也。故良知即是天理,原无二也**"(《友庆堂合稿》卷四《三益轩会语》)。在王时槐的理解中,"良知即天理"并不是在二元论的预设下,将两者打并为一,或者将天理作良知化、心性化的转向;而是良知与天理在本体论上"原无二也"的直接同一。

以上是从本体论角度,透过"良知即天理"命题,对良知实体化的理解。然良知本体另有工夫的重要面向。若从工夫视域看,如何透过良知道德意识以呈现天理的规范性意义,则是一值得重视的问题。正如本节开首所述,由良知见在、流行发用进而当下呈现,以反证良知本体的超越性。由此可以说,良知天理化也意味着天理内在化和主体化,然而其间有本体与工夫的向度需要甄别,而不可混而不分。

综上所述,阳明学的良知首先指德性意义上的心性本体或道德主体，是从主体方面对事物、行为做出价值判断的道德能力，这一道德判断能力具有良知自知、良知自觉的内在性特征，并为道德主体在当下得以呈现其自身价值和意义提供本体论的依据。

然而，由早期"良知者心之本体"或"心之本体即天理也"发展到晚期的"良知即天理"或"良知即天""天即良知"等，显示出阳明良知学的一个重要转向（只是论述角度的转变而非思想主旨的倒转）。在本体论上，借由天理实体以证良知亦属实体性存在，从而使良知成为道德的心性本体——它不仅具有"人皆有之"的普遍性，更具有宇宙万物终极实在的超越性。在工夫论上，借由良知见在、发用流行而必然当下呈现的论证，突出表明天理的规范性意义亦可经由内在的良知本体得以彰显，由此，良知主体便被赋予客观的理性实体的品格。这正是阳明强调"良知即天理""天理即良知"的理论企图之所在，也是其理论效力之展示。

三　朱子学的理气宇宙观

上面说到，朱子借由对周敦颐《太极图说》的哲学诠释，将宇宙生成论意味浓厚的宇宙观扭转至本体宇宙论，同时又借助理学特有的"本体""道体"等形上实体的观念，来重建道学宇宙论。

在探讨"实理、实体、实有"等问题时，我们看到朱子的特殊理论贡献。他通过对二程道学的继承和发挥，进一步扩大了新儒学在宇宙本体问题领域的知识版图，真正在哲学上建构起一套道学的宇宙论述。但是，这套理论也给后人留下了巨大的诠释空间，产生了一些值得深思的问题。例如"理气二元论"，一方面极富朱子学的理论特色，另一方面也引发后人的质疑乃至批判。

1. 理在气先与理在气中

朱子以"理"来解决宇宙本源的问题,建立起宇宙本体的理论系统,但朱子的宇宙论是以"理气论"为主要构架的,因为宇宙存在光凭"理"是建构不起来的,还需要"气"作为其存在的要素或基础。因此,从结构论的角度看,宇宙万物必然由理和气所构成,缺一不可。

理气宇宙论对于朱子哲学而言非常重要。朱子在己丑"中和之悟"以后,便开始着手《太极图说》的诠释工作,这充分说明,他要通过对《太极图说》的诠释来重构理学意义上的本体宇宙论,在哲学上建构起"本体""道体"等概念体系。

但问题是,既然理是形而上者,气是形而下者(这是上面屡次提到的朱子观点),两者同时作为宇宙万物的基本要素,那么,在宇宙最为原初的状态,究竟是先有理还是先有气呢?假设在宇宙没有形成之前,已经先有理的存在了,那么,是否可以说理产生出气来呢?我们还可以追问:一个抽象的毫无具体内容的形式概念"理"何以能产生出风姿多彩的大千世界呢?于是,朱子哲学就产生了理气先后问题以及"理生气"何以可能的问题。

我们先来重温前面已引用过的一段材料:

> 天地之间,有理有气。**理也者,形而上之道也**,生物之本也;**气也者,形而下之器也**,生物之具也。是以人物之生,必禀此理然后有性;必禀此气然后有形。(《朱子文集》卷五十八《答黄道夫》第一书)

首先,"天地之间,有理有气",这是就现实世界言,任何事物都不能没有理和气,这个世界仿佛就是一个理气共同体。接着,话题一转,朱子分别对"理"和"气"做出了规定:理是形上之道,气是形下之器,两者分别是"生物之本"和"生物之具",这是从哲学的抽象原理的角度来讲的。为宇宙万物奠定本体论的基础,是哲学上的一般要求。所以说理是形上者,而且是一切事物的"根本";气是形下者,是一切事物的"载体"(这里不妨用"载体"来解释"具")。第三句则是叙述宇宙生成的过程,即在"人物之生"的过程中,人和物分别"禀受"此理此气,分别形成"有性""有形"的事实:理赋予人物以"性",气赋予人物以"形"。这里的"性"是一个中性词,不含价值义,是指一切事物各自具备的"本性"或"属性",如同人有人之性、牛有牛之性、马有马之性一般,属于一种"类"概念,可用以区别不同类事物。通过这三句话,朱子描绘出了一幅宇宙图像,也构建起了他的理气宇宙论。

但是,朱子却不断遭到弟子们的质疑。在多达一百四十卷的《朱子语类》中,开首两卷便被定为"理气上"和"理气下",第一卷开篇便有:

> 问:"昨谓未有天地之先,毕竟是先有理,如何?"曰:"**未有天地之先,毕竟也只是理**,有此理便有此天地,若无此理便亦无天地,无人无物,都无该载了。**有理便有气**,流行发育万物。"(《朱子语类》卷一)

这是朱子对弟子质疑的一个断然回答,理路清楚,意思明白:如果没有了"理",那么,就没有天地、没有人,也没有物,一切都将不存在。这就是朱子理气论的著名命题"理在气先"。

我们再来看一段问答：

> 或问："理在先气在后？"曰："**理与气本无先后之可言，但推上去**时，却如理在先气在后相似。"（《朱子语类》卷一）

仍然是理气先后的问题，但朱子这次的回答却不太一样。他先是说："理与气本无先后之可言。"仿佛在说，理气先后根本不是一个问题，不能用"先后"来界定理与气的关系。言外之意是，理气是浑然一体的。这个说法明显跟上面那句"未有天地之先，毕竟也只是理"自相矛盾，那么，朱子是一时犯混了吗？

显然不是！朱子在这个问题上，如果犯这样的低级错误，反而是不可想象的。我们必须注意后面一句"但推上去时"，既然有"推上去"的说法，那么也就应当有"推下去"（当然这不是朱子的用语）的说法，换言之，"理与气本无先后可言"其实是指"推上去时"之后的状态而言的。什么状态呢？也就是事物已然形成的现实状态。其中"本无"的"本"字即指本然如是的状态。

至此我们终于明白：朱子是说，从事物已然形成的本然状态而言，理与气已经没有先后之可言了。也就是说：有此理必有此物，有此物必有此理，理气已不可分了。因为我们无法设想在一个理气共同体当中，存在一种只有理而没有气或者只有气而没有理的事物。

既然如此，那他为何又要肯定地说"未有天地之先，毕竟也只是理"呢？他强调的"但推上去时"，我们应该怎么看？答案是"理在先，气在后"。在朱子看来，这一"理先气后"的形而上学的原则立场不能松动，所以他说："然理形而上者，气形而下者。自形而上下言,岂无先后!"

质言之,朱子的思路是:从宇宙结构论的角度来说,理气本无先后之可言,因为两者已经构成了一个"统一体";若从宇宙本体论——形而上的角度来说,毕竟是先有理而后有气。我们再看一段问答,或许会更清楚朱子的意思:

> 或问:"必有是理,然后有是气,如何?"曰:"**此本无先后之可言**。然必欲**推其所从来**,则须说先有是理。然理又非别为一物,即存乎是气之中;无是气,则是理亦无**挂搭**处。"

这里的意思跟上一段问答几乎完全一致,特别是"推其所从来"的措辞方法虽跟"推上去时"不一样,但意思却无异。这是朱子的思维习惯也是其语言习惯。他非常注意判断问题或阐述观点的角度,从不同的角度将得出不同的结论,思维极为缜密。

不过,上面引文的最后一句也值得注意,朱子用"挂搭"一词来形容理气关系,指出气是理的"挂搭处"。显然,这是就现实世界而言的——理在气中,表明理与气已处于密不可分的状态。只是就终极而言,气是理的一种载体,故理气毕竟为二物。这也是朱子为何坚定地主张"所谓**理与气,此决是二物**"(《朱子文集》卷四十六《答刘叔文》)的缘由所在。正是这个"决是二物"的理气二元论观点,引起后世特别是明清学者的纷纷质疑乃至严厉批判。

2. "理生气"何以可能?

假设我们认同朱子的观点,即"理先气后"和"理在气中"同时成立,前者是就形上而言,后者是就形下而说,那么,这个形上之理何以能生出形下之气？此即"理生气"的问题，这是其一。其二，天地万物还未形成之前就已存在的那个"形上之理"在天地万物毁坏之后（一种大胆的假设），是否依然"存在"？此即理的永恒性问题以及我们应当如何面对"世界末日"（有点像"末世论"，但不是宗教意义上的）的问题。我们先来看朱子是怎么回答第二个问题的：

> 且如万一山河大地都陷了，毕竟理却只在这里。

> 问："自开辟以来，至今未万年，不知已前如何？"曰："已前亦须如此一番明白来。"又问："天地会坏否？"曰："不会坏。只是相将人无道极了，便一齐打合，混沌一番，**人物都尽，又重新起**。"（《朱子语类》卷一）

这两条语录，讲的是同一个问题，后一条的记述更为完备。朱子跟弟子讨论一个问题："万一"这个世界崩坏了，"理"将会怎样？问题的由来是：既然理是形上的、超越的，那么，按理说，这个形上之理将永恒存在而不会消失；但是假设天地万物包括我们人类社会有朝一日彻底消失的话，那可如何是好？

朱子的回答很巧妙，主要讲了两点。首先，从原理上说，物质世界是不会消失不见的，而是永远存在的，所以说"不会坏"；其次，只有在一种极端特殊的情况下——即人道丧尽（这是现实世界中，例如改朝换代之际，在中国历史上不断上演的事实），天地万物的气数也许会消亡，但也不必杞人忧天，只要"理"还在，这个世界终究会从头再来一遍。这个回答充分表明，朱子理学是一种理性主义哲学。它不会赞同任何宗教意义上的"末世论",而是对"理"充满了一种信念或信仰,因为理就是终极实体,永恒而超越。

我们再回到"理生气"的问题。表面看,这是一个简单的逻辑推论,既然"理在气先",那就意味着作为物质实在的气在时间上必然后于理而产生。反过来说,理可以生出气来,况且《太极图说》一上来就是"无极而太极,太极动而生阳"。由于太极是理而阴阳是气,由此推论,便自会得出"理生气"的结论。然而细想会发现:理不是任何一种"东西",它怎么可能生出一个具体的"东西"呢?这岂不违反常识吗?

清代中期的反理学急先锋戴震便抓住"理生气"这一点不放,他指出:朱子在解释《太极图说》"无极而太极,太极动而生阳"时,竟然"释之云:'太极生阴阳,理生气也'。"(《孟子字义疏证》,第22页)戴震感叹:"求太极于阴阳之所由生,岂孔子之言乎!"(同上)意思是说,阴阳"所由生"的原因被归结为太极,这一"理生气"的观点完全违背了孔子作《易》的宗旨(按指《易传》"易有太极,是生两仪"),简直是一派胡言。

戴震的质难,我们且放一放。蹊跷的是,"理生气"三个字竟然不见载于《朱子语类》《朱子文集》以及《四书集注》等现存常见的朱子文献当中,这引起了当代学者的考据兴趣,陈来在1983年写了一篇简短的考证文章,才最终解决了这个问题(陈来,J1983)。这条资料最早见诸南宋末年刻本《元公周先生濂溪集》:

> 太极生阴阳,**理生气也**。阴阳既生,则太极在其中,理复在气之内也。(《元公周先生濂溪集》卷二,第22页)

这段话的记录者不明,后被《性理大全》《周子全书》所引,然出处不详。现在可以明确的是,戴震使用的应当是明初刻本《性理大全》,其中确有"理生气"的记录。

但问题是,《性理大全》所引的朱子原话的原始出处究竟何在?就结论言,根据吕柟《朱子抄释》的记载,该条资料应该出自朱子弟子杨与立编辑的《朱子语略》,而杨与立所录皆在朱子63岁时,故应为朱子晚年的思想(陈来,J1983;陈来,M1988,第21页)。由于我们目前使用的流行本——即黎靖德汇编的《朱子语类》,并没有参考杨与立此书,所以刊落了"理生气"这句话。好在此书已有下落,现存于温州市图书馆,另有一部藏于台湾的图书馆,为明弘治四年(1491)重刻本,原刻本应当不晚于淳祐四年(1244)(胡适,J1961)。

既然出处已经找到,可知戴震没有捏造事实,"理生气"确是朱子亲口说的话。那么,我们应当如何理解呢?一个处在"净洁空阔底世界"中一无所有的、既"无形迹"也"不会造作"的、"无情意、无计度"(《朱子语类》卷一)看似冷冰冰、毫无生气的"理",怎么会"生"出一个妙用无穷的活生生的"气"来呢?然后再由这个气"酝酿凝聚生物"(同上)呢?这不仅是戴震百思不得其解的地方,也是后世不少儒者在批判朱子理气论时抓住不放的要害问题——太极本体如何能从一无所有的世界当中生出芸芸众生的大千世界?

言归正传。

"理生气"应当是朱子对"太极动而生阳"的一个解释,只是朱子为了避免误会,通常不这么直接地说,而是委婉地说,例如"气虽是理之所生,然既生出,则理管他不得"(《朱子语类》卷四),

"动而生阳,静而生阴,说一'生'字便是见其**自太极来**。……无极而太极,言**无能生有也**"(《朱子语类》卷九十四)。这些说法其实都在强调理在气先,所谓"无能生有"也只是一种虚拟性的描述,而非实说,并不是如上帝从无中创造一切实有那般。

若从宇宙生成论的角度看,太极作为"元气",它本身具有活动功能,由动而生阳,静而生阴,一动一静、循环往复、周而复始、万物化生;但是,朱子《太极解义》的目的在于将宇宙生成论扭转至宇宙本体论的轨道上来,故必须把太极释为理,才能为宇宙万物奠定一个终极实在的基础,相应地,气作为形而下者,只是"自太极来"。正是在这个意义上,气"是理之所生"或"无能生有"。

于是,问题又来了。理作为一种终极实在,乃是超越经验界的形上存在,故其本身无所谓动也无所谓静。因为"动静者,时也",属于一种经验现象界的时间概念,而作为本体存在的理则是绝对"至静"(意谓对动静的超越)的,所以朱子才说出上面引述的内容——其中典型的就是:"无情意、无计度、无造作"。

既然如此,那么"理生气"的"生"字,究作何解呢?若作宇宙生成论来解释,显然不符合朱子的理气论构造。其实,对于古人的遣词用字,我们有时需要领会其言外之意,有时需要注意其所用的字词是"虚指"还是"实指"。事实上,朱子在这里使用的"生"字,便是"虚指"而非"实指"。此"生"字并非指实际地"生"出某种东西,犹如鸡生蛋或母生子一般;而是在"推其所从来"的意义上,由于理在气先,故而气由理生。具体而言,我们可从三方面来理解:

第一,"形而上学"说。抽象而言,朱子所谓"理生气",意在强调气是由理"形而上"地"生"出来的。此即说,"理生气"是一本体论命题，其强调的就是"理在气先"的观点而已，并没有任何其他的意思。关于这一点，刘述先早已点明："故'理生气'只是虚生，'气生物'才是实生，两个'生'字断不可混为一谈。"（刘述先，M1995，第644页）不过，若按朱子自己的一个分疏，这叫作"**抬起说**"或"**从实理处说**"。这是什么意思呢？

朱子"理生气"之说所针对的本是两条材料：周敦颐的"太极动而生阳"以及《易传》"易有太极，是生两仪"。就前者言，朱子认为这是"和阴阳滚说"，意谓太极动而生阳，静而生阴，"盖太极即在阴阳里"。至于《易传》之说，"便抬起说"，是"先从实理处说。若论其**生则俱生**，太极依旧在阴阳里，但言**其次序**，须有这实理，方始有阴阳也。其理则一。虽然，自见在事物而观之，则阴阳函太极，**推其本**，则太极生阴阳"（《朱子语类》卷七十五）。这里强调的"抬起说""实理处说""言其次序"以及"推其本"等措辞虽异，其意则同，都是形而上学地说。至此，"理生气"之真实意涵已豁然开朗，即"理先气后"。

第二，"体用一源"说。我们还可以运用"体用论"的框架进行说明。按汤用彤对魏晋玄学"体用论"的分析，"玄学盖为本体论而汉学则为宇宙论或宇宙构成论"，玄学主张"**体用一如**，用者依**真体**而起，故体外无用。体者非于用后别为一物，故亦可言**用外无体**"，而汉儒则主张万物由"元气"而生，元气被设定为一种永存的"**实物**"，故就汉儒的宇宙论而言，"万物未形之前，元气已存；万物全毁之后，元气不灭。如此，则似万有之外、之后别有**实体**。如依此而言体用，则体用分为两截"，所以汉儒喜用《老子》"有生于无"之说以证其宇宙论；但是，"**玄理之所谓生，乃体用关系，而非谓此物生彼（如母生子等）**"（汤用彤，M2010，第48—49页）。这一体用论的分析工具可借用过来，以分析朱子"理生气"命题。

理与气，正如同体与用的关系。依照"体用一源，显微无间"（程颐语）这一理学体用观，作为"用"者之"气"必依"理"而起，正与汤用彤所谓"**用者依真体而起**"相吻合。毫无疑问，程颐"体用一源"论深深印在朱子的意识中，故其必能熟练地使用体用论的框架来重建理气论。至此，我们可以得出一个结论："理生气"是指气依理之体而起，由此而推，"理生气"盖谓理为气之体，绝非"此物生彼（如母生子等）"的意思。这应当是对朱子"理生气"说的一项善解。

第三，"生生不息"说。 无论是"太极动而生阳"还是"是生两仪"或者"理生气"，其中的"生"都可以作"虚指"解，而非指实际地"生"。然而换个角度看，此"生"字亦可作"天地之大德曰生"的正面义来理解，亦即上述朱子所言"生则俱生"之意，是太极本体的内在规定，也是生生不息之理的必然表现。这是朱子哲学的一个重要理论创见。

朱子晚年在解释"太极生两仪"问题时曾指出："太极如一木生上，分而为枝干，又分而生花生叶，生生不穷。到得成果子，里面又有**生生不穷之理**，生将出去，又是**无限个太极，更无停息**。"即便到开花结果之时，也只是"少歇，不是止"，故《周易》所谓"艮止"，也应当理解为"是生息之意"（《朱子语类》卷七十五）。这段比喻性的描述，非常生动地阐发了太极与生生的关系。在朱子看来，"生生不穷之理"乃是太极本体的本有属性，也是"太极生两仪"的根据所在。

根据朱子的这个思想，太极自有一种"**生将出去**"的源源不断的动力，唯其如此，它才会在"见在事物"（朱子语）中表现出"**物**

物一太极"的普遍性，又在"人伦世界"中表现出"极好至善"的价值义。因为归根结底，"太极之有动静"的生生不息，乃是由于"天命之流行"（《太极图说解》）——"天理流出"或"天理流行"，是人物之生等一切存在之所以有价值和意义的根源，而且是"天地人物万善至好的表德"（《朱子语类》卷九十四）。

最后我们看一下阳明学。尽管阳明学并没有所谓"理生气"之说，但是对"太极动而生阳"的问题，阳明也有重要见解，或可从另一角度帮助我们理解朱子学的"理生气"。阳明曾在回答弟子应如何理解"太极动而生阳，静而生阴"的问题时指出，这是"太极生生之理，**妙用无息**，而**常体不易**"的意思。也就是说，太极本身是一种"生生之理"，故其生阴阳是依理而生，此谓"妙用无息"；另一方面，太极之体的"理"本身却是"常体不易"的。阳明说：

> 太极之**生生**，即阴阳之生生。就其生生之中，指其**妙用无息**者而谓之动，谓之阳之生，**非谓动而后生阳也**；就其生生之中，指其**常体不易**者而谓之静，谓之阴之生，**非谓静而后生阴也**。（以上见《传》第 157 条）

这段话是说，其一，太极本体之生生已内含阴阳之生生，不是在太极之外，另有所谓动静运动成为阴阳生生的动力因；其二，在生生过程中，太极本体自有"妙用无息者"，此即所谓"动"；其三，太极又是"常体不易者"，此即所谓"静"，故太极生生之理并不意味着有所动静——如"动而后生阳""静而后生阴"一般，而是由太极本体自身所决定。借用"体用一源"的说法，此即"依体而起"，这里的"体"与"起"分别指阳明所谓的"常体不易者"与"妙用无息者"，两者均内含于太极本体中，是太极本体的一体之两面。

阳明进而指出：假设将太极生生单纯理解为"静而后生阴，动而后生阳"，那必然导致"阴阳动静截然各自为一物矣"（同上）的荒唐结论。要之，太极作为本体不能用时间概念的动静来加以规定，然而一切阴阳动静之现象却又依理而起，此谓**动静一理**也"；这是由于太极本体的"妙用无息"和"常体不易"所决定的，又叫作"**一理隐显**而为动静"（同上）。故太极动静可用"一理隐显"来表述，一理之隐即为"常体"，一理之显即为"妙用"。"体"者不变，故为永恒；"用"者显体，故为妙用。

尽管阳明对朱子学的本体宇宙论或理气二元论没有直接的讨论，因其理论关怀并不在此，然而由上所见，我们可以断定阳明在太极动静以及太极本体等问题上也有深刻的洞见。他用"妙用无息""常体不易"以及"动静一理""一理隐显"这两对概念，深刻阐发了太极本体论意义上的生生思想，而这一思想也适用于良知本体论，颇值重视。

3. 不离不杂：理气二元论

前文谈到"太极即理"时，曾经提示过"不离不杂"是朱子理气观最富理论特色的一项论述，甚至可以说，"不离不杂"凸显出了朱子宇宙观的理气二元论思想特色。

但是"不离"与"不杂"须分而言之，二者是从不同角度来讲的，前者属于形下的宇宙结构论的角度，后者属于形上的宇宙本体论的角度。从宇宙结构的角度看，理气已经处在一个"不离"的状态，有此理必有此气，有此气也必有此理；从宇宙本体的角度看，理是理，气是气，两者截然"为二物"而"不杂"。

严格来说,理气二元是就现实世界而言,若就本体世界来看,则是理一本论,理是"不杂"乎气的绝对存在。于是,我们可以说,朱子的宇宙论就本体而言,是以理为宇宙本体的一本;就构造而言,是以理气为二元的构造要素,由此形成了理气二元论的理论特色。

刘述先对朱子哲学究竟是一元论抑或二元论的问题有所探讨,他得出的结论是:"由形上构成的角度看,朱熹是二元论,由功能实践的角度看,朱熹是一元论;两方面融为一体,才能够把握到朱熹思想的全貌。"(刘述先,J1991)这个看法似不符合朱子"不离不杂"的思想宗旨。

如果遵照朱子的本意,"不杂"必是指形上而言,理气"绝是二物",故理是一本,而不可言二元;"不离"必是指形下而言,理气"二物浑沦",故可言二元不分。至于"功能实践的角度",其实是就理气落实在心性上或事物上,要求做统一的把握,始可言一元。然就宇宙论来看,本无所谓"功能实践"而只有"形而上下"之分。

我们来看朱子的具体表述:

> 此所谓无极而太极也,所以动而阳、静而阴之本体也。然非有以离乎阴阳也,即阴阳而指其本体,不杂乎阴阳而为言耳。(《太极解义》)

这是对"不离不杂"的一个典型表述。所谓"不离",是指太极本体"不离"阴阳,指"太极动而生阳"之后的现实世界构造,其中理气已然不能分开;若就阴阳而"指其本体"来看,则本体"不杂"乎阴阳,盖指太极本体不能混同阴阳而言。朱子又说:

> 所谓理与气，此**决是二物**。但**在物上看**，则**二物浑沦**，不可分开各在一处，然不害二物之各为一物也。若**在理上看**，则虽未有物而已有物之理，然亦**但有其理而已，未尝实有是物**也。(《朱子文集》卷四十六《答刘叔文》)

一般以为，这里的第一句"决是二物"，是朱子宇宙二元论的经典出处。其实这句话是从概念名义的角度，指明了理是理、气是气，二者不可混同的事实。第二句是一个特殊的视角，"但在物上看"，即从宇宙构造的角度看，"则二物浑沦"，已然不能"分开各在一处"，即便如此，"然不害二物之各为一物也"，理依然是理，气依然是气，此即所谓二元。第三句则是从本体的角度看——"**若在理上看**"，那么，理在气先，整个宇宙处在"但有其理而已"的"洁净空阔"的世界之中，其中"未尝实有是物"而只有理的存在，此即所谓一本。故而"不离不杂"说，恰好凸显了朱子宇宙观在本体上坚持理为一本，而在现实世界的角度却坚持理气二元论。

朱子的这个观点与其"理一分殊"论颇有相近之处。"理一"者，就是"在理上看"，而"分殊"者，就是"在物上看"。当然，严格而言，分殊更有多元之意，而非单纯的二元对立。若以"二元"来理解"不杂"，必是强调在世界现实构造中，理气仍然"不害二物之各为一物"的观点，尽管理气落在现实的构造中，已构成了"二物浑沦"——"不离"的现实状态。

由此看来，"不离不杂"主要是指向宇宙构造的角度而讲的，"太极"落在"阴阳"的世界构造中，形成了理气各自为一物的二元论。这也是朱子再三强调"如太极虽**不离乎**阴阳，而亦**不杂乎**阴阳"(《朱子语类》卷六十二)的缘由所在了。从现实世界看，理气各自构成事物的要素,而处在二元的构造之中。然在本体论上,两者又"决是二物",这就强调了理为一本的观点。

如果从"功能实践"的角度看,正如朱子所说:"**理离气不得。而今讲学用心着力,却是用这气去寻个道理。**"(《朱子语类》卷四)这是从为学工夫的角度,强调由气寻理的工夫路径,与朱子为学重视由"下学"而"上达"的立场是一致的,但论述的重点已经不再是理气关系了。

归结而言,理气二元论是就现实世界而言,而非从本体世界来讲的。朱子重视的是,在现实世界的构造当中,理气关系究竟应如何把握的问题。他用"不离不杂"来高度概括理气在世界中的关系,强调在现实世界中理气分别以对方为自身存在的必要条件,但两者同时又具有"决为二物"的本质属性。在这个意义上,朱子在理气二元论的宇宙观格局下,又坚持了理一本论的立场。

四 阳明心学与气学的思想异动

有一种看法认为,宋明理学史上存在着"气学"的传统,与"理学"和"心学"构成分庭抗礼的三分格局。这显然是一种属于"后见之明"的学术史研究的预设。倘若我们深入理学家或心学家的理论构造的内部,便会发现有关"气"的问题思考,绝非所谓"气学"家的专利,有不少经典论述或核心观点,早在朱子学或阳明学的思想系统中被揭示了出来。由朱子学的理气二元论造成的理论紧张,为明清学者重新审视抽象之理与实在之气的关系,提供了重要的思想契机,其中还隐伏着一条反朱子学的理论思路。

那么,相比于朱子学,阳明学在气学问题上有何新的见解或理论突破呢？前已提到，与朱子学不同，阳明学主要关注的是"世界"问题而不是"宇宙"问题。因此，对于宇宙理气论的问题，阳明学并没有显示出足够的理论热情。但是，这并不意味着阳明学对气的问题漠不关心，相反，气的问题常常以"隐秘"的方式——或作为"背景"，或作为"陪衬"——存在于阳明学的叙述框架内，当然在为数不多的地方，也有直截了当的阐述，它们显示出与朱子学的视角同异交错或迥然有别的特色。

1. 一气流通与良知学宇宙观

阳明良知学的系统内存在着一个隐秘的思路："一气流通"。如果说阳明学对宇宙问题有何思考，则可以用此四字来加以归纳。"一气流通"是阳明学的一个宇宙论预设。事实上，就气构成了宇宙万物的存在基础而言，无论是张载、朱子抑或阳明，几乎都不会有任何异议。只是由"一气流通"来论证"万物一体"，并从"万物一体"当中找出"人心一点灵明"的阿基米德点，则是阳明学的一项理论贡献。

试看阳明的一段论述：

> 人的良知就是草木瓦石的良知，若草木瓦石无人的良知，不可以为草木瓦石矣。岂惟草木瓦石为然？天地无人的良知，亦不可为天地矣。盖**天地万物与人原是一体**，其发窍之最精处，是**人心一点灵明**。风雨露雷、日月星辰、禽兽草木、山川土石，与人原只一体。故五谷禽兽之类，皆可以养人；药石之类，皆可以疗疾。只为**同此一气，故能相通**耳。（《传》第 274 条）

阳明学关于"世界"的一个重要观点是,欲将良知奠定为世界一切存在的基础。而在这套论述当中,"同此一气,故能相通"作为一项不言自明的理论前提被揭示了出来。其中隐含的思路是:作为良知的"人心一点灵明"与"天地万物"之所以是**一体**之存在,原因在于人的良知与天地万物都是"同此一气"的,构成了互相感通的一体同在的有机连续体。

很显然,在阳明的论述过程中,"气"不是一个直接讨论的对象,而是被当作思想"背景",至于"气"的存在论问题则被阳明故意隐去,未作任何正面的论述。他只是揭示了"风雨露雷、日月星辰、禽兽草木、山川土石,**与人原只一体**"的存在事实,而未在理论上作进一步的论证。所以我们并不清楚阳明在理气问题上,对理气二元论或气一元论到底持何种态度,他似乎更愿接受中国哲学大传统中的"盈天地皆气也"的自然主义宇宙观。然而,这种不证自明的所谓自然主义宇宙论的知识版图必须经过"良知"的改写,才能成立,换言之,如何使这个世界的存在变得有意义,将最终取决于良知而不是气质本身。故"心者,天地万物之主"(《王阳明全集》卷六《答季明德》)才是阳明学宇宙观的基本预设。在这个意义上,我们不妨称其为一种良知学宇宙观。

在另一处,为论述良知乃是整个宇宙存在的中心,阳明提出了与上述论述非常相似的观点:"天地鬼神万物离却我的灵明,便没有天地鬼神万物了。我的灵明离却天地鬼神万物,亦没有我的灵明。如此便是**一气流通**的,如何与他间隔得!"(《传》第336条)这里的"一气流通"与上述"同此一气"意思完全一致。可见,"一气流通"同样被当作宇宙存在的一个基本事实,但阳明同时又坚持良知一点灵明是整个宇宙存在的核心。

在通常意义上，阳明良知学的论述被理解为：天地鬼神万物等一切外在的客观存在，如果没有主体存在的人心良知，就将变得毫无意义和价值。换言之，阳明所探讨的不是存在第一性属于物质还是精神这类存在论问题，而是揭示出人类的精神是使这个世界存在变得有意义的唯一根据。也正由此，我们应当更加珍惜和爱护人的精神与天地万物共同构成的这个意义世界。用阳明学的术语来讲，这就是"天地万物一体之仁"的意义世界（吴震，J2017a）。

问题在于：在万物一体思想的论述框架中，"一气流通"的说法具有怎样的概念地位？事实上，阳明将此作为一项宇宙论事实，而显然没有将此作为一项宇宙论议题，企图建构某种新的宇宙论述。也就是说，在阳明看来，宇宙存在的一个事实便是由"一气流通"构成的有机连续体，人心一点灵明的良知或仁体都须以"一气流通"作为中介，而与天地万物构成一体同在的关联，以展现一切存在的价值和意义。

因此，在阳明心学看来，这个"世界"既不是冰冷而无生气的只是作为理据而存在的"理世界"，也不是单纯作为物质存在基础的充满气动灵活的"气世界"，而是理气融为一体的、以人心良知为核心价值的意义世界、伦理世界。由此出发，审视人伦世界时，阳明学便可摆脱理气二元的宇宙论构架，将"气"直接置入心性论域中来定位，并提出了**"气即是性"**的命题。

2. "生之谓性"的意义重估

在中国人性论史上，先秦时代的孟子与告子之间的论辩非常著名，他们围绕告子"生之谓性"的命题，展开了激烈的论辩。在宋代道学的判教设准之下，告子无疑成了儒家的"异端"，遭到彻底的"清算"(尽管程颢可能是一个例外,这里不赘)。然而在阳明的时代,"生之谓性"说却出现了翻案的迹象,其发端者便是王阳明。他说:

> "生之谓性","生"字即是"气"字,犹言气即是性也。气即是性,"人生而静以上不容说",才说气即是性,即已落在一边,不是性之本原矣。孟子"性善"是从本原上说。然性善之端,须在气上始见得,若无气亦无可见矣。恻隐、羞恶、辞让、是非即是气,程子谓"论性不论气不备,论气不论性不明",亦是为学者各认一边,只得如此说。若见得自性明白时,**气即是性,性即是气**,原无性气之可分也。(《传》第150条)

阳明从现实的人性构成论角度,断定"原无性气之可分",从而得出"气即是性"的结论。但是阳明同时也承认这个说法不是就"性之本原"而言的。若就"本原上说",那么,孟子"性善"说便是,相对而言,告子"生之谓性"只是就"气"的层面来说的。重要的是,"然性善之端,**须在气上始见得,若无气亦无可见矣**",而且孟子并没有忽视"气"的重要性,"四端之心"其实指的都是"气"。

对于阳明的这个说法,其弟子邹守益有进一步的发挥:"先师有曰:'恻隐之心,气质之性也。'正与孟子'**形色天性**'同旨。……除却气质,何处求天地之性?"(《邹氏学脉》卷一《东廓先生要语》)这里将阳明的表述归纳为"恻隐之心,气质之性",应该是源自上引《传习录》第150条而来,所谓"除却气质,何处求天地之性",也是基于"若无气亦无可见"而来。其中,邹守益有一个说法值得注意,即他将阳明的观点与孟子"**形色,天性也**"(《孟子·尽心上》)相提并论,为阳明"气即是性"的命题寻找儒家经典的合法性依据。

顺便指出,在"气即是性"思想的影响之下,阳明后学的思想发展过程中,告子"生之谓性"的意义被重估,孟子"形色天性"的命题被重提,它们与对"气学"的重新关注合为一种思潮(吴震,M2005)。但这里有必要对道学家是如何解释"形色天性"的问题略作交代,为后面的讨论提供一个思想背景。最为典型的解释,当然非朱子莫属。

在朱子看来,孟子的"形色,天性也"有点难解,"若要解,煞用添言语"(《朱子语类》卷五十九),这种"添字诠释法"其实是朱子经典诠释的惯用手法。如他认为程颢所言"'生之谓性',性即气,气即性,生之谓也"(《程氏遗书》卷一)也非常难解,需要添一个字,此说始能讲得通,即"**生之理谓性**"(《朱子语类》卷五十九),这样才是逻辑周延的讲法。同样,关于"形色天性",也必须这样解释:"人之有形有色,**无不各有自然之理,所谓天性也**。"(《四书章句集注》,第360页)

再回到王阳明。阳明在别处谈到"生之谓性"问题时,曾经引用过孟子的这个说法,根据他的判断:"孟子亦曰'形色,天性也',**这也是指气说**。"阳明进而提出"**气亦性也,性亦气也**"(《传》第242条)的命题。只是如何理解这句命题,则必须"认得头脑是当",所谓"头脑",即"良知"的替换词。即便如此,阳明同时也强调:"然良知亦只是这口说,这身行,岂能外得气,别有个去行去说?"(同上)意思是说,致良知也不能抽离于"气"之外。于是,我们得出一个推论:良知作为一种基本的德性存在,亦须落实在"气"的层面上才有实际的可操作性。

关于阳明所谓的"气亦性也,性亦气也"或"气即是性"的命题,我们绝不可误会为阳明主张性与气直接同一或性之本体的良知与气质直接同一,我们同样也不能误以为阳明主张作为内含道德价值和规范义的良知本体须有赖于气而存在。

相反,阳明多次强调"人之气质"是一种内含"清浊粹驳"(《传》第99条)等差异性的存在;而人的良知却是"本来自明"的,只是由于"气质不美者,查滓多,障蔽厚","不易开明",故而有必要作一番致良知的工夫,以使"此良知便自莹彻"(《传》第164条)。由此可见,在气是一种差异性原则这一关键问题上,阳明可谓与朱子学达成了基本一致。

但是,"气即是性"观点的提出、"生之谓性"的意义重估以及"形色天性"说的显题化,却在晚明时代引发了连锁的思想反应,例如历来被道学家视作仅具负面义的生、气、形、色等概念,被认为很有可能具有通向道德的正面义。道德与气质的关系问题也进入人们的视野,随着思想的转进或议题的拓展,明清之际竟出现了"情善"说、"气善"说等在道学传统中不可想象的新奇论调,对儒家的性善传统形成了理论冲击。

3. 气质何以通向道德?

我们先从阳明后学说起。对阳明学的诠释最富原创力的阳明大弟子王畿指出:"孟子论性,亦不能离气质。**盖性是心之生理,离了气质,即无性可名。**天地之性乃气质之精华,岂可与气质之性相对而言?"(《王畿集》卷一《抚州拟岘台会语》)意思是说,孟子性善论绝不像宋代道学家所理解的那样,是按照由"理善"论"性善"

（参见第五讲）的思路来的，事实上，孟子并没有也不可能忽略气质问题。

在王畿看来，"生"的问题很重要，在人性中具有根源意义。其所谓"性是**心之生理**"的"生理"一词，盖指"生生不息之理"的意思，源自二程"生之性便是仁也"（《程氏遗书》卷十八），也是阳明所强调的一个概念，落实在"心"上讲，系指良知心体具有"生生不息之理"的根本特质。另一方面，由于性之"生理"的催动须由"气质"作为中介，因而没有气质的话，也就无所谓"性"的存在。

王畿认为，朱子学人性二元论所预设的"天地之性"其实是"气质之性"当中的"精华"，并不构成"与气质之性相对而言"的二元对立，故有必要从根本上消解朱子学的人性二元论的预设，以凸显气质之性的基础性意义。王畿又有"**告子亦不可谓非力量**"之说。对此，其友人唐顺之称赞道："此吾兄有见之言也。"（《荆川先生文集》卷六《答王龙溪郎中》）两人一唱一和，仿佛出现了一种重估告子的声音。

上面提到的邹守益在反对朱子学人性二元论的问题上，与王畿站在同一条战线上，断然提出了"**天性与气质，更无二件**"（《邹氏学脉》卷一《东廓先生要语》）的主张。被后人并称为"二溪"之一的罗汝芳（王畿号龙溪，罗汝芳号近溪，故有此称）在"生之谓性"和"形色天性"的问题上，表现出高度的理论热情，提出了一套丰富的"生生"理论，在广义阳明学的历史上，可谓异军突起，这里仅举一例以概其余。他说：

今且道"生"之为言，在古先谓："太上其德好生""天地之大德曰生""生生之谓易",而"乾则大生,坤则广生""人之生也直","生"则何嫌于言哉?至孟子自道,则曰:"日夜所息,雨露之养,岂无萌蘖之生?乐则生矣,生则恶可已?"是皆**以生言性**也。……"目之于色,口之于味,性也,有命焉",是亦以**食色言性**也。岂**生之为言**,在古则可道,在今则不可道耶?生与食色,在己则可以语性,在人则不可以语性耶?要之,"食色"一句不差,而差在仁义分内外,故辨亦止辨其义外,而未辨其谓食色也。若**夫生之一言,则又告子最为透悟处,孟子心亦喜之**而犹恐其未彻也。(《一贯编·孟子上》,第320页)

从程颢、阳明、王畿的"生理"说,到罗汝芳的"以生言性"说,我们似乎可以理出一条新思路:罗汝芳所欲建构的已不再是生生不息意义上的宇宙论或生成论,而是人物之生命本源的生生本体论,以"生"为一切存在的本体(此非形上意义的本体,而是指根源意义的本体)。

顺便提一下,与王畿在思想上总是唱反调的聂豹,却早于罗汝芳而明确指出:"告子'性无善无不善'、'生之谓性'之说,已见**本体**一斑。"相比之下,"孟子性善之论,已是指性之欲而言也。"(《双江聂先生文集》卷十一《答董明建》)此处"本体"一词,是指"生"的本体化,正是由"生"的本体出发,才会得出"性无善无不善"的结论。这里涉及阳明学"四句教"的首句"无善无恶心之体"应当如何诠释的问题,至于聂豹的具体论证则不赘。

罗汝芳的一位友人、大学问家焦竑也注意到孟子的"形色天性"说,他评论道:"形、性岂二物哉?知形之非形,则**形色即天性**耳。"

(《焦氏笔乘·续集》卷一《读孟子》）他甚至指出："世儒类以信言果行为躬行之君子，而实非也。……**悟形色即天性，斯孔子所谓躬行者也**。"（同上书，卷一《读论语》）这是说，儒家传统中的"躬行君子"，须以真正了解"形色即天性"为前提条件。可见，不仅在王畿的周围，而且在罗汝芳的周围，重估告子或直接肯定"形色天性"的声音正汇聚成一股声浪，逐渐向"后16世纪"的晚明思想界慢慢扩散。

这里我们以一位阳明学的圈外人物为例，来说明这种扩散现象的逐渐演变，最终竟导致对孟子性善说构成理论冲击的"情善"说。17世纪初，一位福建士人也是著名的劝善思想家颜茂猷，对告子"食色，性也"（《孟子·告子上》）这一向来颇受非议的观点有正面的积极肯定，认为"食色"是人的基本情感表现，而人性是不能脱离"情"而言的，提出了"凡言性者，**必验诸情**"以及"虽习后而**情之善**自在"（《云起集·说铃》）的"情善"论主张。

如此一来，便触及一个根本问题："然则，孟子何以道性善？"即孟子的性善说如何成立的问题。对此，颜茂猷的回答很微妙："毕竟有个善在，**孟子道不出**。非道不出，只是见于他处，人自不省耳。"（同上）那么，这个"孟子道不出"的"见于他处"的所谓"性善"究竟在哪里呢？他认为这个"性善"不能从本质主义的人性论里面去寻找，而只能在人生以后的人情当中去发现，因为在他看来，"**性不离情**""只此人情，便是天理""**圣学者，人情而已矣**"（《云起集·四书讲宗》）。与重视人情的立场一致，他也非常看重"气质之性"，认为气质就是"**太极之精**""天地之性即行于气质之中"（同上），反对朱子学历来以为天地之性为善而气质之性则有可能趋恶的观点。

颜茂猷对"食色""气质"的正面肯定是其推导出"情善"说的重要理路。于是,我们就不难发现,原来,他的一系列有关人性人情的新主张,其实都与明代中期以来重估告子的风气有关,也与重新评定"形色天性"说属于同一股思潮的表现(吴震,M2015b)。但是,颜茂猷的思想在总体上表现出与心学思想颇为不同的趣向,他的劝善理论竭力主张一个观点:**行善由我抉择,幸福交由上帝**。这体现出晚明思想已发生宗教化的转向,在心性本体之外或之上另有"第三者"存在,充当人世间的审判官,早期中国"对越上帝""事天敬天"的传统在道德自律主义思潮流行之后的"后16世纪"得以重新激活(吴震,M2009c)。

至于清初的王夫之则与晚明心学渐行渐远,其思想旨趣表现为:归宗张载、重建道学、批判心学。不过,有研究表明,他对气质问题的看法不同于朱子学的理气二元格局。王夫之认为理就是气之理,而不能独立于气之外或之上,他在有关"理"的理解方面发生了"**去实体化**"的转向,走向气质之性的人性一元论,从而提出了"**气善**"说(陈来,M2004b,第135页)。这与颜茂猷提出的"情善"说理路不同,但也应该视作晚明重视气质等思想风气的一种流变或延续。由此我们或可说,在正面肯定气质这一关键问题上,颜茂猷与王夫之两人的思想属于"闭门造车,出门合辙"的偶发现象。

值得省思的是,由对气质的肯定,何以证成人性必善?换言之,一个人行善的道德抉择,究竟是出于气质的灵妙作用,还是根源于人的道德本心或天命之性的发动?这是主张"情善"或"气善"者不得不回应的问题。事实上,无论是主张"情善"抑或"气善"者,他们的主要思路是:性善必须落在"情善"或"气善"上方能呈现自身，光凭"天命之性"这类抽象玄妙的本体存在是无法令人信服地说明善从何来的根源性问题。这一思路的关节点在于：任何形而上学的人性论预设都是一种悬空的虚设，都是对气质、形色这类源自"天性"（此处"性"字被理解为"生"字义）的基本存在的一种冷酷的蔑视和傲慢的否定。

于是，气质何以导向道德的根源性问题被扭转至道德脱离气质何以可能的现实性问题，由气质以见道德之说亦被扭转为气质足以为道德奠基的观点。这些转向在明清之际一些儒者反思理学和心学的过程中逐渐蔓延开来，最终出现了"阴阳五行，**道之实体**也；血气心知，**性之实体**也"（戴震语）的大胆论断。这是晚明以来"去实体化"思潮所达至的一个最终结论，无疑构成对宋明理学的思想颠覆。不过须留意的是，在"去实体化"的主张背后，主张者并不反对"实体"概念本身，只是将"实体"诉诸"阴阳五行""血气心知"之类的物质实体，而反对任何抽象设定的观念实体——如朱子学或阳明学意义上的"实理"或"良知"。

至此可见，朱子学和阳明学发展到晚明清初的社会转型时期，不得不面临被质疑、被批判的命运，心学与气学两股思想力量的异动预示着宋明新儒学的思想危机即将爆发，特别是在经历了"由王返朱"的思潮激荡以及文史传统的重建运动之后，整个清代的知识界不得不接受新一轮"思想突破"之变局的到来。

第七讲　儒家仁学的本体与价值的重建

在宋代新儒学兴起之初,道学家面临着许许多多的理论问题,除了理气心性等基本理论需要重建以外,还有一项重要的课题须认真应对,此即自孔子便已揭示出来的儒学之所以成为儒学的标志性议题:"仁"。

尽管在《论语》一书中,孔子有关"仁"的思想阐发最具原创性,且达到106处之多,但是孔子却从未对"仁"是什么做出明确的定义。孔子只是通过指点,告诉人们怎样做才是"仁"的体现,表明"仁"既是人之所以为人的概念,更是实践哲学的问题。故朱子以为孔子言仁大多是"指示"语(《朱子语类》卷五十九),当有以也。然而在陆象山看来,"**夫子以仁发明斯道,其言浑无罅缝。孟子十字打开**,**更无隐遁**。"(《陆九渊集》卷三十四《语录上》)这个说法几乎是将孔孟儒学直视同仁学。故对宋明新儒学而言,从古典儒家仁学的"指示"语当中,如何开拓新的诠释空间,重新揭示儒家仁学的丰富义理,将是复兴儒学的一大课题,也是新儒学之所以为新儒学的关键所在。

近年来,中国学术界出现了仁学研究的热潮。自牟钟鉴《新仁学构想》出版之后,又有陈来《仁学本体论》这一造论之作的问世,"立意以仁本体回应李泽厚的情本体"(陈来,M2014),预示着中国哲学如何"重新出场"(李泽厚语)的问题已然扑面而来。黄俊杰《东亚儒家仁学史论》则从思想史的角度,就东亚儒学史上的仁学问题进行了全面的学术梳理,亦值得注目。

在我们看来,宋代道学意义上的仁学重建,有两个主要的理论目标:作为德性存在的仁,既有本体论的面相,又有价值论的向度;既有"生生之谓仁"的宇宙论面相,又有内含道德判断的价值论意涵。朱子仁学"四句"以及阳明"天地万物一体之仁"的思想,便是指向作为本体与价值双重意义的新仁学的建构。

一　二程仁学的本体论建构

道学建构者二程曾经感叹:"**仁至难言**""**仁道难名**"(《程氏遗书》卷二上、卷三)。程门三传李侗亦坦言:"**仁字极难讲说**",这是因为在他看来,"《论语》一部只是说与门弟子求仁之方"(《延平答问》),而并没有就何谓"仁"作任何定义性的描述。

朱子友人张栻在完成《洙泗言仁录》的整理工作之后,竟感慨"仁"字不仅"难看",而且"为仁"更难(《南轩文集》卷十四《洙泗言仁序》)。朱子也不止一次表达了"**仁字最难形容**"(《朱子语类》卷六十一)的感想,他甚至断言"大抵二先生(按指二程)之前,**学者全不知有仁字**"(《朱子文集》)卷三十一《答张敬夫》第六书)。可见,仁学是一个重要而棘手的理论问题。

1. 仁性爱情与以生言仁

其实,孔子在《论语》中所表示的"子曰爱人"和《孟子》所说的"仁者爱人",被后世学者一致认为是对"仁"字的一项定义。

汉儒董仲舒更以"博爱"言仁,韩愈则有"**博爱之谓仁**"一说,然而,朱子却认为"'之谓'便是把博爱做仁了",这就与孔子仁学"终不同"(《朱子语类》卷二十)。

在朱子看来,博爱固是仁的一种精神表现,但两者之间并不是定义关系,不能以博爱来定义"仁"。换言之,在名义问题上,爱与仁不构成界定的关系,爱只能是对仁的一种状态描述语。从概念层次上,有必要对"爱"与"仁"做出明确的区分。

严于概念辨析及论证,是二程创见道学的一大理论特色,故在二程(包括后来的朱子)的审视下,"仁,性也;爱,情也"(《程氏粹言·论道篇》)——简称"**仁性爱情**"说。"仁"与"爱"俨然分属两个完全不同层次的概念,因此"岂可专以爱为仁?"(《程氏遗书》卷十八)这一概念辨析对于儒家仁学的重建无疑具有基础性的理论意义。

也正由此,故在朱子看来,汉儒虽长于文字训诂,然于思想义理却不免隔了一层,导致概念混乱,此即所谓不察"**性情之辨**"。他说:"由汉以来,以爱言仁之弊,正为不察性、情之辨,而遂以情为性尔。"(《朱子文集》卷三十二《答张敬夫·又论仁说》)这正是道学理论重建之际须首先克服的基本错谬。

很清楚,程颐运用的是体用论思维原则,认为仁是性,爱是情,而性为体,情为用;既然仁是性之体,便不能以情之用来加以界定。然而,若欲从概念史上寻找旁证,则须直接面对孟子所说的"恻隐之心,仁也"的命题。程颐坦陈,正是由于孟子的这句话,"后人遂以爱为仁",因为"恻隐之心"显然是"爱"的一种表现。

按程颐的分析,孟子之所以"言恻隐为仁",是由于"前已言'恻隐之心,仁之端也'",而既然说"端",此"端"字便大有讲究。按其字面义,"端"者,有发端之义。既如此,则发端者必不能指"体"而言,只能意味着体之发用。对此,须严加分判。故程颐断定:"既曰仁之端,则不可便谓之仁。"(《程氏遗书》卷十八)后来,朱子更是直截了当地将"端"字定义为:"端者情也",应当是继承程颐思想而来。

程颐对"仁"字有一个正面的肯定,即备受朱子推崇的"心如谷种"说:"心譬如谷种,**生之性便是仁也**。"(《程氏遗书》卷十八)朱子认为这是程颐对"仁之名义"所下的定义之一,即"仁者,**生之性也**"(《朱子文集》卷三十二《答张敬夫·又论仁说》)。相对而言,程颐的"公者所以体仁"一说,则是就工夫立论,指"用力之方"(同上)。

那么,何以用"生之性"来定义"仁"呢?由"心如谷种"的比喻性说法可以推知,这里的"生"源自《易传》"生生之德",盖指天地之大德曰"生"。宇宙万物之所以各有其"本性",盖源此"生"而来,我们人类自身的"本性"也受惠于"生生之德"。犹如"谷种"必具有生生的基本能力一样,天赋予人以某种本性的过程便是"生",反之,从人的角度而言,便是人禀受于天而获得本性。在程颐看来,此本性便是"仁"。我们不妨称之为**以生言仁**说。

须注意的是,程颐并不认同告子的"生之谓性"说。因为告子所谓的"生"只是指气禀而言,而气禀只构成自然生命的气质之性,不足以涵盖人性之本质,我们不能以此错认人的基本德性如天地之性亦来源于气禀。质言之,程颐所认同的"生"非宇宙论意义上的"生成"义,而是心性论意义上的"根源"义,此"根源"义指向天人关系,指天人之间存在一种"赋予"(天赋予人)或"禀受"(人禀受于天)的关系。程颐说:

> **心,生道也**,有是心,斯具是形以生。**恻隐之心,人之生道**也,虽桀、跖不能无是以生,但戕贼之以灭天耳。(《程氏遗书》卷二十一下)

这是我们理解程颐"仁者,生之性也"命题的关键。

此处"心,生道也"如说"心者生道也",意谓天地之心乃生生不息之道也,故不能连读作"心生道也",这是须首先说明的。按程颐,"生道"乃一种普遍形式,是万物得以形成("具是形以生")的依据。由此可推知,"有是心"当是指"天之生道",相对而言,另有"人之生道"。"人之生道"是取决于"恻隐之心"而有。这里的恻隐之心其实特指"仁心",由于仁心作为基本德性是人人所同具,故即便如桀、跖一般的极恶之人,也不能"无是以生"。这就表明,天道与人道都存在"生生"的必然性和普遍性。

不过,程颐的上述语句之间仍有一些义理关节不易解,故引起朱子及其门人的关注:

> 伊川云:"心,生道也。"方云:"生道者,是**本然也,所以生者也**。"曰:"是**人为天地之心意**。"又曰:"**生亦是生生之意**。盖有是恻隐心,则有是形。"(《朱子语类》卷九十五)

这是朱子与弟子杨方的对话,记录时间大致在乾道六年庚寅(1170),正是朱子与湖湘学派展开"仁说之辩"的时期,也是朱子酝酿撰述《仁说》的时期。根据杨方的理解,程颐所谓"心,生道也"的动词"生"是指天道"本然"的过程,"生道"是"所以生者"的意思,换言之,道是生生的依据。朱子对此基本表示认同。

但朱子又有明确的解释。他认为第一,"生道"指"人为天地之心"的意思。此"**天地之心**"原是一个易学术语,后被朱子纳入《仁说》一文,表明这一概念在朱子重建仁说过程中十分重要。第二,朱子断定程颐所说的"生"乃易学的"**生生之意**",即"天地之大德曰生",并不是自然生命的气禀之意;而程颐所谓"有是心"特指"恻隐之心",即仁心,并非一般知觉之心。由此"恻隐之心",故说"人之生道也",意味着人的生命形体根源于基本德性(仁心)之生生而有。

朱子对程颐"生道"说有直接的解释,讲得更为明确:

> "心,生道也。"心乃生之道。"恻隐之心,人之生道也",乃是**得天之心以生。生物便是天之心**。(《朱子语类》卷九十五)

据此,所谓人道与天道各自的"生道"被打通为一,"生道"就是"得天之心以生"之意。至于"天之心",依朱子,即"生物便是天之心"。这一说法被朱子《仁说》提炼成"天地以生物为心者也"一句,进言之,此"**天地之心**"一言以蔽之,"则曰仁而已矣"(《朱子文集》卷六十七《仁说》)。

显然,朱子的仁说思想有取于程颐的"以生言仁"的"生道"说,已是不容置疑的事实。不仅如此,这一"生生之意"的"生道"观最终成为宋明新儒学共享的一种思想资源,产生了持续的影响,构成了宋明新儒学的思想基调,尤为明代心学家以及所谓的气学家所重视。

当然,仅以"谷种"为喻,指出"生之性便是仁"这一事实,并以此来命名"仁",难以穷尽"仁"字的丰富意涵,而程颐有关"生"的理论阐发似不如其兄程颢对"生生"问题更加关切。不过我们亦应看到,程颐的仁学思想的理论贡献在于,提出了"以生言仁"所依据的"生道"观念。这是值得肯定的。

2. 仁道、仁理、仁体

根据"仁是体而爱是用"的思维模式,可顺利推出一个结论:仁作为性之本体,应属于"道"一般的存在。由此,我们就不难理解程颐在提出"生道"观的同时,为何特别强调"仁道""仁理"等观点:

> 仁即道也,百善之首也。苟能学道,则仁在其中矣。(《程氏遗书》卷二十二上)
>
> 仁者,天下之正理也。失正理,则无序而不和。(《程氏粹言·论道篇》)

"道"或"理"在宋明道学的语境中,本来是指本体存在而言,如同"天道"或"天理"的说法,都是指向至高的形上存在。然而,"仁"只是四种基本德性"仁义礼智"之一,尽管居于"百善之首"的地位,但毕竟属于伦理学领域的概念,何以与本体论领域的天道、天理相提并论、互相界定呢?

很显然,在程颐,仁即性之本体,既然可以说"性即理",那么,仁体便可与道体直接同一,在此意义上,说"仁即道"亦无妨。同样,即便将"仁者,天下之正理"归约为"仁即理",亦与"性即理"的思路并行不悖。其中的义理奥秘,程门弟子谢良佐有深刻体会，他说得更直截了当："仁者，天之理，非杜撰也。"（《上蔡语录》卷上）对于程颐的"仁理"说作了充分的肯定。

然而，从概念名相须严分的角度看，"道是形而上者"（《程氏遗书》卷十五），"仁者性也"（《程氏遗书》卷十八），仁与道各有概念名相，不可混同。但是，借由"性即理也"的论证，在性与道可以直接同一的前提下，原本属于伦理德性的仁心亦可在形上意义上，与"道"或"理"构成根源性的直接联系。而这种联系又须借由"生生不息"的观念来加以论证，表明"仁"作为一种"恻隐之心"——具有道德义的感通之心——是上天赋予人以某种本性的枢纽，或是人禀受于天以获得某种本质的关节所在。换言之，天人之间的双向互动取决于"生生"的过程。正是在此意义上，程颐提出"仁，生之性也"的命题，表明"生"是构成人性的关键。

但是，天道生生不息（如"一阴一阳之谓道"一般）何以证明"仁即道也"，却是关涉宇宙论向心性论转型的关键，也是二程道学超越周敦颐、张载等人以宇宙论为核心的理论建构，转而注重心性论之重建的根本缘由。照实说，"仁即道"是一种"合而言之"的说法，若分而言之，"**仁固是道，道却是总名**"（《程氏遗书》卷十五）。程颐对此抱有自觉的意识，体现出他严于概念分疏的思想特色。

朱子早年在跟随李侗期间，便注意到程颐"仁即理"说的问题。他理解为："仁是心之正理，能发能用底二个端绪。"对此，李侗深表赞成："此说推扩得甚好。"不过，李侗进一步指出："**仁只是理，初无彼此之辨。当理而无私心，即仁矣。**"（《延平答问》"辛巳二月二十四日书"）这就明确了"仁即理"成立的缘由。他采用了一个反证法："当理而无私心，即仁矣"，由此证明仁与理"初无彼此之辨"。这类论证方法,有点类似于王阳明以"心外无理"的遮诠法来论证"心即理"。

由上可见,道(或"理")作为最高的理性本体,而仁作为最高的道德原理,两者本无"彼此之分",在这个意义上,"仁即理"可与"性即理"相提并论,属于本体领域的命题。

与程颐略有不同,程颢更重视"仁体"概念,在道学史上首次提出了"学者识得**仁体**"(《程氏遗书》卷二上)的"仁体"说。作为道德原理的"仁"在程颢那里发生了本体化的转向,对道学思想发展产生了深刻的影响。他在《识仁篇》中提出了"仁者,**浑然与物同体**,义礼智信皆仁也"的重要主张,并且以孟子"万物皆备于我"为据,认为"与物同体"之仁,正可打破"以己合彼"的观点。程颢又盛赞张载《西铭》"乃备言此体"(同上),所谓"此体"即指"仁体",具有仁者境界义,指心性主体的最高精神境界。

程颢在别处也明确指出:"《订顽》一篇,意极完备,**乃仁之体也**。"(《程氏遗书》卷二上)此"体"字涵指"同体"或"一体",又可称作"全体"。所以说,"仁者全体";"仁,体也"(同上)。这里的"体"不可能是载体义或体认义,而应当是本体义、一体义,并由此通向境界义。

正是在仁是全体的意义上,才可说"仁义礼智信五者,性也。**仁者全体**,四者四支"(同上)。要之,在程颢,"仁体"说强调仁是内在于人的本体存在,这与其"仁道"概念的意思一致:"盖不知**仁道**之在己也,知仁道之在己而由之,乃仁也。"(《程氏外书》卷三)可见,"仁即道"是二程共享的道学观念,只是程颢据此发展出了一套"万物一体"论,需要格外关注。

二 万物一体与以公言仁

程颢极为欣赏张载的《西铭》，以为此篇"乃备言此体"，充分揭示了《识仁篇》所言"浑然与物同体"的"仁体"之意涵。这与《西铭》借助"以乾为父，以坤为母"的拟人化描述以阐发"万物一体"的思想精神是吻合的。

按朱子《西铭解义》的说法，张载《西铭》深刻揭示了《礼记》"天下一家，中国一人"的"万物一体"之精神。其实，张载《正蒙·大心篇》所讲的"大其心，则能体天下之物"，亦与程颢《识仁篇》的万物一体说是相通的，都是从小我出发，通过扩充"其心"以达到大我的境界，从而视天下万物与我是同体的存在。

不过，在新儒学思想史上，明确揭示"万物一体"说并对此说又发扬光大者则分别是程颢和王阳明。阳明从心学立场出发，提出了"天地万物一体之仁"的命题；程朱一系的理学传统，在仁学问题上，除了"仁性爱情"说以外，还有"以公言仁"说，更关注仁学的"公共性"问题，也非常值得探讨。

1. 万物一体

对程颢而言，仁既是一种本体存在，如同"与物无对"的道体一般，是遍在一切的绝对存在，与此同时，仁体又是一种境界，表现为"与物同体"，故有"**仁者以天地万物为一体**"（《程氏遗书》卷二上）之说，即是说"与物同体"是一种仁者气象或仁者境界。达此境界者便已超越了"以己合彼"的对立，而与"万物"构成一体之存在。

与程颐严分概念之含义而强调"仁性爱情"说的思路略有不

同，程颢更强调仁的两层意义：浑然一体的仁者境界义以及"与物无对"的仁道本体义。更重要者，在程颢看来，由仁者之境界可以展现仁体之实义。换言之，仁体之实义不是抽离于"实有诸己"这一工夫实践之外的概念设定，而是要真实地体认存在于人心的"仁体"（即"仁道"）方能呈现的。

程颢"仁说"还强调仁体的感通义，认为仁体能够打通人己物我的区隔。例如他喜欢用医学上的"手足痿痹为不仁"为喻，认为"此言最善名状"（《程氏遗书》卷二上）——意思是说，这个说法用来描述仁的感通义最为贴切。因为"痿痹"意味着全身脉络阻隔不通，恰是"感通"的反义。由仁的感通义，程颢又强调仁的生生义，他说：

> "天地之大德曰生"。……**万物之生意最可观**，此"元者善之长也"，斯所谓仁也。**人与天地一物也**，而人特自小之，何耶？（《程氏遗书》卷十一）

什么叫作"仁"？在程颢看来，唯有从"天地之大德曰生"这一儒学**生生本体论**之立场出发，透过对"**万物之生意**"的深切了解，才可把握"仁"的真谛。为什么呢？这是因为"人与天地"原是一体同在的，但个体的人往往容易忽视这一点，从而导致自我矮化。倘若对"人与天地一物也"和"万物之生意最可观"获得了深切实在的认同感，那么，便不会怀疑万物与我原为一体之存在的道理。因为，万物一体原是本然如此的存在事实，而且是仁体存在的自我展现。

归结而言，程颢将仁置于体、道、理的本体论视域，突出仁作为"仁体"的**本体义、境界义、感通义、生生义**等意义,与程颐的**仁是性、仁即道、仁即理**等论点一样,在理论上极大地发展了儒家仁学思想,赋予仁以本体和境界的普遍意义。既然仁即道、仁是理、生之性谓仁,那么仁就超越人性论域而进入本体论域。仁体既是心性本体,也是理性本体,标志着儒家的仁学理论发展到了一个新阶段,为后来朱子仁学思想奠定了基础。

然而朱子不喜程颢一体说,如同他一贯不喜境界语一般,他更倾向于程颐严分概念的思想取向。他在乾道八年(1172)所撰的《仁说》一文中,对程门后学各种仁说展开了批评,目的在于整合道学话语。朱子的批评主要集中在两点上:一是"**万物与我为一仁之体**"的一体说,二是"**以心有知觉释仁之名**"的知觉说(《朱子文集》卷六十七)。前者系指杨时,后者系指谢良佐,往上追溯,则都与程颢有关。

朱子认为一体说只说得"无不爱"而"**非仁之所以为体之真**",意谓一体说并不符合"仁体"之真意。其因在于,朱子以为"物我为一"乃一种境界语,唯有做到"无不爱",才能实现"物我为一",若将这类境界语作为工夫实践的预设,不免使人"**含胡昏缓**"——即物我不分、以己为是,这是所谓"无不爱"必将导致的弊端。所以,尽管朱子在原理上表示"**明道这般说话极好**",但同时又认为"只是**说得太广,学者难入**"(《朱子语类》卷六十)。故朱子与吕祖谦合编的《近思录》竟未采入《识仁篇》。及至晚年,朱子有所反省,以为"仁者浑然与物同体"一段"当添入《近思录》中"(《朱子语类》卷九十五)。

朱子对"同体"说始终心怀警惕,一方面他承认"**惟其同体,所以无所不爱。所以爱者,以其有此心也;所以无所不爱者,以其**

同体也"(《朱子语类》卷三十三)。但是,在概念分疏上,朱子却坚定地认为仁与一体不是互相界定的关系:"**仁者固能与万物为一,谓万物为一为仁,亦不可。**"进而判定"龟山言'万物与我为一'云云,说亦太宽"(《朱子语类》卷六)。这与朱子在概念名义上,必须把住"**界分脉络**"(《朱子文集》卷四十五《答游诚之》)的分析立场有关。

在朱子看来,在名义上,一体说"只是说得**仁之量**"而非"**仁之体**"(《朱子语类》卷六);在实践上,则必须按照由"居敬涵养""下学上达"的理路来落实"**仁之前事**"的工夫,而不能以"**仁之后事**"的境界语——"万物一体"说——当作行为的前提预设。朱子的根本忧虑在于:若不顾人与人之间、人与物之间的各种"分殊"现象,不顾日常的涵养穷理工夫须"积日累月,而后可至"的事实,只是一味强调"一日反本复常,则万物一体,无适而非仁者",那么恐怕就会陷入佛教"顿悟之说"的窠臼,"以启后学**侥幸躐等之心**"(《四书或问》),其危害将不可胜穷。

由此可见,朱子忧世心切,对"万物一体"说,尽管在原理上表示认同,但在为学方法上,却非常警惕"一体"说有可能导致"侥幸躐等之心"等弊端,故对程门后学的"一体"说严厉批评,毫不放过。然而朱子没有看到,程颢的"万物一体"说不只是一种境界语,更有指向"仁体"的本体义。因为作为心性本体的"仁体"才是"万物一体"观念的基础,而朱子却以为程门后学所谓的"万物一体"只是指向"**仁之量**"而非"**仁之体**"。这就不免有所偏差,显示出朱子与程颢在思想趣向上存在歧义。

至于这些歧义之所以发生的缘由,可能并非如后人以某种"后见之明"的立场所判定的那样,是由于理学与心学的分歧所致,更主要的缘由或许是朱子对于任何概念设定所采取的"界分脉络"的哲学立场。由此出发，在朱子看来，理一与分殊、本体与工夫、理想与现实，这些概念假设都必须经过一番"界分脉络"的厘清工作。朱子更看重的无疑是分殊、工夫、现实等层面的问题如何落实，而对于那些陈义高妙的仁体论形态的境界语则始终心存芥蒂。

2. 以公言仁

程颐"仁说"的一个著名命题是"仁性爱情"说，要求严格区分仁是性与爱是情的界限，故不能以爱名仁。这在北宋道学史上揭开了"新仁说"的序幕。其实，程颐还有一个命题**以公体仁**"说也同样著名。相关说法大致有三条：第一"**仁者公也**"，第二"仁道难名，**惟公近之**"，第三"**公只是仁之理**，不可将公便唤做仁"（分别见《程氏遗书》卷九、卷三、卷十五等）。

单独看，"仁者公也"似乎是以"公"对"仁"下的定义，然而对以上三条语录作整体的审视，我们便会发现，"公"只是"仁"的立场宣示、态度表达。换言之，"公"并不是对"仁"的名义界定，而是对"仁"之实现的一种立场和态度。其所以可能的依据就在于"仁"具有"公共性"之特征，如同"理"是天下公共之理一般，"仁"也是天下公共的伦理要求。"仁即道""仁即理"等程颐的命题主张，便充分展示了这一点。

何谓"公"？文字学上早有定论，许慎《说文解字》引韩非子"背私者谓之公"，指出"公，平分也。从八从厶。八犹背也。韩非曰'背厶为公'"（《说文解字》，第28页）。也就是说，"公"与"私"恰构成对反的关系。若从正面说，则郑玄的《礼记注》"公，犹共也"，可谓一项贴切的定义，赋予"公"以政治学的公共之义。

在先秦荀子已提出"公道""公义"(《荀子·君道》《荀子·修身》)的概念,表明在早期中国已有对"公共"性问题的思考。

《礼记·礼运》"大道之行也,天下为公",更是表达了儒家自古以来对重建天下秩序和社会秩序的重要关切。正是基于这样的思想资源,程颐和朱子从"公"的立场出发,赋予"仁"以一种政治文化的特殊意涵。这无疑是儒学史上的一大理论贡献。

程颐有关"以公言仁"的学说,除了上面所引三条以外,更有详细的展开:

> 仁之道,要之只消道一公字。**公只是仁之理**,不可将公便唤做仁。**公而以人体之**,故为仁。只为公,则**物我兼照**,故仁,所以能恕,所以能爱,恕则仁之施,爱则仁之用也。(《程氏遗书》卷十五)
>
> 又问:"如何是仁?"曰:"**只是一个公字**。学者问仁,则常教他将公字思量。"(《程氏遗书》卷二十二上)
>
> 先生曰:"孔子曰:'仁者己欲立而立人,己欲达而达人,能近取譬,可谓仁之方也已。'尝谓孔子之语仁以教人者,唯此为尽,**要之不出于公也**。"(《程氏遗书》卷九)

其中的核心观点是:"**公理**"说("公只是仁之理")及"**体仁**"说("公而以人体之")。前者表明"仁"是一种公共理性,后者表明"仁"的实践须以公为出发点。在程颐看来,儒家的忠恕原则("己欲立而立人,已欲达而达人")就是一种公共原则("要之不出于公也"),也是"体仁"的方法论原则("可谓仁之方也")。

归结而言,"公"就是仁的原则、立场和方法,故说"公者仁之理";反过来说,"仁"是公共的道理,故说"仁者公也",犹如"父之慈,子之孝,君仁,臣忠,是一个**公共底道理**"(《朱子语类》卷十三)一般。于是,公是仁的一种品格,仁是"**至公无私,大同无我**"(《程氏粹言·论道篇》)的一种体现。

朱子对程颐"以公言仁"说非常欣赏,且有理论上的阐释与推展。在朱子看来,任何人原本都拥有"仁"这种基本德性,只是因为受到种种私欲的影响,丧失了"公"的立场和原则,因而遮蔽了"仁",所以"若能公,仁便流行",若"能去其私,则**天理便自流行**",正是在这个意义上,"故曰'公近仁'"。(《朱子语类》卷九十五)

"公近仁"当然是程颐的说法,至于这个"近"究为何意,按照朱子的另一解释,可以从工夫论的角度来了解,亦即以"公"为践仁的立场和出发点,就能真正展现出"仁"的价值。朱子指出:"**公却是克己之极功,惟公然后能仁**。所谓'公而以人体之'者,盖曰克尽己私之后,就自家身上看,便见得仁也。"(同上)朱子另有一种说法,"**公也只是仁底壳子**"(同上)。既然是"壳子",其本身就不具价值,而只有方法意义。所以说,"须知仁是本有之性、生物之心,**惟公为能体之,非因公而后有也**"(《朱子文集》卷三十二《答张钦夫·又论仁说》),讲的是同样的道理。也就是说,"公近仁"并不意味着,在存在论上仁"因公而后有",而是在方法论上"惟公为能体之"。

不过,朱子对"公"的思考,显然比程颐更进一步。他明确提出了"公理"概念,用以阐释"公"字,相对而言,仁则是人心中的天理。他说:"盖公只是一个**公理**,仁是人心本仁"(《朱子语类》卷九十五),"**仁是天理,公是天理**"(《朱子语类》卷六)。如上所述，公与仁虽不能互相界定，但就"公理"的角度看，仁与公又具有共同的特性，都是"天下公共之理"的表现，由此就凸显出"仁学"的公共性特征。

那么，仁作为一种个体性道德，何以又是普遍的"天理"呢？这是因为仁是一种普遍公共的存在。按朱子，仁不仅仅是一种爱的情感，更是情感的一种理性表现，此理性即是一种公共理性，故在实践顺序上，"公在仁之前，恕与爱在仁之后。**公则能仁，仁则能爱能恕故也**"（《朱子语类》卷九十五）。这是说，公理是仁爱的前提和保证，唯有从公共理性出发，才能使仁爱表现出公正性，以防止偏私溺爱的弊端。也正由此，朱子强调："盖仁只**是爱之理**，人皆有之，然人或不公，则于其所当爱者反有所不爱。"（《朱子文集》卷三十二《答张钦夫·又论仁说》）此处"爱之理"三字，乃是朱子对"仁"的一个创造性诠释，与"心之德"配套，成为道学思想系统中对"仁"字的最为著名的界定。

按我们的理解，"爱之理"是对"仁"的天理化解释，这与朱子采用"公理"概念，对"仁"进行公理化解释在思路上是一致的。更重要的是，朱子甚至采用"公道"概念，将此纳入重建仁学的理论构架中。在他看来，"天理之公"与"人欲之私"二元对立，这一点不容否认。然而若能做到坚守公正、公理、公道，消除私欲或私意对仁心造成的"间隔"，那么，便可实现"人与己一，物与己一"的理想境界，最终实现"**公道自流行**"（《朱子语类》卷六）的终极目标。

总之，古典儒家的"仁者爱人""亲亲谓仁"这一以"仁"为核心关怀的家庭伦理，经宋代道学特别是程朱理学的理论阐发，已发生了重大的转变和理论的深化。在道学的天理天道观念的深刻影响下，公共意识凸显了出来，在道德领域——无论是个体性道德还是社会性道德，公理公道的观念已经渗透其中，"仁即道""仁即理""公近仁""仁者天理""仁者公也""公而体认"等论说，展现出儒家仁学的普遍意义。

三　朱子仁学四句的全面重建

朱子大弟子陈淳对于宋代道学有关"仁说"的历史有一个回顾。他首先断言"**自孔门后，人都不识仁**"。这个说法是承袭朱子而来，贬低汉唐以来各种仁说以突出二程在仁学史上的地位。此说或有夸大其词之处，然凸显出程朱道学的理论自信。不过，自程门后学以降却又出现了倒转，有"以知觉言仁"者如谢良佐，有以"万物与我为一"说仁者如杨时，种种说法"皆无有说得亲切者"（《北溪字义·仁义礼智信》）。于是，就需要朱子出场。

的确，自从孔孟以"仁者爱人""仁者人也""亲亲，仁也"等言仁以来，汉儒多以爱说仁（如董仲舒），唐代韩愈则以"博爱"言仁，不一而足；直至宋代道学，二程始提出仁体、仁道、仁理、仁性等观念以重建儒家仁学。程颢说仁强调了仁的一体义、感通义、生生义；程颐说仁则有仁性爱情、以生言仁、心如谷种、以公体仁等，在理论分解上更为严密。相比之下，程颐严判仁字属性的理论思辨，更赢得朱子的青睐。

1. 仁者心之德爱之理

朱子在《仁说》一文中，开宗明义地指出：

天地以生物为心者也,而人物之生,又各得夫天地之心以为心者也。故语**心之德**,虽其总摄贯通,无所不备,然一言以蔽之,**则曰仁而已矣**。请试详之。(《朱子文集》卷六十七)

朱子从"天地以生物为心"讲起,阐明在整个宇宙的生命中,存在着"天地之心"以为"人物之生"的主导。关于"天地之心",我们将在下文来讨论其中略显繁复的义理问题。在这里我们关注的是"故语心之德"以下一句。朱子以"一言以蔽之"的方式,将"总摄贯通、无所不备"的"心之德"命名为"仁"。这便是朱子《仁说》最为显著的理论创造,构成了整篇《仁说》的纲领(朱子语),故值得重视。

这里的"心",统而言之,盖指"天地之心",即宇宙精神;分而言之,则指"人物之生"以后"得夫天地之心以为心者";总而言之,便是作为"心之德"之仁。重要的是,此"心之德"具有"总摄贯通、无所不备"之特质,故此,"心之德"非专指人心而言,而是统指"天地之心"。依朱子,仁心与天地之心相贯通。如此一来,作为人之内在德性的"心之德"便具备了宇宙论的意义,换言之,宇宙精神亦可归结为"心之德",即"仁而已矣"。

在这个意义上,"心之德"显然有别于"爱之理",因为前者属天心之"德",而后者则是仁爱之"理"。故在《仁说》的叙述脉络中,"心之德"与"爱之理"是被分开处理的。具体而言,在《仁说》的五段论述构架中,在第五段论述"以爱为仁"之际,朱子挑明了自己的立场:"吾之所论,以**爱之理**而名仁者也。"那么,这一判断有何来由呢?

根据朱子对程颐及其后学言仁的判断,自程颐提出"仁性爱情"说以后，程门后学不敢以爱言仁，这导致了另一偏向。在朱子看来，"程子之所诃，以爱之发而名仁者也"，并不意味着程颐排斥"仁"内含"爱人"之意，因此，朱子感叹道："吾方病夫学者诵程子之言而不求其意，遂至于**判然离爱而言仁**，故特论此以**发明其遗意**。"这是朱子《仁说》特意强调"爱之理"以命"仁"的用意所在，目的在于发明程颐想要说而未明说的"遗意"。这表明朱子对程颐仁说的诠释其实是一种哲学创造。

朱子是以"理"这一理性原则来为"爱"这一感性原则贞定方向的。这意味着朱子有一个基本判断：不能"离爱而言仁"，程颐所谓"仁性爱情"说乃是"特谓不可指情为性耳，非谓仁之与爱了无交涉"（《朱子文集》卷四十六《答胡伯逢》第四书）。朱子多次强调："以名义言之，仁自是爱之体"（《朱子语类》卷六）；"'仁者爱之理'，只是爱之道理。……盖仁，性也，性只是理而已"（同上书，卷二十）；"**仁乃性之德而爱之本，因其性之有仁，是以其情能爱**"（《朱子文集》卷三十二《答张钦夫·又论仁说》）。可见，朱子的思路是清楚的：仁作为性之本体，与理属于同一层次的概念，故必然是"爱之体"而非爱之本身；然而，有其体必有其用，由仁之体而展现为情之用，仁便必然发用为爱。

至于"心之德"与"爱之理"的关系，《仁说》一文虽未直接讨论，但朱子在后来与弟子的讨论中，显然有了进一步的理论深化。依朱子，任何概念名义都有"专言"与"偏言"两个角度的说法，"心之德"属于"专言"，是就仁的统体而言，又称"统言"或"统看"，可包仁义礼智四德；"爱之理"则是"分言"，又称"分看"，是就仁义礼智之性的作用而言。由此，朱子明确了"心之德"乃专指仁的基本特性，即"**只是仁专此心之德**"（《朱子语类》卷二十)。

不过,这一名义上的区分,并不意味着仁被割裂为两种。从根本上说(而非名义上说),"**爱之理便是心之德**""爱之理即是心之德,不是心之德了,又别有个爱之理"(同上),表明"心之德"与"爱之理"是对仁的一项统一规定。故《四书章句集注》中便有"**仁者,心之德、爱之理**"的规定。这成为朱子仁说标志性的观点,也最富哲学原创力。可是,后人却批评朱子的"爱之理"是对孔子言仁作了一番天理抽象化,而丧失了"仁"的生生义和创生义。这是认定朱子学为儒家"别子为宗"的判教设准下所得出的结论。

殊不知"仁者人之所以为人之理也"(《孟子集注·尽心下》)才是对"人是什么"这一哲学问题的具体规定。一方面,这一命题表明"理"是人区别于禽兽等其他存在的本质规定;另一方面,由于"理"表现为"仁",而"仁"又是"块然生物之心""温然爱人利物之心",内含"包四德而贯四端者"(《仁说》)的所有人伦德性,故"仁"象征着生机盎然、爱人利物的生命力。这事实上突出了仁的生生义,同时又内含温然爱人、润泽万物的人文精神,彰显了仁的贯通义。由此立场看世界,这个世界就不是单方面地由冷酷的理性原则所主宰,而是充满温情的、有机联系的生命世界。

总之,仁的生生义不仅继承了二程"以生言仁"的传统,也是《仁说》开首便说"天地以生物为心"的缘由所在;仁的贯通义,就是《仁说》第一段所说天地之心"总摄贯通、无所不备"之意;而此天地之心无疑就是"一言以蔽之"的那句话:"仁而已矣"。至于"心之德、爱之理"六字,显然不是文字训诂,而是哲学诠释。因此,只有将其放入哲学系统中,才能了解其义理,评估其理论意义。

2. 仁者天地生物之心

朱子晚年回忆说："《仁说》只说得前一截好。"（《朱子语类》卷一百零五）这是指《仁说》开宗明义的一段话，其关键词显然是"天地生物之心"，具体而言，朱子又表述为"**仁者，天地生物之心**"（《朱子语类》卷五十三）。在我看来，这是朱子仁说四句中最关键的一句，也是最难解的一句。

首先将涉及何谓"天地之心"的问题，其中如何理解"心"这一概念又是关键中之关键。接着我们将遇到仁与天地之心的关系问题，更直白地说，仁何以是天地之心？这两大问题又将牵连出一系列朱子哲学的其他问题，例如何以说在宇宙创生过程中，仁是"即物而在"的？又为何说人伦世界在情感未发之前，仁已经"此体已具"？这里的"而在"和"已具"又究为何意？

我们先从"天地之心"说起。

在早期道学思潮中，张载对天心问题最为关注。他曾经说过："大抵言'天地之心'者，天地之大德曰生，则以生物为本者，乃天地之心也。地雷见天地之心者，天地之心惟是生物，天地之大德曰生也。"（《横渠易说·复卦》）这是对《周易》"复卦""复，其见天地之心"的一个解释，凸显出"以生物为本者"来解释天地之心的思路，朱子所谓"天地以生物为心"应当源自于此。不仅如此，欧阳修也早已有"天地以生物为心"（《易童子问》，见《欧阳修全集》）的说法，与朱子之说如出一辙。可见，以"生物为本"来理解"天地之心"是宋代学者的一般共识。

但张载又说："**天无心，心都在人之心。**"（《经学理窟·诗书》）"**天本无心**，及其生成万物，则须**归功于天**，曰：**此天地之仁也。**"（《经学理窟·气质》）此所谓"无心"，是对心的一种主体化解释。早期中国文明经过轴心时代的哲学突破之后,传统意义上的"天"已发生了人文主义转向,并非西方严格宗教意义上的上帝一般的人格神,因此上天本身并无思虑、意愿等人格意志,说"天无心",意在防止误将"天地之心"理解为实体化的"有心";另一方面,为防止误将"天地之心"作空洞化的理解,导致天地生物的失序(如"牛生出马"之类),又有必要强调"天心"的主宰性及其引领和范导的作用,故说"及其生成万物,则须归功于天"。按朱子的理解,所谓"天无心",正如程子所言"天地无心而成化"。朱子指出:

> 这是说**天地无心**处。且如"四时行、百物生",**天地何所容心**?至于圣人,则顺理而已,复何为哉!所以明道云:"天地之常,以其心普万物而无心;圣人之常,以其情顺万事而无情。"说得最好。(《朱子语类》卷一)

不过如上所述,为确保"天心"的有序性、主宰性,又必须强调一点:"若果无心,则须牛生出马,桃树上发李花,他又却自定。……**心便是他个主宰处,所以谓天地以生物为心**。"(同上)此处对"无心"和"有心"的探讨,都关涉到如何理解"仁"的问题。倘若"天地有心"是"仁",那么,"天地无心"是否意味着"仁"的消失?

事实上,有心是有关仁体的存在方式,无心则是有关仁体的作用方式;有心是对仁体的本体属性的说法,无心则是仁体的无为而成化的作用表现。归结而言,有心无心都是仁体的统一体,不可偏执一端。故朱子说:"今须要知得他有心处,又要见得他无心处。"(同上)

这才是对"天地之心"或"天地之仁"（张载语）的一种洞见。

同样，曾受到朱子不断批评的湖湘学者胡宏也有"仁者，天地之心也"（《知言·天命》，《胡宏集》）的明确论断，而朱子对胡宏此说深表认同，他甚至称赞《知言》一书"提掇'仁'字最为紧切"（《朱子文集》卷三十《答张钦夫》第十书）。可以说，以天心释仁的观点乃是宋代新儒学对《礼记》"人者天地之心"之说的重要突破。

须注意的是，仁是性之本体，心非形上本体，天地之心必仁，故仁是"心之全体"（《朱子语类》卷六），但是，作为仁心之"心"只意味着"生"，其本身绝不是一种实体，朱子说得很明确：

> 发明"心"字，曰："一言以蔽之，**曰生而已**。'天地之大德曰生'，人受天地之气而生，故**此心必仁，仁则生矣**。"（《朱子语类》卷五）

根据天地之心"必仁"而"仁则生"的原理，则可推论出：凡人物之生，必有"天地之心"，而天地之心又如同"圣人之心"，故圣人之心（即仁心）必是普遍存在：

> 万物之心，便如天地之心；天下之心，便如圣人之心。天地之生万物，**一个物里面便有一个天地之心**。圣人于天下，**一个人里面便有一个圣人之心**。（《朱子语类》卷二十七）

由此可见，朱子仁学观基于"仁者天地之心""心必仁""仁必生"的原则，向人们阐发了理学形态的天人合一论、万物一体论，其中"仁"成为打通天人、统合万物的关键。也正由此,在究极意义上,朱子又强调指出:"盖仁也者,心之道,而人之所以**尽性至命之枢要也**。"(《朱子文集》卷三十《答张钦夫》第十书)这就把"仁"提到了一个崭新的高度——"心之道",它不仅成为哲学诠释的问题,更成为一个普遍的实践命题。

钱穆晚年对朱子学推崇备至,他对朱子仁学此句评论道:"当知从来儒家发挥仁字到此境界者,正惟朱子一人。"(钱穆,M1986,第41页)这是颇有见识的论断。他还认为朱子的"心之德爱之理"六字对"仁"的解释,是猛批宋学的清代考据学家们无法达到的"境界"。

总之,若对朱子仁学作一总结,那么,朱子的仁学"四句"堪称经典,构成了一套自足的义理系统:

> 仁者,天地生物之心也。
>
> 仁者,人之所以为人之理也。
>
> 仁者,心之德,爱之理。
>
> 盖仁也者,心之道,而人之所以尽性至命之枢要也。

四　阳明学万物一体论的意义

在宋明理学史上,除张载外,最为集中阐述万物一体思想者非程颢莫属。朱子为整合道学话语,对程门后学以"一体"论仁的思想有严厉的批评,以为这类理想高远的仁者气象的境界语,其意固不错,却不免说得太深,难以捉摸。不过,朱子对万物一体也有所认同,只是其论述形态有别于程颢。他从"天地之心即仁"这一宏大的视域出发,在"物物一太极"的理论意识下,承认在**生生论意义**上,天地之心的仁亦表现为"一个物里面便有一个天地之心""一个人里面便有一个圣人之心",即仁的存在与人物之生构成了一体性。这无疑也属于万物一体论的一种理论形态,故从**广义宋明理学的视域**出发,说万物一体思想乃是宋明儒的一项共识,当不为过。

只是从表述形态看,与程颢的"仁者浑然与物同体"及"仁者以天地万物为一体"的境界说、仁体说相比,朱子更注重从分析的观点,多层次地重建仁学的本体论体系。那么,阳明学又做出怎样的理论新创见?就结论言,一言以蔽之,阳明学的万物一体论是其良知本体落实在人文社会领域的价值关怀,是其将"致良知"等内圣工夫往"**亲民仁民**"以及**治平天下**等外工领域、社会领域进行拓展及转化的富有政治学意涵的理论主张。

1. 天地万物一体之仁

人们通常以为"心即理""知行合一""致良知"是阳明学的三大哲学命题,足以构成一套义理系统。然而,就在阳明逝世前两三年,他开始集中强调一个新观念:"**一体之仁**";提出了"天地万物一体之仁"这一全称命题,将"一体之仁"观念注入万物一体理论当中,以"一体之仁"作为重建万物一体论的本体依据,很值得关注。

真正有洞见的思想往往具有超越时空的穿透力,程颢的万物一体论便是如此。根据《阳明年谱》记载,阳明早在34岁时(1505),与另一位重量级思想家湛若水"一见定交"于京师,两人"**共以倡明圣学为事**"。饶有兴味的是,两人对"圣学"的理解,竟然与程颢有关。据湛若水的记录,当时两人"一宗程氏'**仁者浑然与天地万**

物同体'之指"（湛若水《阳明先生墓志铭》）。可见，程颢万物一体说的思想在时隔四百年后，对年轻的王阳明与湛若水产生了深刻影响。可以说，1505年王、湛两人共同发誓"倡明圣学"，至少对明代思想史而言，具有划时代的意义。因为两人需要面对的是如何扭转当时"学者溺于**词章记诵**，不复知有**身心之学**"（《王阳明全集》卷三十三《年谱》）的思想风气，换言之，也就是如何应对朱子学的问题。这预示着一场心学思想运动即将到来。

自那时起又过了大约十年，1514年阳明作《书王嘉秀请益卷·甲戌》一文，他又重提程颢《识仁篇》的万物一体说。而刊刻于1518年的《传习录》上卷，也记录了阳明有关万物一体说的一些看法，他运用"**仁是造化生生不息之理**"的观点来解释"仁者以天地万物为一体"，并指出这个生生不息之理"虽弥漫周遍，无处不是，然其流行发生，亦只有个渐，所以生生不息"（《传》第93条）。据此来看，阳明对万物一体的理解很重视"生生不息"这一关键词，但总体仍局限在宋代道学的相关诠释范围内，尚未形成良知学意义上的天地万物一体之仁的本体论重建。

上述情况的改变需要等到阳明晚年致良知学说提出之后。根据《阳明年谱》记载，嘉靖三年（1524）阳明弟子南大吉建"稽山书院"，经常聚集绍兴府"八邑彦士"会讲其中，据说"环坐而听者三百余人"，可谓盛况空前，阳明"临之，只发《大学》万物同体之旨，使人各求本性，致极良知"（《王阳明全集》卷三十五）。这表明阳明当时只讲"万物同体之旨"，而且是《大学》的万物同体思想，只是其具体内容，《年谱》没有更详细的记录。这一思想动向颇值重视，说明阳明晚年对良知学说又有进一步的发展与完善。

从文献上看，较为集中反映阳明万物一体论的文字有1525年的

《亲民堂记》《重修山阴县学记》《答顾东桥书》(其中的"拔本塞源论"),以及1526年的《答聂文蔚》和晚年遗著《大学问》等五篇文字,它们反映了阳明晚年注重强调的内容。特别是《大学问》主要阐发的便是《大学》万物同体思想。当然,《大学》文本中并没有讲"同体"或"一体",然而结合阳明上述的几篇文字,可以推知阳明其实是通过对"亲民"的重新诠释,着重强调亲民实践具有万物一体的指向——亲民的社会实践必须以天地万物一体之仁为旨归。如果把这一思想放在广义宋明理学的视域中看,我们不得不承认,阳明万物一体论注重社会实践层面的思想转向具有重要的价值论意涵。

下面,我们不妨通过几段文本,加深对这一点的了解。

在《答顾东桥书》的最后一段《拔本塞源论》长达二千余字的长文中,阳明开宗明义地强调:

> 夫圣人之心,**以天地万物为一体**,其视天下之人,无外内远近,凡有血气,皆其昆弟赤子之亲,莫不欲安全而教养之,以遂其万物一体之念。……圣人有忧之,是以推其**天地万物一体之仁**以教天下,使之皆有以克其私,去其蔽,以复其心体之同然。(《传》第142条)

这里有两层意思:首先"圣人之心"是"以天地万物为一体"的,并且圣人以此安民教民,以使天下之人都实现"万物一体之念";其次,关于如何安民教民,圣人是以"天地万物一体之仁"为教育的核心思想,要求所有人都真正做到克去心中私欲等弊端,以恢复"心体之同然"的理想状态,而此"心体之同然"的状态也就是"天地万物一体之仁"。毫无疑问,《拔本塞源论》的核心观念正是"天地万物一体之仁",而且这也是"心体"本然如是的状态。不惟圣人之心,即便"小人之心"也原本如是,只是后者容易受外在物欲的影响而丧失本来状态,于是,圣人以"天地万物一体之仁"进行教养,便能重新恢复"心体之同然"。

可见,阳明是基于心学立场来阐述万物一体之仁的,反过来说,阳明是运用万物一体之仁的思想来重新解释什么是本心、什么是心体。这与其中年早期从心即理、心外无理的角度来谈本心有所不同,相比于他"居越"之前(1522)在江西揭示良知学说之际以"良知者心之本体"的说法,也发生了视角的转换。

表面看,这是由"良知心体"向"一体之仁"的角度转变;从义理内涵看,"一体之仁"的提出,意味着阳明欲将作为道德主体的良知心体提至宇宙天地一体同在的普遍理性的高度,也意味着阳明欲将道德领域的良知存在扩展为整个社会共同体的理性原则。故在《拔本塞源论》中,阳明继而将天地万物一体之仁追溯至"心学纯明"的唐虞三代社会。实际上,这也是阳明的一种思想寄托:

> 盖其**心学纯明**,而**有以全其万物一体之仁**,故其精神流贯,志气通达,而**无有乎人己之分,物我之间**。……盖其元气充周,血脉条畅,是以痒疴呼吸,感触神应,有不言而喻之妙。此圣人之学所以至易至简,易知易从,学易能而才易成者,正以大端惟在复**心体之同然**,而知识技能非所与论也。
> (《传》第 142 条)

这种思想寄托又称为"回向三代",被认为是宋代以来传统士大夫的一种"乡愿"情结。及至王阳明,他的"回向三代"情结更为浓厚。只是他在这种向往的情结中,注入了新的思想元素,即在他的想象中,三代是一个没有人己物我之割裂的、能真正实现"万物一体之仁"的最为理想的"心学纯明"的社会。可见,一体之仁不仅指向本心的存在状态,更指向伦理社会的理想状态。

唐君毅指出,在中国传统思想中,"自始即以吾人之一己,乃一存在于'人伦关系,及与天地万物之关系中'之'一己',吾人之一己,原是一能与其他人物相感通"的存在(唐君毅,M1986,第134页)。这一有关儒学精神的论断同样适用于评估阳明学"天地万物一体之仁"的思想意义。因为,阳明学一体之仁的理论意图在于:作为道德主体的本心必然是一体之仁的存在,故有必要重建与"他者"乃至天下万物、伦理社会整体性的联系;其理论依据则是:"**仁人之心,以天地万物为一体**。訢合和畅,原无间隔。……**本体之訢合和畅,本来如是**。"(《王阳明全集》卷五《与黄勉之·二》)

须指出的是,"一体"有时被阳明又称作"同体",二者意思一致,只是"同体"更指向宇宙一切存在。例如他说:"问:'**人心与物同体**。如吾身原是血气流通的,所以谓之同体。若于人便异体了,禽兽草木益远矣,而何谓之同体?'先生曰:'你只在**感应之几**上看。岂但禽兽草木,虽**天地也与我同体的,鬼神也与我同体的**。'"(《传》第336条)这里强调的"感应之几"很重要,这是说,心体与外物在存在论意义上是"一体同在"的,而此一体性唯有通过主体的人与普遍他者的互感互应才能得到彰显。因此,作为道德主体的人就不是原子式的个体,而是与"他者"——人、物、事等所有存在——处于一种互相感通的连续性关联之中。

2. 重建共同体的基础

阳明学在本质上是一种道德理想主义。从广义宋明理学的视域看，朱子理学也不失为一种道德理想主义。特别是在人性论和成德之学的问题上，无论是朱子学还是阳明学，他们都相信人性必善、由凡入圣是人生必定实现的理想目标。

然而，在社会意识层面，情况则截然不同，理想与现实之间的失衡乃至冲突，往往构成道学家难解的一个心结，如何将世俗人心下坠的社会现状扭转至正确的发展方向，是传统士大夫尤其是宋明以来儒家学者的一种深切的人文关怀。阳明学的万物一体理论当中，就有这种充满社会批判意识的人文主义精神。他的良知学说不仅指向内在心性，更指向亲民实践，而良知普遍性则是"内圣外王"的连续性得以可能的依据。

例如《拔本塞源论》在描述了"心学纯明"的三代社会的理想景象之后，阳明笔锋一转，针对"三代之衰""孔孟既没"以后直至明代几千年的社会现状，痛陈道：

> 三代之衰，**王道熄而霸术猖**；孔孟既没，**圣学晦而邪说横**。教者不复以此为教，而学者不复以此为学。……圣学既远，霸术之传，积渍已深，虽在贤知，皆不免于习染，其所以讲明修饰，以求宣畅光复于世者，仅足以增霸者之藩篱，而圣学之门墙遂不复可睹。……盖至于今，**功利之毒沦浃于人之心髓，而习以成性也，几千年矣**。……呜呼！以若是之积染，以若是之心志，而又讲之以若是之学术，宜其闻吾圣人之教，而视之以为赘疣柄凿，则其以良知为未足，而谓圣人之学为无所用，亦其势有所必至矣！（《传》第143条）

从"三代之衰"直到"盖至于今",在阳明学历史观的审视之下,这几千年简直就是"黑暗中世纪"。特别是当时的明代社会,在阳明看来,已经到了病入膏肓的地步,世人或以为"良知为未足",或以为"圣人之学为无所用",简直不可救药。

尽管如此,阳明仍然坚信在良知的指引下,面对沉沦的社会现实,必有"豪杰之士"恻然而悲、戚然而痛、愤然而起,与他共同承担重整社会秩序的时代任务:

> **所幸天理之在人心,终有所不可泯,而良知之明,万古一日**,则其闻吾**拔本塞源之论**,必有恻然而悲,戚然而痛,愤然而起,沛然若决江河而有所不可御者矣!**非夫豪杰之士无所待而兴起者,吾谁与望乎**?(《传》第 143 条)

在《传习录》中卷所收的《答聂文蔚》第一书的书信中,阳明一方面视良知学意义上的万物一体论为一种坚定的本体论,另一方面对社会现实也进行了痛快淋漓的批判,他首先指出:

> 夫人者,天地之心。**天地万物,本吾一体者也**,生民之困苦荼毒,孰非疾痛之切于吾身者乎?……**良知之在人心,无间于圣愚**,天下古今之所同也。世之君子惟务致其良知,则自能**公是非,同好恶,视人犹己,视国犹家**,而以天地万物为一体,求天下无治,不可得矣。(《传》第 179 条)

在阳明看来,良知本体具有一种"公是非,同好恶""视人犹己,视国犹家"的公共理性精神,这种精神的体现便是"以天地万物为一体"。

另一方面,阳明进而指出:

> **后世良知之学不明**,天下之人用其私智以相比轧,是以人各有心,而偏琐僻陋之见,狡伪阴邪之术,至于不可胜说。……自其一家骨肉之亲,已不能无尔我胜负之意,彼此藩篱之形,而况于天下之大,民物之众,又何能一体而视之? 则无怪于纷纷籍籍,而祸乱相寻于无穷矣。(《传》第180条)

这种混乱的社会状况的出现,其根本原因在于忘却了儒学的万物一体之精神,于是,视整个天下为充满尔虞我诈、你死我活、弱肉强食的残酷世界。接着,阳明又将眼光转向先秦时代的孔子:

> 夫子汲汲遑遑,若求亡子于道路,而不暇于暖席者,宁以蕲人之知我信我而已哉? 盖其**天地万物一体之仁**,疾痛迫切,虽欲已之,而自有所不容已。故其言曰:"**吾非斯人之徒与而谁与?**"(《传》第182条)

阳明认为,孔子"吾非斯人之徒与而谁与"的背后,其实有"天地万物一体之仁"的本体观念作为精神支撑,否则,"**夫子汲汲遑遑**"的行为便无法得到合理的解释。所以,如果我们缺乏"以天地万物为一体"的精神,那么谁都不能真正了解"夫子之心"(同上),我们将深陷于黑暗中世纪而无法自拔。

正是基于这样的现实批判意识,阳明再三强调,如果真正理解了"仁者以万物为体,不能一体,只是己私未忘"的道理,那么,就能在实践上做到"全得仁体",其结果必然是"**天下皆归于吾。仁就是'八荒皆在我闼'意**(语见吕大临《克己铭》),**天下皆与,其仁亦在其中**"(《传》第285条)。由此,人与社会乃至整个天下之所以存在的价值才能真正体现出来。

阳明的良知学说推广至社会政治领域,必然会得出万物一体的结论,反过来,万物一体又是良知学说在社会政治领域的具体展开。因此,万物一体论不是单纯的宇宙论——将宇宙万物视作有机联系的一体存在,更是一种社会政治学说,构成了实现理想社会、安顿天下秩序的哲学基础。

从根本上说,阳明学万物一体论具有天下主义的伦理关怀,所以他喜欢引述《孟子·万章上》中的"**一夫不获,若己推而纳诸沟中**"以及《尚书·说命下》所说的"**一夫不获,则曰时予之辜**"(伊尹语),按阳明的说法,此即"**使有一物失所,便是吾仁有未尽处**"(《传》第179条),体现的正是这种天下关怀的精神。

与程颢的仁者境界说不同,阳明晚年非常自觉地意识到,有必要将万物一体的观念重新建立在良知本体论的基础上,故他非常明确地以"良知之明,万古一日""天下之人心,皆吾之心"这一心学观念为基础,将"天地万物一体之仁"融入良知心学的义理系统中,并突出"一体之仁"是建构万物一体同在的重要依据。

如果万物一体论只停留在"理想"的层面,而缺乏现实的实践方案和基本的理论基础,那么,它必然会招致种种质疑。例如从某种角度看,人与物、人与山川草木是无法融合为一体的,而且人与"他者"在终极意义上也难以合为一体(除了某些宗教性的神秘体验以外)。因为,存在的同一性与人的主观判断有关,而并不是纯客观的事实本身。另一方面,仅从内心建立与世界的联系显然是不够的,意识到自身处于"**存有的全体**"（雅斯贝尔斯语）之中才更重要。

对阳明来说，万物一体不仅构成宇宙万物彼此联系的存在模式、仁者的精神境界，更是实现"**一体同善**"的社会理想的基础。在这样的理想社会中，"人己之分，物我之间"的割裂已然泯灭，人与人、人与社会乃至人与宇宙休戚相关、和谐共存。万物一体论是王阳明将其良知学说在人伦社会乃至政治文化领域进一步拓展和落实的结果。可以说，阳明学的万物一体之仁既是有关宇宙存在方式的哲学理念，更是重建人类社会共同体的社会政治理论，它内含强烈的现实关怀，是阳明学对儒学的一项重要理论贡献。

总之，以仁学为基础的万物一体论理论表明，天道性命一体同在，人己物我更无隔阂，我们应努力重建共生共存的人类共同体的整体联系——世界的整体性和一体性，为人类社会秩序安排奠定基础。阳明的万物一体论深刻地指明了道德生命与宇宙生命不可分割，只有朝着"一体之仁"的方向，才有望实现个人的理想人格，并推进人与宇宙万物和谐共存的理想世界的共建（吴震，J2017a）。

第八讲　工夫论重建：格物与诚意

从儒家哲学的大传统来看，德性问题之核心不是如何通过概念论证来证成，而是如何通过德行的努力得以呈现。正如成德之学历来是孔孟儒学的一大主题那样，"克己复礼""为仁由己"才是孔子心目中"古之学者为己"的"为己之学"。因为成德之学才真正展现了"仁"的价值和意义，才能实现人格完善和境界提升。围绕成德之学形成了儒家工夫论的传统，对此做进一步的完善与拓展，也成了宋代新儒家对古典儒学可能有的一项重要理论贡献。

法国哲学家皮埃尔·阿多（Pierre Hadot）在《作为生活方式的哲学》一书中，揭示了希腊哲学的大传统中，自苏格拉底、斯多葛学派以来就存在一条注重精神修炼的主线，中世纪基督教的"灵修"传统更是如此。而在中国哲学的大传统中，《大学》揭示"壹是皆以修身为本"的修身传统，《中庸》强调"戒慎恐惧"的指向内在心灵世界的"慎独"传统，以及佛道两家的心斋、坐忘、反观、内觉等身体–意识的修炼，都可看作由哲学发展出的种种实践智慧。

再观宋代新儒家，宇宙论、本体论固然是其主要的理论关怀，然而如何重建儒家工夫论，以使本体存在得以价值呈现、天道性命得以贯穿人生，则是新儒家念兹在兹的核心问题。就朱子学与阳明学的工夫论而言，格物穷理与正心诚意虽被统摄在"修身"传统之中，但理学与心学的工夫论趣向毕竟有同有异，朱子学的格物穷理工夫论与阳明学的致良知工夫论之间也存在理论紧张，值得深入探讨。

一　居敬穷理的工夫论重建

朱子学工夫论思想的形成经历过多次反复曲折的过程，由早年受湖湘学"先察识，后涵养"等工夫论思想的影响回归到二程"居敬"工夫论的轨道，因此，朱子强调"居敬"具有贯穿儒家工夫论系统的首要地位。与此同时，"即物穷理"无疑成为朱子工夫论思想的重要内核，这与朱子重构《大学》文本且为第五章"格物致知"补写《格物补传》有着重要的理论关联。最终朱子晚年提出了格物致知与正心诚意"不是两事"作为其工夫论思想的总结，也为朱陆之辩中"尊德性"与"道问学"的先后本末问题提供了朱子学模式的解决方案。

1. 中和问题与居敬涵养

关于中和问题，在第四讲讲到"参悟中和"时已有涉及，这里从工夫论角度再作简单的梳理，以考察朱子学如何由中和问题引向居敬涵养的工夫论重建。

李侗去世时，朱子34岁，李侗一脉的"道南指诀"——"静坐中体认喜怒哀乐未发之中"以及"默坐澄心，体认天理"所提示的如何体认"中和"的心性工夫问题，从此以后始终萦绕在朱子的思绪当中。这个问题的实质是"天下之大本"的"未发之中"以及"天下之达道"之"已发之和"通过怎样的心性工夫才能实现。与此同时，胡宏、张栻一系的湖湘学所主张的"先察识，后涵养"的观点也深刻影响了朱子的工夫论思想，以为察识本心对于心性涵养具有重要作用。

但是，朱子37岁之际，发生了第一次"中和旧悟"，认识到未发已发分属心性两边，心为已发，性为未发，以体用论来论述，可概括为"性体心用"。然而这仍然遗留了一个问题：心既然属于已发，则在未发之际的涵养工夫便与心体相脱节。朱子40岁时"中和新悟"，终于认识到心属已发的观点不妥，从而主张心贯未发已发以及**性为心之体**而**情为心之用**的新观点，并意识到二程的居敬工夫可以彻底解决未发已发分属两边、割裂为二的问题，故须回归到主敬的路线上来。"中和新悟"标志着朱子对于心性工夫问题的根本解决，在回归二程道学、诀别湖湘学的同时，开始走向理学理论的自我建构。

朱子学工夫论的思想资源主要来自孔孟儒学及儒家经典，特别是《大学》和《中庸》，但更直接的思想资源应当是北宋道学初创的工夫理论，如程门后学和湖湘学的工夫论。不过，为避免论述的枝蔓，我们将朱子学工夫论的逻辑起点置于道学思潮的语境当中，聚焦于两个问题：居敬涵养与即物穷理。

套用程颐的说法，道学工夫论的基本主张是："**涵养须用敬，进学则在致知。**"（《程氏遗书》卷十八）前者属于主敬涵养，后者属于进学致知——朱子学的即物穷理。主敬涵养主要指向心性领域，与心性的未发已发有关，强调不仅在已发状态而且在未发状态，主敬工夫都应贯穿其中，主敬可以打通未发已发。

按照朱子的归纳，自程门以来有关"敬"的工夫大致有四种观点：第一，要在外表上做到端庄严肃，"则心便一"（程颐语）；第二，要做到内心意识活动达到"主一无适"（程颐语）的状态，使意识达到高度集中；第三，借用佛教"常惺惺"的说法，程门弟子谢良佐主张敬就是一种"常惺惺法"，以使主敬工夫贯穿于有事无事的整个日常生活中；第四，主敬工夫可使"其心收敛，不容一物"（程门尹和靖语）。要之，主敬工夫要求内在的心灵意识始终保持高度集中，由此挺立其主宰之心，以抵制内心的思虑纷扰或外来的物欲诱惑，做到"**由乎中而应乎外，制于外所以养其中**"（程颐《四箴序》）的内外结合的涵养工夫。从根本上说，这套工夫关联内心道德意识的培养和持守，即程颐所说的"安内""养中"，亦即"涵养"之意，目的在于从根本上解决"人多思虑不能自宁"（《程氏遗书》卷十五）或"人心作主不定"（《程氏遗书》卷二下）的问题。

程颐强调主敬，是因为他认为，人心容易陷入两种状态，犹如有两个人在自我"**交战**"（程颐语）一般，一是为恶之心，一是为善之心。这是由于人心作为知觉心，其意识思虑千变万化，"不能不交感万物"的缘故。而与万物发生"交感"的过程中，导致人心纷扰或分裂的根源则在于人心不能为自己"作主"，以致人心"正如一个翻车，流转动摇，无须臾停，所感万端"（《程氏遗书》卷二下）。为了扭转这一现象，程颐竭力主张："若欲免此，唯**是心有主**。如何为主？敬而已矣。"所谓"是心有主"，即以心作主，而敬便是人心自己作主的关键，因为敬可以使心达到"一"的集中状态。重要的是，人心作主不能脱离人事活动，而就在事为过程中才能做到人心作主："大凡人心，**不可二用**，用于一事，则他事更不能入者，事为之主也。**事为之主**，尚无思虑纷扰之患，若主于敬，又焉有此患乎？"（《程氏遗书》卷十五）

可见，主敬工夫就是为了克服意识活动的二心分裂状态，使人心意识永远集中在正确的一点上。具体而言，须通过"事为之主"的途径，以使意识集中。程颐说："要作得心主定，惟是止于事。"（同上）例如"为人君止于仁之类"，最重要的是，"人不止于事，只是揽他事，不能使**物各付物**"（同上）。所谓"物各付物"，就是使"物"各归其所、各司其职，由此人心才能做到"役物"；反之，则是"为物所役，则是役于物"（同上），人心反而被外物所控制。因此，通过主敬工夫，人心不但应成为自己的主宰，更应成为外物的主宰，最终实现"人心作主""物各付物"的目标。

朱子在继承洛学主敬主义工夫论的基础上，强调居敬内容需要增加一条工夫"**不间断**"，凸显主敬工夫不仅具有贯穿人的日常生活乃至人之一生的重要性，更具有贯穿《大学》"八条目"等其他为学工夫之始终的重要性。在这个意义上，主敬在儒家工夫论系统中居于"第一义"的首要地位。

朱子的主敬意识源自"中和之悟"，当然也与程颐的上述问题意识有关。《中庸》"喜怒哀乐"四种情感所引发的不仅是情感问题或中和问题，更是意识问题，与人心活动密切相关。但问题是"未发之前不可寻觅，已觉之后不容安排"（《与湖南诸公论中和第一书》），不论人心意识处在未发还是已发的状态，我们都无法去"寻觅"什么是"中"或"安排"什么是"和"。这是朱子"中和新悟"之后意识到的一个根本问题。

在朱子看来，要解决这一问题，唯有努力实践"**平日庄敬涵养之功**"，而不必在人心思虑的未发已发问题上作抽象玄妙之思。朱子说："但平日庄敬涵养之功至，而无人欲之私以乱之，则其未发也，镜明水止，而其发也，无不中节矣。此是**日用本领工夫**。"（同上）其实，所谓"日用本领工夫"无非就是程颐已经揭示的"主敬"工夫:"故程子之答苏季明,反复论辨,极于详密,而卒之不过以敬为言。"(同上)于是,作为"日用本领工夫"的主敬工夫不再受未发已发问题的牵制。相反,如果认定心为已发,那么日用工夫便"止以察识端倪为最初下手处",其结果反而是"阙却平日涵养一段工夫,使人胸中扰扰,无深潜纯一之味……亦常急迫浮露,无复雍容深厚之风"(同上),其为害将不可胜穷。

可见,朱子"中和新悟"的一项重要内容就是向二程道学主敬工夫的回归,更重要者,朱子将主敬工夫定位为"日用本领工夫",表明主敬是日常行为的主要工夫或根本工夫。然而,我们仍须追问,对朱子而言,何谓"主敬"?

从字义上说,敬即提撕、警觉、摄心、收敛、专一、谨畏等意。这些说法在朱子文本中俯拾皆是,重在表明对内心世界、意识活动的提撕警觉。先秦以上帝或上天为对象的敬畏义,不是朱子主敬学说的主要含义,当然,朱子并不否认"敬"字含有对外在超越对象表示敬畏的意思。对朱子而言,主敬主要是一种意识操练的工夫,具有内向性的特征,如朱子主张必须常令此心"**每日提撕,令常惺觉**"(《朱子语类》卷十六),但这种内向性并不意味通过静坐方式以使心灵得到澄净。相反,朱子强调主敬不同于"块然兀坐",因为这种"块坐"方式会导致人心意识的"昏倦",这就与提撕惺觉相背离,所以朱子强调"**提撕便敬**,昏倦便是肆"(《朱子语类》卷十四)。另一方面,提撕惺觉也适用于日常生活,如"无事时,且存养在这里,提撕警觉,不要放肆。到讲习应接时,便当思量义理"(《朱子语类》卷九十五)。要之,敬就是令此心自作主宰、自存自省,以实现"**内外肃然**"(同上)。在这个意义上,所以说"敬者,一心之主宰而万事之本根也"(《大学或问》),敬成了贯通人心与万事的关键，进而推论，敬甚至被提升到"圣学所以成始而成终者也"（同上）的高度。

历来以为朱子工夫论当以"格物"为"第一义"，其实格物只是在《大学》工夫系统的序列中被置于首位，若论主敬与格物的关系，显然主敬可以打通格物而不能反过来说格物可以统领主敬："《大学》须自格物入，**格物从敬入最好**。只敬，便能格物。敬是个莹彻底物事。"（《朱子语类》卷十四）由上述朱子论敬的一系列观点看，此说似不难理解，但是，朱子断定"格物从敬入"之依据在于"敬是个莹彻底物事"，这却涉及一个根本问题：亦即主敬工夫的主体究竟为何。

2. 以心观心与以心使心

上面的问题看似突兀，因为朱子的回答必然是：主敬之主体就是自作主宰、自省自存的"此心"。然而若进一步追问，何谓"此心"？则答案可能有二：第一，此心就是单纯的人心意识，具有认识事物乃至判断是非之能力的知觉之心——认知意义上的认知心；第二，此心是道德本心，不仅具有知是知非、知善知恶的道德判断力，而且是本体意义上的心体存在，如孟子或阳明心学意义上的"本心"或"良知"。那么，朱子对"心"的基本规定是否含有心学本体论意义上的道德心或良知心？答案却是否定的。于是，朱子将面临这样的问题：能使此心自作主宰的主体究竟是一种什么心？主敬工夫是否意味着用一个心来对治另一个心，即以心治心？

事实上，在"中和新悟"之后，朱子就明确表示不能认同湖湘学派的本心察识说，因为按照"先察识，后涵养"的说法，此所谓"察识"之"心"所欲"察识"的对象是另一个"心"，这就会陷入

"以心观心"乃至"一心三觊"的悖论当中:

> 且心既有此过矣,又不舍此过而**别以一心观之**;既观之矣,而又别以一心知此观者之为仁。若以为有此**三物递相看觊**,则纷纭杂扰,不成道理。若谓止是一心,则顷刻之间有此三用,不亦匆遽急迫之甚乎?(《朱子文集》卷四十二《答吴晦叔》第六书)

因此,朱子坚决反对在察识心之外或之上,另有一个所谓的"心之本体",例如他在解释"操则存,舍则亡"这一存心问题时,强调指出:"存者,此心之存也;亡者,此心之亡也。**非操舍存亡之外别有心之本体也。**"(《朱子文集》卷四十七《答吕子约》第十书)

对朱子而言,他只承认"心一也",不存在所谓的经验心与本体心之别;但是心的状态却有两种,一种是合乎理性的心,叫作"道心",另一种是趋向人欲的心,叫作"人心",必须让人心"听命"于道心的指挥和引领。这个说法显然借用了《尚书·大禹谟》的"道心""人心"的概念。但是,朱子认为这并不是指两个心,而是指一个心的两种状态。

尽管在人心服从道心或道心主宰人心的过程中,人看似有"两般心":"一个是是底心,一个是不是底心";然而关键在于:"只是才知得这是个**不是底心**,只这知得不是底心底心,便是**是底心**。便将这知得不是底心去治那不是底心。**知得不是底心便是主,那不是底心便是客。**"(《朱子语类》卷十七)这是说,一心存在主客两种状态,不妨称作"**一心两层论**",尽管有两层之分(是底心为主与不是底心为客),然总是一个心。朱子的这个说法并不意味作为主人的

"是底心"是心之上的另一个所谓"心之本体"。

所以,朱子接着指出:"**人多疑是两个心,不知只是将这知得不是底心去治那不是底心而已。**"(同上)按朱子的理解,这也正是程颐说"**以心使心**"(《程氏遗书》卷十八)的意图所在。表面看,程颐此说与湖湘学主张的察识说无异,同样会落入"以心观心""一心三觑"之窠臼,然而朱子辩护道:程颐旨在强调"只要此心有所主宰"(《朱子语类》卷九十六),只不过"说得来却似有两个",但是"子细看来,**只是这一个心**"(《朱子语类》卷三十四)。可见,朱子是在坚持"心一也"的立场,在此立场上,朱子承认可以用"是底心"去对治"不是底心",这才是"以心使心"说的真正旨意。归结而言,按朱子的主张,道心人心总是一个心,这一个心忽而变成"主人"(是底心)忽而又会变成"客人"(不是底心),这意味着心往往会面临自我分裂,故有必要采用主敬的方法,实现"使心一也""自心作主"的理想状态。

朱子的上述观点及其为程颐"以心使心"说的辩护,从阳明学看来,存在严重的理论问题:主敬何以实现"以心使心"?若进一步追问,主敬的主体又是一种什么"心"?依阳明学,朱子学显然缺乏这一根本的追问,因为朱子学不能认同的恰恰是这一追问背后的理论预设:即在认知心之上另有一本体心,此心体主宰包括主敬在内的一切工夫。故在阳明学的审视下,朱子学的主敬是一种"没头脑"的工夫,是心理学意义上的单纯意识集中而已。

"头脑"是阳明学的惯用语,特指良知心体。工夫若缺乏"头脑",便意味着这种工夫缺少良知心体的主导和指引,必然会迷失方向。在阳明看来,朱子所谓"日用本领工夫"的主敬恰恰缺乏"本领",因为如果主敬就是"主一",那么,这种意识集中的讲法便好比说:"饮酒便一心在饮酒上,好色便一心在好色上"(《传》第117条),这显然是荒谬的。故关键在于如何理解和把握"一心"。依阳明,"一心"不能是单纯的经验意识或感性认知,而必须是符合道德理性的良知意识,由此出发,我们才能理解阳明的以下说法:

> 一者天理,**主一是一心在天理上**。若只知主一,不知一即是理,有事时便是逐物,无事时便是着空。惟其有事无事,一心皆在天理上用功,所以居敬亦即是穷理。就穷理专一处说,便谓之居敬;就居敬精密处说,便谓之穷理;却不是居敬了别有个心穷理,穷时别有个心居敬。名虽不同,功夫只是一事。(同上)

这是阳明对"居敬"问题的敏锐观察,他以"一者天理"为前提,然后用"一心在天理上"来解释"主一",看似将居敬与穷理作了等同,其实所谓"一心"盖指形上的心体良知,所谓"穷理"也不再是朱子学意义上的即物穷理,而是特指在心体上落实"存天理""明人伦"之工夫。

由上可见,围绕主敬工夫问题,朱子学与阳明学的主要分歧在于:能否认同"心"具有形上本体的意义?在朱子,他绝不认同在存心工夫之外另立一个所谓的"心之本体";在阳明,其哲学第一命题"心即理"已预设了"心之本体"的概念,心被提升至天理的高度而做出了本体论规定。由于心不再是单纯的认知心而是道德本心,阳明学工夫论的核心主张便不是居敬,更不是格物,而必然是"致吾心之良知于事事物物上"的致良知工夫。

3. 格物补传的工夫纲领

按照程颐"涵养须用敬,进学则在致知"的工夫论方针,除了居敬涵养以外,另有一套进学致知——格物致知的工夫需要理论重建,而这是朱子自觉需要完成的一项思想工作。它主要体现为朱子对《大学》"格物致知"问题的理论诠释以及《大学章句》一书的撰述活动。

《大学章句》初稿完成于淳熙元年(1174)前后,最终定稿则在淳熙十六年(1189)。已有研究表明,朱子对《大学》文本的厘定大致作了这样一些工作:设经一章、传十章;移错简一(三纲传与本末传)、异字二(齐治传中之二"帅"字)、改字一(改"亲"为"新")、删字四(删"此谓知本");另增"格物补传"134字(李纪祥,M1988,第64页)。

上述的文本改订引起后世激烈争议的部分、同时也是朱子工夫论中最具特色的便是"**格物补传**"。朱子认为《大学》一书"自诚意以下,其义明而传悉矣。独其所谓格物致知者,字义不明,而传复阙焉",故他意图"取程子之意以补之"(《大学或问》下),在二程(特别是程颐)的思想基础上,为格物致知章"补"写一个"传",其全文如下:

> 所谓"致知在格物"者,言欲致吾之知,在**即物而穷其理**也。盖人心之灵莫不有知,而天下之物莫不有理,惟于理有未穷,故其知有未尽也。是以《大学》始教,必使学者即凡天下之物,莫不因其已知之理而益穷之,以求至乎其极。至于用力之久,而一旦豁然贯通焉,则**众物之表里精粗无不到,而吾心之全体大用无不明**矣。此谓物格,此谓知之至也。(《大学章

句》第五章）

这是对《大学》经文"致知在格物"一句的解释。

其一，朱子以"欲致吾之知，在即物而穷其理也"一句来解释"格物致知"，此即著名的"即物穷理"说。其二，即物穷理何以可能，朱子预设了两大前提："人心之灵莫不有知"以及"天下之物莫不有理"，认为人心知觉与万物之理发生接触，就是人穷理的过程。其三，《大学》"始教"推重"即物穷理"，由"已知之理"不断穷究以"求至乎其极"，这可能是伴随人一生的穷理过程。其四，格物工夫的效应是：随着"用力之久"必会发生"一旦豁然贯通"的认知现象，此即认识过程中突发性的飞跃现象，由此将实现"众物之表里精粗无不到，而吾心之全体大用无不明"的理想境界。

所谓"全体大用"，结合《大学章句》释"明明德"："明德者，人之所得乎天，而虚灵不昧，以具众理而应万事者也"，故可推知，"全体"是指心"具众理"之全体，"大用"是指心"应万事"之大用。按朱子的"中和新悟"，"心之所以为体"盖指心之大体：**一性浑然，道义全具**；"心之所以为用"盖指心之大用：**七情迭用，各有攸主。**"（《朱子文集》卷三十二《答张钦夫》）要之，"无不到"与"无不明"乃最高境界说，表明经格物穷理的刻苦努力之后，必能实现"心与理一"（《大学或问》）的终极理想；由对事理、物理、性理等知识与经验的不断积累，终将获得对宇宙万物的存在原理及人伦社会的伦理原则的整体把握。故对朱子而言，穷理与明伦、格物与诚意本可贯通，此见后述。

以"即物穷理"释"格物"无疑构成了朱子工夫论的核心观点。至于"致知"，则被"格物"所涵摄，"格物可以致知，犹食而所以为饱"(《朱子文集》卷四十四《答江功德》)。从字义上说，格物指"**格，至也；物，犹事也。穷至事物之理，欲其极处无不到也**"(《大学章句》第一章)；致知指"**致，推极也；知，犹识也。推极吾之知识，欲其所知无不尽也**"(同上)。具体而言，两者关系可表述为："格物只是就一物上穷尽一物之理，致知便只是穷得物理尽后，我之知识亦无不尽处，若推此知识而致之也。"(《朱子文集》卷五十一《答黄子耕》)要之，格物在于穷理，致知在于格物，穷理尽后，知识可获，故格物致知为同一个过程，是认识客观世界原理的基本方法。

不仅如此，格物致知还是认识和把握人伦行为之道理的基本方法。朱子说：

若其用力之方，则或考之事为之著，或察之念虑之微，或求之文字之中，或索之讲论之际，使于身心性情之德、人伦日用之常，以至天地鬼神之变、鸟兽草木之宜，自其一物之中，莫不有以见其**所当然而不容已**，与其**所以然而不可易**者。(《大学或问》下)

这段总结性的表述，指明格物致知工夫包括"所以然"和"所当然"两个主要方面，前者指客观世界的所有原理，后者指伦常行为的所有原则，两者均被朱子学的"理"观念所涵摄。

由上可见，朱子格物工夫论以理学为哲学基础，既有知识论指向又有人生论旨趣，是一套具有整体意义及首要意义的工夫理论。故朱子强调："**格物致知是《大学》第一义。**"(《朱子文集》卷五十八《答宋深之》)"《大学》是圣门最初用功处，格物又是《大

学》最初用功处。"(同上)

二 《大学》工夫是一套系统

如果用"最初用功处"来定位《大学》在儒家经典中的首出地位,并用来定位"格物"在《大学》工夫系统中的首出地位,那么可想而知,在朱子学工夫论系统中,格物必具有首要的地位。

在《大学》"八条目"的工夫项目中,通常被视作"内圣"工夫的格物致知与正心诚意之间的关系究竟是怎样的?朱子有一套说法:就先后说,格物致知在先,而正心诚意在后;从本末看,正心诚意为本,而格物致知为末。朱子说:"故《大学》之教,而**必首之以格物致知之目**……而复进之以必诚其意之说焉。"(《大学或问》下)又说:"故《大学》之道,**虽以诚意正心为本**,而必以格物致知为先。"(《朱子文集》卷五十九《答曹元可》)

可见,朱子工夫论偏重于格物。借朱陆之辩的话语来说,如朱子晚年所坦承,他平时偏重于"道问学"方面,而与陆象山更重视"尊德性"不同,他主张两者可以互相取长补短。于是,本属于《大学》内圣领域的格物与诚意问题被引申为尊德性与道问学的问题。对此,朱子又有哪些观点论述或理论推进?

1. 格物诚意是两个关

当陆象山大声发难:"既不知尊德性,焉有所谓道问学",王阳明尖锐质疑:"纵格得草木来,如何反来诚得自家意"时,陆王一系与程朱一系在工夫论域中的立场已然不可调和。故有学者认为,在宋明理学史上,存在一个带有普遍性的思想史问题:"反智主义"

(Anti-intellectualism)（陆王心学）与"智识主义"(Intellectualism)（程朱理学）的冲突，这两种立场的思想之争，始终隐伏在宋明理学思想发展过程中，而清代考据学的复兴无非就是宋明以来智识主义这条"内在理路"的重现与推进（余英时，M2000，第290页）。尽管朱子学格物论具有智识主义倾向，可由"平日所论，却是问学上多了"（《朱子文集》卷五十四《答项平父》）这句话得到最低限度的认证，然而就其整套工夫论而言，朱子在力主格物致知乃《大学》"第一义"的同时，显然并没有对道德涵养、正心诚意的工夫问题掉以轻心。

学界以往有一种观点以为：与"六经注我"的象山学偏重于道德心性的思想取向不同，主张"泛观博览"的朱子学则显然偏重于对客观物理的沉思探究。这一观点可能源自阳明时代对朱陆异同所持的一种偏见，即认为朱子专以"今日格一物、明日格一物"为事，而象山则专主"发明本心"为要。然而，这些偏向只表明为学取向有异，并不意味着心学传统便主张"束书高阁"。其实，对阳明而言，知识若与良知分离，则于成圣工夫不相干，相反，会导致"知识之多，适以行其恶也；闻见之博，适以肆其辨也"（《传》第143条）等乖戾现象。阳明此等极端之论，或有意冲着当时朱子学者而发，并不表明阳明本人有绝对弃置书本知识之意。另一方面，就朱子工夫论的整体来看，他对格物与诚意也显然有重要的关切：

> 致知、诚意，是学者两个关。**致知乃梦与觉之关，诚意乃恶与善之关**。透得致知之关则觉，不然则梦；透得诚意之关则善，不然则恶。致知、诚意以上工夫较省，逐旋开去，至于

治国、平天下地步愈阔,却须要照顾得到。(《朱子语类》卷十五)

这段话充分反映了朱子对《大学》八条目的整体看法。此处"致知"是格物致知的简称,"诚意"是正心诚意的略称,所谓"致知、诚意以上工夫"是指修身齐家治国平天下。朱子认为,这些工夫只要"逐旋开去",用力"较省",要紧的无非是致知和诚意;致知是"梦觉关",诚意是"善恶关",这是两项重要的"关头"。不仅如此,朱子强调"**诚意是转关处**""**诚意是人鬼关**"(同上),显然诚意比致知更为关键。

然而,如何由格物进至诚意?它们毕竟属于两项工夫,两者之间又有一个"转关处",而且"这一转较难"(《朱子语类》卷十八);在工夫次第上,正心诚意不能"只凭空守",因为"谨守则在此,一合眼则便走了",所以"须是格物",而"物格则理明,理明则诚一而心自正矣"(同上)。这里朱子一再强调格物作为工夫着手处,具有基础性的意义,问题在于"今却不用虑其他,只是个'知至而后意诚',**这一转较难**"(同上)。

"这一转"表明,格物与诚意之间有一个关卡,两者的打通必须以"物格则理明""理明则诚一"为前提,如此,诚意必定落为格物之后手,进而凸显出格物的首要地位。至于格物的对象可谓包罗万象、无所不至:

上而无极、太极,下而至于一草、一木、一昆虫之微,亦各有理。一书不读,则阙了一书道理;一事不穷,则阙了一事道理;一物不格,则阙了一物道理。须著逐一件与他理会过。(《朱子语类》卷十五)

据此看来，朱子格物论确有导入智识主义的倾向。

然而，将外在世界的一切现象都设定为知识对象，是否会导致对涵养心性工夫的忽视？朱子门下就有人意识到这一问题，问："格物则恐有外驰之病？"对此，朱子的回答非常直截：格物工夫只论"合为与不合为"（即是否应当做），而不论格物对象是否有身心内外之别（同上）。

可是，这个"合为与不合为"的说法稍嫌武断，因为不管什么情况，只要"事至物来，便格取一个是非"（引者按，意近事物道理，而非指道德是非，《朱子语类》卷十八）的做法，不免有"取效太速"的"迫切"之弊，故朱子晚年自己也有反省：

> 问："春间所论致知格物，便见得一个是非，工夫有依据。秋间却以为太迫切，何也？"曰："看来亦有病，**侵过了正心诚意地步多**。只是一'敬'字好。伊川只说敬，又所论格物致知，多是读书讲学，不专如春间所论偏在一边。今若**只理会正心诚意**，却有局促之病；**只说致知格物，又却似泛滥**。……须是因此端绪从而穷格之。未见端倪发见之时，且得**恭敬涵养**，有个端倪发见，直是穷格去，亦不是凿空寻事物去格也。"（《朱子语类》卷十八）

这段对话发生在1193年，其中意思有几层转折：第一，朱子首先反省片面强调格物致知有可能"侵过了正心诚意地步多"，故而有"太迫切"之嫌；第二，"只说敬"不如程颐说工夫讲得周到，而其所讲格物致知也是具体的"读书讲学"；第三，正心诚意与格物致知都不可偏废，只说前者则有"局促之病"，只说后者"却似泛滥"；第四,结论是应当从事物的具体端绪处着手格物工夫,若未见事物端绪,则不妨回归程颐的居敬涵养工夫。

由上可见,朱子之意在于:居敬涵养才是打通梦觉关的格物工夫与善恶关的诚意工夫的关键。这一推论可以从1191年朱子说的一句话得到印证:"用**诚敬涵养为格物致知之本**。"(《朱子语类》卷十八)此处"诚敬涵养"即居敬涵养,其中的"诚"并非《大学》"诚意"工夫之意,而是"立诚"之意——"只是**确定其志,朴实去做工夫**"(同上),故"立诚"又近于"立志",其重要性在朱子看来,甚至位居格物之前。格物致知等工夫的始点就在于"立诚":"诚意不立,如何能格物?**所谓立诚意者,只是要着实下工夫,不要若存若亡。……《大学》**盖言其所止之序,**其始则必在于立诚**。"(同上)这表明格物工夫应以"立诚"或"立志"为前提,而立诚或立志又与居敬工夫有着密切关联,据此,则可以说居敬才是彻上彻下的根本工夫(吴震,M2018b,第281—283页)。

总之,在工夫次序不可乱的意义上,格物是《大学》第一义;从工夫的轻重角度看,则正心诚意为本;作为"梦觉头"的格物倾向于知识活动,作为"善恶关"的诚意接近于诚敬涵养工夫;从根本上说,"敬者,彻上彻下工夫"(《朱子语类》卷十八),可以打通格物与诚意的关头。

2.格物诚意不是两事

居敬涵养的身心工夫,如何与追求客观事理的格物穷理工夫打通为一?这是朱子不得不应对的重要问题。1194年的一条记录表明,朱子明确意识到有必要将格物穷理与居敬涵养的工夫统一起来:"学者工夫,唯在居敬、穷理二事。**此二事互相发**。能穷理,则居敬工夫日

益进；能居敬，则穷理工夫日益密。"(《朱子语类》卷九)

1197年朱子在跟弟子周谟的一封书信中进一步讨论了上述问题。周谟认为"《大学》之道，莫切于致知，**莫难于诚意**"。强调诚意这一关很难突破，因此有必要反过来作格物工夫，他说："意有未诚，必当随事即物，求其所以当然之理。"这里已经涉及格物与诚意如何互动关联的问题。朱子对此观点表示认同(《朱子文集》卷五十《答周舜弼》)。朱子承认专事于观察"物理"的格物活动，与"专在性情"的"得之于身"的涵养工夫，应当是"**互相发处**"(《朱子语类》卷十八)的关系，而不是各不相关的工夫实践。

朱子充分了解工夫有内外之分，但割裂内外是学者的大病。他认为，要做到内外合一，一方面需要借助格物穷理，另一方面要做到反求诸己。所以朱子说："要之，**内事外事，皆是自己合当理会底**，但须是六七分去里面理会，三四分去外面理会方可。"(《朱子语类》卷十八)一般而言，所谓"外"，是指外在事物，所谓"内"，是指内在身心，然从广义上说，内外之事均属于"物"的领域，因为"物犹事也"(《大学章句》)，"物"可以涵盖所有社会行为和客观事物，故格物穷理必然同时涉及内外两个方面，向外穷理与反身穷理在朱子工夫论系统中得以贯通。

如果从工夫系统而不是从工夫次第的角度看，那么，格物穷理与居敬诚意之间其实是一种互相涵摄、同时并进的关系。这是朱子工夫论思想的一大特色，也是其理论贡献。朱子指出：

> 存心养性，便是正心诚意之事，**然不可谓全在致知格物之后**。但必物格知至，然后能尽其道耳。(《朱子文集》卷四十《答何叔京》)

这里的两句话，前者是就工夫系统言，强调了正心诚意与格物致知并无先后，应同时并进；后者是从工夫次第言，仍然强调"物格知至"的必要性。不过，朱子早在1173年的一封书信中就强调即物穷理与居敬涵养的并进关系：

> **穷理涵养，要当并进。**盖非稍有所知，无以致涵养之功，非深有所存，无以尽义理之奥，正当**交相为用**，而各致其功耳。（《朱子文集》卷四十五《答游诚之》）

这里的穷理涵养并进论，是对程颐"涵养须用敬，进学则在致知"的一项修改，但还没有明确就格物与诚意的关系做出界定。

朱子晚年在与弟子的对话中，开始从工夫系统的角度强调格物与诚意不可偏废，他说："若以《大学》之序言之，诚意固在知至之后，然亦须随事修为，**终不成说知未至，便不用诚意正心**！但知至已后，自不待勉强耳。"（《朱子语类》卷四十二）此处所谓"终不成说知未至，便不用诚意正心"尤当重视，显然，朱子意识到在工夫次第上，格物为首要工夫，但在具体情况下，诚意工夫未必一定落在格物之后，否则将导致一种严重后果：即一切工夫有待格物完成后才能着手，这将造成八条目工夫段段分裂之结局。

如有弟子质疑："《大学》八者条目，若必待行得一节了，旋进一节，则**没世穷年，亦做不彻**。"所以，理想的状态应当是："日用之间，须是随其所在而致力：遇著物来面前，便用格；知之所至，便用致；意之发，便用诚；心之动，便用正；身之应接，便用修；家便用齐；国便用治，方得。"对此，朱子表示完全赞成，并且指出：

> 有国家者，不成说家未齐，未能治国，且待我去齐得家了，却来治国；家未齐者，不成说身未修，且待我修身了，却来齐家！无此理。但细推其次序，须著如此做。**若随其所遇，合当做处，则一齐做始得。**（《朱子语类》卷十五）

这就清楚表明，以格物为首的工夫原则，有必要根据"合当做处"的具体情况进行调整，也就是说，任何原则在实践过程中都不能是抽象生硬的，而应是具体灵活的。在朱子看来，各种工夫虽次第不同、对象有别，然而构成了一套有机体系，不可分割断裂，在"随其所遇"的具体情形下，有时必须"一齐做始得"。朱子又说：

> 《大学》自致知以至平天下，许多事虽是节次如此，须要**一齐理会**。不是说物格后方去致知，意诚后方去正心。若如此说，则是当意未诚、心未正时，有家也不去齐，如何得！……须是**多端理会**，方得许多节次。圣人亦是略分个先后与人知，不是做一件净尽无余，方做一件。若如此做，何时得成！（《朱子语类》卷十五）

一方面，工夫有许多节次，需要"多端理会"，不可紊乱；另一方面，众多事物又须"一齐理会"，而不可打断格物至平天下的关联。可以说，这是朱子晚年工夫系统论的一个典型表述。在这个意义上，《大学》工夫八条目可以而且应当看作一个系统，既可"**一齐用做去**"，又可"**逐一旋旋做去**"，不能借口"物未格""知未致"，就放下诚意工夫，倘若这样来理解儒家工夫论，朱子斥之谓："**安有此理！**"（同上）

既然《大学》工夫是一套系统,那么,格物过程是否也包含诚意工夫呢?这个设问看似唐突,实则不然,朱子曾在1191年谈到这一问题:

> 舜功问:"致知诚意是如何先后?"曰:"此是**当初一发同时做底工夫**,及到成时,知至而后意诚耳。不是方其致知,则脱空妄语,猖狂妄行,及到诚意方始旋收拾也。孔子'三十而立',亦岂三十岁正月初一日乃立乎!白乐天有诗:'吾年三十九,岁暮日斜时。孟子心不动,吾今其庶几。'此诗人滑稽耳。"(《朱子语类》卷十五)

此处"当初一发同时做底工夫"表明,格物致知与正心诚意在工夫系统中本无先后之可言。朱子以"孔子'三十而立'"为例,强调"三十而立"绝不意味着孔子在"三十岁正月初一日"才突然发誓"立志",而必然是三十岁之前的工夫不断积累而达到的结果。朱子此说已将其工夫系统论的观点全盘托出,在此观点审视下,格物诚意必须"一齐理会""一齐做去"而不能层层割裂。

事实上,上述观点的变化体现在朱子中年(45岁)至晚年(60岁)思想发展过程中,特别是朱子晚年对此有了更明确的肯定,我们不妨从朱子的书信中来窥探他思想的演变:

> 非格物致知全不用诚意正心,及其诚意正心却都不用致知格物。(《朱子文集》卷四十二《答石子重》)

> 治国、平天下,与诚意、正心、修身、齐家**只是一理**。所谓格物致知亦曰知此而已矣。此《大学》一书之本指也。(《朱子文集》卷四十四《答江德功》)

以上两函,分别是朱子39岁(1168)及43岁(1172)的观点,对于《大学》工夫的整体性已有了初步的意识,接下来是朱子59岁时(1188)的观点:

>《大学》之序,自格物致知以至于诚意正心,**不是两事**。(《朱子文集》卷五十六《答方宾王谊》)
>
>　　持敬格物功夫**本不相离**。(《朱子文集》卷五十五《答苏晋叟》)

至此,朱子的观点已经非常清楚,他明确了格物诚意"不是两事"的立场。由此可以说,朱子在强调格物的同时,并未忽视其他工夫尤其是诚意的重要性,对于工夫系统的整体性也有明确的意识。从工夫次第言,"格物致知是《大学》第一义";从工夫系统看,"格物致知以至于诚意正心不是两事"。这两个观点在朱子工夫论思想中同时成立、并行不悖。

　　然从性质上看,格物是对于外在物理或事理的知性了解,具有较强的知识论意涵;诚意则是关涉内心的"实其意"(朱子语)"毋自欺"的善恶判断,具有价值论、伦理学的意涵。故严格意义上,格物与诚意始终有分别而不能混同为一。在承认两者差异的前提下,将两者置于工夫系统中来定位,即在格物过程中可以有诚意工夫的参与,在诚意过程中也可以有格物工夫的落实,这才是朱子晚年工夫论主张格物诚意"不是两事"、融为一体的理论意义之所在。然而,朱子晚年依然坚持必须以主敬来贯穿《大学》的工夫系统,而没有进一步对《大学》工夫论中的身心意知物、格致诚正修等概念系统进行名义定位。这一关涉《大学》工夫系统的理论自洽性问题,阳明学则给出了心学式的解答。

三 物为意之所在的意知物

一般认为,朱子学将工夫论的重点置于格物,然而通过以上考察,我们发现朱子晚年意识到过于强调格物会有"侵过了正心诚意地步多"的弊端,故其工夫主张又有另一重要面相:儒家工夫既要对《大学》"八条目""逐一理会"又要"一起做去",既要循序渐进又要同时并进,由此才能将各项工夫重组为一套有机系统。

朱子承认"正心诚意为本""格物致知为先",可以由格致工夫推展至诚意工夫,但是由于"意者心之发"的规定,"实其意"的诚意工夫便缺乏主动性和主宰性,故不得不在《大学》系统外另找一个主敬工夫来加以贯穿。基于经典解释须以文本为依据的主场,陆象山批评朱子的这一做法为"杜撰",王阳明也断言"不必添一个'敬'字"来附会《大学》工夫。在阳明看来,朱子对"意"的定位以及对"物"的理解,都存在着严重的理论欠缺。尽管我们认为,朱子以"主敬"重建《大学》工夫论系统,不失为儒家工夫论的另一理论形态。

但在阳明学的审视下,朱子工夫论将格物定位为《大学》"第一义"已然犯了根本性的方向错误,因为《大学》工夫论的核心在于诚意而不能是格物;朱子将格物解释成即物穷理也犯了原则性的错误,因为格物绝不能理解为到外物上去穷尽事物之理,而应首先将"格"训为"正",将"物"释为在人心关照下的"事",进而格物就是正心之物或正心之事。对阳明而言,格物问题的根本解决乃是突破朱子学的思想框架以重建儒家心学传统的首要任务。

1. 心意知物的贯通

根据《阳明年谱》记载，龙场悟道的核心内容是"**大悟格物致知之旨**"，另据徐爱在为《传习录》上卷所作"引言"的说法，阳明之于"《大学》格物诸说，**悉以旧本为正，盖先儒所谓误本者也**"（《传习录》卷首）。此处"旧本"是指《礼记》中的《大学》，又称"古本大学"，"先儒"则概指程朱。这些信息表明，阳明学建构"心学"与朱子学构建"理学"的思想文本竟然都是《大学》。

具体而言，阳明弃朱子《大学章句》之"新本"而不用，力主恢复使用《礼记》中的"古本大学"，以为古本既无错简又无缺字，乃是"完本"，在经典问题上表现出"复古"主义的趣向。历史表明，大凡主张"复古"者，绝不是为复古而复古，往往是以复古为"革命"的手段。阳明学正是利用"古本大学"，旨在通过经典文本的重新诠释以对朱子学的理论体系实施釜底抽薪式的颠覆，而这项工作的端倪就表现为对《大学》格物致知诚意正心的重新诠释。

举例来说，阳明生平所撰的唯一一部哲学作品《大学古本傍释》（后学整理的《大学问》不计在内的话）尽管只留下了残本，但却是他从龙场出山之后的第一部作品，具有重要的意义，其中对心意知物及格物问题便有创造性的诠释：

> 心者身之主，意者心之发，知者意之体，物者意之用。如意用于事亲，即事亲之事格之，必尽夫天理，则吾事亲之良知无私欲之间而得以致其极。知致，则意无所欺而可诚矣；意诚，则心无所放而可正矣。格物如格君之格，是正其不正以归于正。（《王阳明全集》卷三十二《大学古本傍释》）

这里开首的四句话二十个字，是对心意知物四个概念的界定。前两句沿袭了朱子学的说法，不存疑义；后两句则是阳明的独特解读，有必要稍作解释。

无疑地，这四句话是针对《大学》正心诚意致知格物的一套说法而发，其中涉及心意知物四个基本概念的名义问题及其互相关系问题。单独看，心是身体的主宰，意识是心的发动，这是朱子既已说过的观点，但是，第三句"知者意之体"却是阳明的发明，这是说在意识活动中存在一种作为"意之体"的"知"，换言之，"知"是意识的主体，具有主导作用，故而称之为"体"。与此相应的概念则是"用"，于是，第四句便是"物者意之用"，但阳明不说"物者知之用"，这一点值得注意。其重要而丰富的思想内涵，下面再作详细的探讨，这里只须点明：所谓"物者意之用"，是说"物"是意识活动作用的表象。

合起来看，我们可以发现在上述四句当中，"意"具有贯穿心意知物的重要性。尽管首句"心者身之主"并未提及"意"字，然而根据后一句"意者心之发"可以推论，"心"已内含"意"的意涵。很显然，意贯穿于心意知物的概念系统中。那么，阳明如此界定心意知物的关系，其理论意图究竟何在呢？为此，我们还需要更全面地了解阳明就此问题的种种论述。例如《传习录》上卷有一条语录，不妨对照着看：

> 身之主宰便是心，心之所发便是意，意之本体便是知，意之所在便是物。如意在于事亲，即事亲便是一物，意在于事君，即事君便是一物，意在于仁民爱物，即仁民爱物便是一物，意在于视听言动，即视听言动便是一物。（《传》第6条）

这里的开首四句显然比《大学古本傍释》讲得更为周延，明确了"知是意之体"的意思是"意之本体便是知"，同时也明确了"物者意之用"的准确表述应该是"意之所在便是物"，进而阐发了一个重要观点："意在于"事亲事君、仁民爱物、视听言动等几乎所有的行为举动上便展现为"物"——由意识指向所构成的"物"，亦即"意识物"（详见后述）。

又如阳明在晚年提出致良知之后，相关论述变得更为缜密，他说：

> **心者身之主也**，而心之虚灵明觉即所谓本然之良知也；其虚灵明觉之良知**应感而动者谓之意**；有知而后有意，无知亦无意矣，**知非意之体乎**？意之所用必有其物，物即事也。……有是意即有是物，无是意即无是物矣，**物非意之用乎**？（《传》第 137 条）

从语句形式看，似有欠严整，然其含义显然更为丰富，意思更为周密。

其一，关于"心者身之主"，阳明对"心"字进行了解释："心之虚灵明觉即所谓本然之良知也"，实际上是将"心"提到了良知本体的高度作了重新界定。其二，"意者心之发"的叙述则变为："其虚灵明觉之良知应感而动者谓之意"，意谓心之良知的发动展现为"意"。其三，"知者意之体"则表述为在"有知而后有意，无知亦无意"的前提下，肯定"知者意之体"。其四，关于"物者意之用"，阳明的表述略显复杂，不过其旨意则很明确："意之所用必有其物"，因此"有是意即有是物，无是意即无是物矣"，在此意义上，可以说"物者意之用"。

归结而言,阳明自觉地使用良知概念来重新阐释心意知物的关系,使得贯穿其中的"意"被置于良知观念之下,得以重新界定,意被诠释为良知之意,甚至可以称为良知意识、良知意愿或良知意向。换言之,"意"所内含的意识、意愿、意向三种主要含义均被置于良知本体之下,得到了重新规定。由良知赋予"意"以这种确定性,进而重新审视心意知物,则可说良知意识构成了整个人心世界与现象世界的关键。换言之,主体世界与客体世界经由良知意识被重组为"一个世界",其中既没有心意知物的层层分断,也没有形上形下的截然对立,更没有格致诚正等工夫论意义上的断层割裂。由此得出一项重要结论:身心意知物"只是一物",格致诚正修"只是一事"(《大学问》)。

至此,儒家工夫系统论在良知学意义上得以真正确立,扭转了朱子学《大学》工夫必有"先后次序而不可乱"的观点。我们不妨来看阳明《大学问》的一段结论性的表述:

> 今焉于其良知所知之善者,即其**意之所在之物而实为之**,无有乎不尽。于其良知所知之恶者,即其**意之所在之物而实去之**,无有乎不尽。然后**物无不格**,而吾良知之所知者,无有亏缺障蔽,而得以极其至矣。夫然后吾心快然无复余憾而自谦矣,夫然后意之所发者,始无自欺而可以谓之诚矣。故曰:"物格而后知至,知至而后意诚,意诚而后心正,心正而后身修。"盖其功夫条理虽有先后次序之可言,而**其体之惟一,实无先后次序之可分**。

这段话是对格物致知诚意正心的一套完整诠释。阳明通过良知所知之"意"来打通这套工夫的关节，将《大学》工夫贯穿起来，组合成一套"实无先后次序之可分"的工夫系统，其依据便在于"其体之惟一"的良知。这样一来，《大学》的所有工夫都必须将注意力从外物转移到主体行为的意识上来。阳明以意识之本体的良知为儒家工夫论奠定坚实基础。

2. 意之所在便是物

阳明对心意知物的重新诠释，目的在于重建良知学意义上的工夫系统。其中凸显了意识的关键地位，认为意识过程中，自有良知本体的存在，由良知为意识贞定方向，因此，"良知所知之善"或"恶"，都可以做到"即其意之所在之物而实为之"或"实去之"，这就是格物同时也是致知的实现，进而正心诚意的工夫也就迎刃而解了。

可见，心意知物的名义问题是为重建工夫论服务的。在阳明学工夫论的这套构想中，作为良知所知之"意"不仅居于核心的地位，更重要者，一切外在物都被收摄至意识活动之中，成为具有意识蕴含的所在物、意识物。这个说法与"格物"解释史上纷纷纠缠于"格"字的字义问题有所不同，阳明更关注通过对"物"字的重新诠释寻找新的思想突破。这实际上关涉到阳明学的一个核心关怀：如何重建一个具有价值的人伦世界和意义世界，以有别于运用格物工夫所建构的那个有关客观事物的知识世界。

根据"意者心之发"以及阳明晚年"四句教"的第二句"有善有恶意之动"，"意"字是一个中性词，不涉及善恶价值的道德义，其本身有可能趋向于善也有可能趋向于恶。例如"欲食之心即是意""欲行之心即是意"(《传》第 132 条)的意识活动及其同时发生的行为是无所谓善恶的,在这个意义上,意接近于意愿、意欲或意念。例如"意欲温清,意欲奉养者,**所谓意也,而未可谓之诚意**"(《传》第 138 条),意本身并不直接蕴涵价值判断。意之主的良知才是意识内的主体,构成"意之体",也就是意之主宰,如果意识偏离了良知的引导和规范,那么意识及其行为便有可能犯错。故阳明说:"必其于温清之事也,**一如其良知之所知**,当如何为温清之节者而为之,无一毫之不尽……致其知奉养之良知,而后奉养之意始诚。"(同上)这里阳明强调了"良知所知"才是真正的诚意这一观点,在这个意义上,可以说"着实去致良知,便是诚意"(《传》第 187 条)。

但是,意识本身有一个非常重要的特征,就是"**意未有悬空的,必着事物**"(《传》第 201 条),甚至可以说"**凡意之所用,无有无物者**"(《传》第 137 条)。也就是说,意必有指向性、意向性,任何一个意识活动必指向一个具体物,因而与此同时这一具体物必内含一种意识。由于意是心之所发,因此,这种意识所在物是一种"心现象",而不是单纯的"物现象"。例如,当阳明说"意在于事亲,即事亲便是一物"的时候,事亲这一行为物必已内含一种"孝意识",这一意识现象构成行为对象物的实际内容。

由于意是心之所发,而心不仅是身之主,从本体论的角度,心更是至善的心本体,因为在阳明,良知是心之本体,故心体本身必然是一种价值存在。基于此,心之发动所展现的意,也应当是至善的道德意识,然而,阳明却说心体转化为意识之际,却表现为有善有恶的现象?对此,阳明采用的解释方案是宋明理学惯用的"遮蔽说"(《孟子·告子上》"蔽于物,物交物,则引之而已矣"),即认为由于某种外在因素的不良作用而导致本体（心本体或理本体）被蒙蔽、牵引以至于异化（《礼记·乐记》"夫物之感人无穷，而人之好恶无节，则是物至而人化物也"），其中最主要的外在因素便是气质物欲对人心的影响，阳明称之为"物欲遮蔽"（《传》第207条），其结果将导致人心趋恶，故有必要在人心意识上作一番去人欲的工夫实践。正如阳明所强调："**随意所在某事而格之，去其人欲而归于天理，则良知之在此事者无蔽而得致矣。**"（《传》第201条）此即说，意识指向的"所在物"才是格物的对象物，而格物就是随意之所在的对象物作一番为善去恶的工夫。

因为意识活动必展现为有善有恶，故阳明晚年"四句教"的第四句是"为善去恶是格物"。与此同时，由于"知是意之体"，意之所在也就意味着"良知所知"之意的启动，所以在意识指向的过程中，"良知所知"必会产生两种情况：一是"所知之善"，一是"所知之恶"。据此，意识中的虚灵明觉之良知便会当下做出为善去恶的命令，同时启动格物工夫，而格物工夫只有在良知的主导下才有可能，所以格物就意味着致知（致良知）工夫，而致知是在"良知所知之意"的启动过程中得以实施的，故致知工夫同时意味着诚意工夫的落实。进言之，诚意工夫是伴随心之虚灵明觉的良知而启动的，所以诚意工夫就意味着正心工夫在"意之涉着处"（《传》第201条）得以落实。由于意之所在为物，故格物工夫便意味着在意识对象物上作一番正心工夫。归结而言，由意识来贯穿心意知物，意味着格致诚正被连贯成一个工夫有机体，环环相扣、彼此链接；与此同时，其中作为意识之本体的良知又是这套工夫系统的枢纽。可以说阳明学以良知重建了一套儒家工夫论。这一点我们在下一节还会讨论。

要之，在阳明学的这套工夫论系统中，"意之所在为物"的命题具有核心意义，主要表现为三点：第一，此命题彻底改变了"在物为理"（程颐语）这一道学传统的"物一理"观，而必须重新解释为"**此心在物则为理**"（阳明语），由此建构起"心－物"同构的观念；第二，按阳明的说法，"意在于视听言动，即视听言动便是一物。所以某说**无心外之理，无心外之物**。"（《传》第 6 条）这既论证了"心即理"，又论证了"心外无物"，因此"意之所在为物"与"心外无物"乃至与"心即理"构成了一套有机的理论组合；第三，"意之所在物"这一观念的提出，从理论上解决了"物在外，如何与身心意知是一件"（《传》第 201 条）的根本问题，同时彻底扭转了朱子学以格物为《大学》第一义的道学工夫论，使得诚意工夫的重要性凸显出来，故有"《大学》之要，**诚意而已矣**"（《王阳明全集》卷七《大学古本序言·戊寅》）之说。

总之，通过重新界定"意之所在""知为意主"等概念，阳明建立了"心－意""心－知""心－物"的同构观念，所有的人、物、事等被置于一个意识网络。由意识指向的物与事组成"一个世界"，故有"**物即事**"（《传》第 137 条）的明确定义，意谓"意在于事"的对象便构成此物，如"意在于事亲，即事亲便是一物"。由此，源自意向性的格物行为便成为关涉"事"的伦理行为，而非"即物穷理"的单纯知识活动。

四　以良知重建儒家工夫论

儒家工夫论特别是宋明新儒家的工夫论，发展到明代，以致良知学说的提出为标志，终于建构起一套完备的心性论意义上的工夫理论，它与朱子学的居敬涵养、即物穷理同时并进的工夫论，共同构成了儒家工夫论的两种主要进路。

上面几讲已经对良知自知、良知实体化等良知本体问题有所讨论，这里将主要从工夫论的角度来审视阳明良知学的意涵，并结合他对格物问题的重新诠释，来探讨阳明良知学工夫论的理论意义。

1. 良知一念与念念致良知

一般而言，意与念的意思相近，常连缀成"意念"一词，然严格来说，两者又有区别。意的含义更为宽泛，与意识、意志、意愿、意欲等相关，其意向、指向或动机的对象也更为明确，如"心之所之谓意"（董仲舒语）即指心的意向。"意"一般具有中性含义，有两种可能的背反趋向：意之善与意之恶。而"念"在根本属性上属于意的活动展现，只是更多地与某种具体的念虑或思虑的心理活动乃至情欲活动有关，容易与形气相杂而呈现纷乱等现象，故往往含有负面意思，如私欲、私念等。

但是，念作为意识活动的表现，若能在善的意志或动机的主宰下，将意-念收摄至心，打通心-意-念的关节，则意可以成为一种善的动力。朱子说："**要须总验心情意，一发而俱性在兹**。"（《朱子训蒙诗·意》）认为心-情-意构成一组概念，三者一旦发动，性体自在其中。这一说法与朱子己丑之悟的"性者心之体、情者心之用"的观念是吻合的，也与其"心统性情"的命题理路一致，构成了心性情三分构架，然而根据"总验心情意"的说法，意识概念显示出重要的地位。在朱子看来，心作为一种认知心、感知心，必然展现为意识活动和情感活动，但是一涉及意识和情感，便不免出现错综纷杂的样态，容易使意识或情感失控、走偏，故须由性体为其贞定方向。因为一方面心统性情,心具有管摄性情的作用,但另一方面性在心中,如同理在气中一般,性通过心的活动来展示自己的存在。至于如何由性体反作用于心体,则需要在"尽心"工夫之前,先做一番"知性"的工夫。故朱子纠正了孟子"尽心知性知天"的工夫顺序,认为必先"知性"而后自能实现"尽心",尽心工夫本身是无法着手的,至于所谓知性,则又回到了涵养居敬与即物穷理的路数。

与朱子学异趣的阳明学,在工夫论问题上,也呈现出别样的形态。不过,在"意者心之发"上,阳明并没有与朱子唱反调,他也认为意是心的发动现象。朱子对"意"有两项基本规定:"未动而欲动者,意也"以及"凡营为、谋度、往来,皆意也",这些说法较为宽泛,在这个名义问题上,朱子与阳明显然不存在争议,他们都认为"意"接近于意念、意向、意欲等含义,而意之发动往往展现为种种念虑,故有必要克服意念下坠为物欲的偏向,如阳明言"盖心之本体本无不正,自其**意念**发动,而后有不正"(《大学问》)。

不过对阳明而言,不是"心－情－意"而是"心－意－知"的结构关系更为重要,不是"意者心之发"而是"知者意之体"才是关键。因为意由良知贞定方向,而良知又展现为意之所向,所以"意念之发,吾心之良知既知其为善矣"或者"意念之所发,吾之良知既知其为不善矣"(《大学问》)。值得注意的是,在阳明良知学的概念系统中,常常出现"本体之念""一念良知""良知一念""念念不息"等特殊说法。那么,这些说法究为何意,它们与致良知工夫又有何关联呢?

阳明在回答如何"立志"的问题时指出:"只念念**要存天理**,即是立志。能不忘乎此,久则自然心中凝聚……此**天理之念**常存,驯至于美大圣神,亦只从此**一念存养**扩充去耳。"(《传》第 16 条)这里出现了三种说法:念念存天理、天理之念、一念。它们概指意识活动的专心致志,表明意与念一样,本身并不具有负面义,故阳明常使用"意念"一词,涵指心灵意识的活动状态。意念本身不含有道德判断力,道德判断归属于"意之体"的良知。根据"念念存天理"的表述,我们可推定"念"有两个基本特征:一是意念的连续性,一是意念的意向性。这就表明存天理的道德行为必与意念活动有关。

一般而言,阳明所谓的"念"是指心之所发的一种意识状态,而任何一种意识活动都不免有片段性和流动性乃至不确定性。如"初学时**心猿意马**,拴缚不定,其所思虑,多是人欲一边"(《传》第 39 条),这里"心猿意马"正表明意念的不确定性,它很有可能趋于"人欲一边",故有必要运用"省察克治""扫除廓清"等工夫,以重新确定意念的正确指向,为此需要做到"才有一念萌动,即与克去,**斩钉截铁**",直到"无私可克,自有端拱时在"的地步,才能实现"**天理纯全,便是何思何虑**"(同上)的境界。

上述说法表明,思虑总是缠绕牵动人心,对思虑的警惕一刻也不能放松,最终的理想目标则是"不思不虑",即对意念的"破执",既不能对意识对象放松警惕,也不能刻意地执着于意之所发的"心体"。在阳明看来,"心体上着不得**一念留滞**,就如眼着不得些子尘沙。些子能得几多,满眼便昏天黑地了。"(《传》第 335 条)他又说:"这一念不但是私念,便好的念头,亦着不得些子。"(同上)这些比喻性的说法表明,在心体上不能过于执着,而应该破除这种执着意识,即便为善亦如此。因此阳明特别强调:"物来顺应,**不要着一分意思**,便心体廓然大公,得其**本体之正**了。"(《传》第

235 条)

在心体上不着"一分意思"尽管重要,"本体之正"也是应追求的目标,然而,意念不仅表现为善恶的不确定性,还表现为闲思杂虑、真妄错杂的多样性。如"欲食之心""欲行之心"等都属于一种念,问题是,按照知行合一的理论,在"**一念发动**"之际必同时展现为"知"和"行",如何保证这种"知"和"行"属于善的知和善的行——即良知之知、良知之行,则又涉及"一念"的问题,故有必要将"一念"集中在良知心体上,如同意念本身不能自身作主一样,而必有待于诚意工夫之后,由良知心体来决定意念的确定性。阳明之所以强调"**良知一念**"(《传》第 139 条)或"**一念良知**"(《传》第 162 条)的目的即在于此。

这里的"一念"一词尤为关键。阳明学不仅用以特指意识的高度集中,更是指排除所有闲思杂虑等干扰的纯粹良知意识状态,即所谓"去执"或"无滞"的理想意识状态。阳明所谓"此正是一循于理,是天理合如此,本无私意作好作恶"(《传》第 101 条),指的便是这种良知意识状态,又叫作"**本体之念**"(《传》第 202 条)——根源于心之本体的意念,而非现象界的一般意念。在阳明,随外在对象而改变的意念被称作"**躯壳起念**",这种念会导致"心体便有贻累,便有许多动气处"(《传》第 101 条),进而便会沦为"私念"。

事实上,宋代新儒学自周敦颐提出"主静"说以来,程颐将其扭转至"主敬"说,程颢又有"定性"说,无不涉及意识问题,亦即以《大学》为代表的儒家工夫论中的"正心诚意"问题。正如程颐所说:"人多思虑不能自宁""人心作主不定",人的内心世界中,往往会有善恶两种状态,犹如有两个人在自我"交战"(程颐语),

如何通过主敬工夫来贞定意识，其实是道学在工夫论领域中一贯的主题。至阳明学的时代，这一问题不但没有消失，反而是心学理论必须直面的一大议题。

王阳明不断遇到弟子对心灵意识如何贞定的提问或质疑。举例来说，弟子陈明水就曾向阳明坦露："自省念虑或涉邪妄，或预料理天下事，思到极处，井井有味，便缱绻难屏。觉得早则易，觉迟则难，用力克治，愈觉扞格。惟稍迁念他事，则随两忘。如此廓清，亦似无害。"(《传》第 216 条) 表述了在意念上用功所遭遇的各种复杂情形，并用"**直是难鏖**"（同上）一词来形容摒除克治各种"或涉邪妄"之念的艰难。

作为阳明晚年的弟子，尽管陈明水早已了解"良知在人""良心在内"（《传》第 207 条）的道理，但他仍然感到自己内心常有一种"直是难鏖"的苦痛——内心的闲思杂虑难以彻底克治。对此，阳明下的诊断是："**功夫断了**"（《传》第 216 条）。这句话言简意赅，却包含极为重要的意思——致良知工夫发生了中断。那么，反过来说，如何才能做到致良知的工夫不间断？这其实是阳明良知学工夫论的关键议题。

所谓工夫不间断，乃北宋道学奠基者二程的重要思想，如"**敬则无间断**"（程颢语），更是朱子的主敬思想特别强调的一个观点，是朱子对程门四种主敬说的又一重要补充。所谓不间断从狭义上说，盖指"一日十二时中"的主敬工夫不间断；从广义上讲，指打通《大学》工夫八条目的系统，能彻上彻下而不发生层层断裂。道学家竭力主张工夫不间断的思想背后，显然有天道流行不间断的观念作为支撑。相应地，阳明所谓的工夫不间断，其观念支撑无疑就是良知本体发用流行"不间断"，工夫一旦间断，必导致"蔽其知"

(《传》第 216 条）的结果，即良知受蔽。

那么，如何才能做到不间断？阳明的答案是必须运用"智、仁、勇"中的"勇"。在阳明的语境中，此处的"勇"指道德勇气，阳明强调此勇气的培养乃是平日"集义所生"的结果，不仅如此，这种勇气还必须依赖日常工夫的不断积累，久而久之，便**"自有勇"**（同上）。根据这个说法，如何通过道德工夫的长久积累以使良知彻底内化为一种自觉的道德勇气，才是致良知工夫理论的关键。唯有如此，才能真正实现在一念发动之际良知立刻启动，与此同时，也意味着致良知工夫的开始，不断努力做到一念"发动处有不善，就将这不善的念克倒了。须要彻根彻底，不使那一念不善潜伏在胸中"（《传》第 226 条）。这就是致良知不间断的过程，用阳明学的术语讲，就是**"念念致良知"**（《传》第 222 条）或"念念去人欲、存天理"（《传》第 28 条）。

总之，"念念"就是指"良知一念"或"本体之念"的不间断、持续性，以使意念在"良知一念"持续不断的过程中内化为良知自知、良知自觉的根本能力，真正做到"尔意念着处，他是便知是，非便知非，更瞒他一些不得"（《传》第 206 条）。如此，不仅意味着"毋自欺"这一诚意工夫的实现，也意味着致良知工夫落实在念念不息的过程中。按阳明的说法，这一过程可描述为："**戒惧之念是活泼地，此是天机不息处**。所谓'维天之命，于穆不已'，一息便是死。"（《传》第 202 条）阳明在此用"维天之命，于穆不已"来强调良知本体正是通过念念不息（如同"天机不息"一般）的开拓过程以呈现自身的存在意义。劳思光认为，"这即是阳明工夫论的真宗旨所在"（劳思光，J1996）。这是一项值得重视的论断。

2. 致吾心之良知的格物论

根据"意之所在便是物"及"即事亲便是一物",物不仅是意识指向的对象物,而且是意识指向的事件物,由此,阳明所谓"格物"的"物"就不是指物理界,而主要是指人事界。阳明说"**物即事也**"的理由也正在于此。本来,"物犹事也"是东汉郑玄以及朱子所坚持的训诂学解释,只是他们所理解的"事"泛指人类一切活动对象,意谓对外在客观事物的认知活动,故所谓"即物穷理"也就是运用"人心莫不有知"的能力去认识"万物莫不有理"的认知活动。

然而,阳明学所说的"物-事"(事物界)首先是指意识的投向、运作、活动的对象,故"**无是意即无是物**"(《传》第137条)。其次,意识所指必已构成与主体行为密切相关的活动事件,在这个意义上才有"心外无物""心外无事"之说,事物被收摄于"心之所发"的意识活动中。可见,物为"意之所在物"是与"心外无物"相关联的一套说法,而"心外无物""心外无理"等遮诠表述是为论证"心即理"命题的。这样一来,上述"意之所在为物""心外无物""心外无理"与"心即理"便构成了阳明心学的一套理论系统,彼此环环相扣。如果说,"心即理"是一本体论命题,那么,就《大学》工夫论而言,阳明必得出"**《大学》之要,诚意而已矣**"(《古本大学序》)的结论,推翻了朱子学格物乃《大学》"第一义"的观点。

那么,诚意工夫如何可能?关键在于意识指向的对象物如何能被我们所认知。这就需要一个"心之虚灵明觉"的前提预设。这一预设不同于朱子的"人心莫不有知",因为人心自有知觉且有认知能力,是不言自明的常识,阳明对此亦表认同。然而对阳明而言,人心中最重要的不是这种对外物的认知力或感知力,而是"**心之虚**

灵明觉"。阳明以此来指称"即所谓**本然之良知也**"(《传》第 137 条),这显然是对朱子以"虚灵不昧"来解释"心之明德"的创造性诠释。正是有了"虚灵明觉之良知",在人心发动所展现的"所知之善"或"所知之恶"的意识活动中就必然有良知贯穿其中。在这个意义上,故可说"**有知而后有意,无知则无意**"(同上),良知构成了意识的主体,具有引导和规范意识活动的能力。归结而言,在意识指向物当中,已存在良知本体,起着引领和主宰的作用。

阳明对心意知物的上述预设,必然影响到他对"格物"说的理论重建。换言之,"知者意之体""物者意之用"的预设,将直接改变偏向于向外求知穷理的朱子学意义上的传统格物说,重构一套基于良知学的格物新论。

从训诂学的角度看,朱子学的格物论建立在训"格"为"至"的基础上,由此得出"即物穷理"的结论。这一训诂显然是有文本依据的,如《尚书》的"格于文祖""有苗来格"等均可为证,对此,阳明亦表认同。但是在阳明看来,"格于文祖"的行为必取决于"**纯孝诚敬**"之心,"有苗来格"也无非"有苗之顽,实以**文德诞敷**而后格"(《传》第 137 条)的结果而已,其中如何以德育教化来改善"有苗"之心才是关键。

因此,即便从"格于文祖""有苗来格"这两条古训来看,其中的"格"字恐怕不可"专以'至'字尽之",而"亦兼有'正'字之义在其间"(同上)。于是,"正"字亦可用以训释"格"字,这是阳明企图用以推翻朱子格物论的一项结论。那么,阳明的这一训释有何文本依据呢?阳明举例道:同样是在《尚书》中,就有"**格其非心**"之说,《孟子》更有"**大臣格君心之非**"之说,这两个"格"字,"是则一皆**正其不正以归于正**之义,而不可以'至'字为训矣"

(同上)。由此，格物就成了一种"正心"活动。阳明晚年对此更加深信不疑，他明确指出：

> 先儒解格物为格天下之物，**天下之物，如何格得**？且谓"一草一木亦皆有理"，今如何去格？纵格得草木来，如何反来诚得自家意？我解"格"作"正"字义，"物"作"事"字义。(《传》第317条)

很清楚，这里的每一句话几乎都显示出强烈的挑战性，当然同时也亮出了自己的观点。所谓"先儒"虽是泛称，但在此显然是针对程朱理学而言，"天下之物，如何格得""纵格得草木来，如何反来诚得自家意"等则是对程朱理学格物论的强烈批判，为了彻底扭转"**格天下之物**"这一方向性错误，必须将格物收摄至自家身心上来。也正因此，有必要在文字名义上，将"格"重释为"正"、将"物"重释为"事"，表明格物无非就是在人事界所从事的一种正心活动。这样就把朱子学向外穷理的知识活动，扭转至在"自家心体"(同上)上落实儒家"修身"的道德实践。

因此，对阳明而言，修身必在于正心的道德活动，这才是真正的格物工夫。这一重大的理论转向，凸显出阳明学的思想趣向在于与人相关的人伦世界，而不在于与人无关的物理世界；而人伦世界首先关乎人的活动，即由人的活动所构成的人事界。阳明将"物"重新界定为"事"的缘由即在于此。

然而，"心"在阳明学的体系中，已被提升至本体的地位，具有与"理"同样崇高的地位。正如"心即理"命题所示，心之本体是与天理直接同一的存在，故心之本体是"粹然至善"的。既然心之

本体是"至善"的,那么,将格物解释成"正其不正以归于正"的"正心"活动又该如何着手呢?阳明说:

> 然至善者,心之本体也。心之本体,那有不善?如今要正心,**本体上何处用得功?必就心之发动处才可着力也。**(《传》第317条)

所谓"心之发动",即意识活动的展开。如上所述,"自其意念发动,而后有不正",意味着善恶现象在意念活动中出现,"故须就此处着力,便是在诚意"(同上),也就是说,在意识层面落实为善去恶的工夫,此即诚意工夫。

具体而言,"如**一念发在好善上,便实实落落去好善;一念发在恶恶上,便实实落落去恶恶**"(同上),这里涉及"好善恶恶"这一道德动力的根源问题。在阳明,"好善恶恶"的动力不是意念本身,而是作为意识之主宰的"良知",唯有良知才是道德动力的源泉。因此,尽管按照孟子,良知无非是"是非之心",即是非的标准,然而在阳明看来,良知更是一种直接的道德动力,所以"是非只是个好恶,**只好恶就尽了是非**"(《传》第288条)。意谓"是非"不是外在于人心的客观标准,而就在于"好善恶恶"这一根源于良知的道德判断之中。

据此,我们再回到"一念发在好善上"与"一念发在恶恶上",便可发现阳明其实是在强调,意念发动时也意味着良知的直接启动,更意味着好善恶恶的行为也同时发生。阳明认为这就是诚意工夫的落实。此所谓诚意工夫,既是正心工夫的落实,也是为善去恶的格物工夫,更是阳明晚年主张的致良知工夫。因为,诚意离不开作为"意之体"的良知。

至此可见，格致诚正修等《大学》工夫已然构成一套环环相扣的严密的工夫论系统，彼此贯通、互相联动。与朱子学以主敬涵养来贯彻《大学》工夫有所不同，阳明学工夫系统论的主轴核心则是良知本体。正是由于良知具有"无所不在"的存在品格，所以良知具有贯穿所有工夫的根本能力。在此意义上，阳明学的工夫论可以称作"本体工夫论"，亦即**本体工夫合一论**。具体而言，可以表述为："随时就事上致其良知，便是格物；着实去致良知，便是诚意；着实致其良知，而无一毫意必固我，便是正心。"（《传》第187条）从格物到正心，无不由"致良知"贯穿其中，因此"言格物则必兼举致知、诚意、正心，而后其功始备而密"（《传》第137条）。

归结而言，阳明学格物论的最终定义是：**"致吾心之良知于事事物物。"**（《传》第135条）这表明，格物不是单纯的即物穷理、向外求知，而是"随时就事"在自我身心上以及事事物物上，不断拓展、扩充以及实现自我之良知。总之，格物不是一种面向外物之"定理"的求知活动，而是在社会事务、日常生活等关乎人事的所有领域内实施的一项德性修炼的活动，实质上也是将致良知工夫化作一种生活方式的活动。阳明由此重建了集良知与格物、致知、诚意、正心为一体的工夫论体系。

第九讲 儒家心性论的义理开拓

儒学作为"成德之教"的一种理论形态，首重道德伦理问题，而成为一伦理学或道德哲学。由宋明新儒学视之，此一道德哲学的首要问题在心性论，即要解决道德实践之所以可能的问题。由客观的视域看，需要建构心性本体以解决此一道德依据之问题；从主观的角度讲，则需要重建实践工夫论以实现成德之教的目标。用宋明儒的概念言之，前者属本体论，后者属工夫论。归结而言，本体、工夫都是关乎心性之学的问题。

自第五讲以下，我们已广泛涉及本体论、工夫论等心性之学的诸多关键问题，这里我们将继续聚焦于朱子学与阳明学的理论内部，就两大系统中有关心体与性体、天理与人欲的问题思考进行专题性的探察，以窥看两者之间的思想异同。接着，我们将对阳明晚年思想宗旨的"四句教"，特别是第一句"无善无恶心之体"进行辨析。因为其中涉及心体、性体与道德善恶的根源究竟何在的理论问题。最后，在阳明学的发展史上，有关"现成良知"的问题曾引发了长期的理论争辩，我们将对此问题进行梳理，以揭示阳明后学思想发展中存在的问题。

一 心体与性体的疏通

心体与性体,是宋明儒的核心词、关键语,在朱子学和阳明学的语境中可谓俯拾皆是。心体与性体首先关乎心性本体的问题,亦即心性论的问题。在先秦时代,自思孟学派作《中庸》揭橥"天命之谓性"以及《孟子》肯定仁义礼智为道德本心以来,心性问题成为儒学的核心议题。而此问题的显题化,即如何从"体"的角度再作重新的肯定和创造的诠释,则始于宋代新儒学。

学界一般认为,孟子由仁义说心,又由心显性,进而为心性论奠定了道德基础,也为儒家心性论的发展奠定了基本方向。孟子的"本心""良心""良知""良能"四大概念虽未直接表出"性"字但关涉"心"字的含义,显然都指向仁义礼智的基本德性,而"仁义礼智根于心"(孟子语)更清楚地表明了这一点。

但是,根据朱子的判断,孟子论性"亦不曾说得**性之本体**是如何"(《朱子语类》卷五十九),其论性善大多是以"情"而论,"是就用处发明人性之善"(同上),他甚至为孟子辩护:"**性不可说,情却可说。**所以告子问性,孟子却答他情。"(同上)这是因为"盖性无形影,情却有实事,只得从情上说入去"(《朱子语类》卷九十五)。朱子虽能认同"**心上说情**",却并不认为孟子的心性论是由心说性。一方面,他根据"心统性情"的立场,承认"若无个心,却将性在甚处!须是有个心,便收拾得这性,发用出来";但另一方面,他又不能认同在性理之外"别有一个心"(《朱子语类》卷五)的立场,故非常警惕由心说性:"若是**指性来做心说**,则不可。今人往往**以心来说性**,须是先识得,方可说。"(《朱子语类》卷四)这表明在朱子看来,心首先是察识的对象,即工夫对象,就是"心是做工夫处"（吴震，M2018b）。若从阳明学的视域看，孟子论性无疑是"自本体上说"（《传》第308条）的，相对而言，荀子论性则是从"流弊处说"（同上）的。显然，阳明在心性问题上对孟子学更有一种自觉的继承意识。

1. 心是"块地神出鬼没"

对朱子而言，何谓"性"，可用"性即理"这句被其称为"颠扑不破"的命题来作定论。此亦是朱子所肯认的"性之本体"的真实内涵。而此"性体"其实也就是"实理"，具体言，即人的基本德性——"仁义礼智"，这些都是"性中所有道理"，同时**"便是实理"**。不仅如此，在分判儒佛的判教意义上，性体概念亦十分重要，因为**"吾儒以性为实，释氏以性为空"**（以上见《朱子语类》卷四）。此处的"实"，概指观念上的实体，亦即"性体"或"实理"。

由于性是观念实体而非经验界的物质实体，因此它必然是"无形影""无定形"（《朱子语类》卷六、卷五十九等）的，而且是**"不容说"**（《朱子文集》卷四十六《答黄商伯》）的，也是"不可形容"（《朱子语类》卷九十五）的；若要说，则只能说**"性本是无，却是实理"**（《朱子语类》卷五）。这表明朱子意识到作为终极实在的性体实理是无限的，而非人类的有限语言所能表诠，故只能由"发处"之情来表示，或者用"无"字遮诠法来表述。而朱子由**"端者情也"**的训诂法来诠释孟子的"四端"——恻隐、羞恶、辞让、是非——之心，却不顾孟子所言四端之心正是为其性善说张目的事实，这是什么缘由呢？

其实，对朱子而言，何谓"心"，显然是一个错综复杂的问题。朱子在《大学或问》说**"心之神明，妙众理而宰万物"**，有弟子问什么是"神明"？朱子的回答很巧妙："神是恁地精彩，明是恁地光明。"继而又说："心无事时，都不见；到得应事接物，便在这里；应事了，又不见，恁地**神出鬼没！**"(《朱子语类》卷十七)此处的"神出鬼没"，当然是一种形容描述语，讲得非常生动。

在朱子的观念中，"神"源自《易传》"阴阳不测之谓神"，引申为"神妙不测"之义，如王弼注《易》所说"神也者，变化之极，妙万物而为言，不可以形诘"，讲的就是神妙不测的意思。朱子用"神明"来形容"心"具有"妙众理而宰万物"的作用，其实是在描述心的意识知觉功能。任何意识知觉都有一定的对象性，例如应事接物，如果没有了应事接物的对象，那么，"心"就"不见"了。在这个意义上，心的功能作用犹如"神出鬼没"一般。也正由此，心不能是一种具有确定性的实体存在。进言之，只有"性者心之体"的性（亦即"理"）才是实体存在。

在朱子，由于"心具众理""道理在心"(《朱子语类》卷十四)，所以，作为理的性又必然构成心的实质。如此一来，心与性便是"似一而二，似二而一"(《朱子语类》卷五)的关系，两者看似"两个"，然而却"说著一个，则一个随到，元**不可相离，亦自难与分别**"(同上)。在这个特殊的意义上，朱子说"**舍心则无以见性，舍性又无以见心**"(同上)。这是如同"理气不离"一样的结构论说法，而不是在体用论的意义上主张，性由心显或心以显性。归根结底，心与性是一种包含与被包含的关系，心含摄性（情），然性作为实理却能主宰和规范心的作用和走向。至于心的主宰义（如"心，主宰之谓也"），则是指主宰身体运作，成为结构论意义上的功能性主宰，而绝不是对性体的主宰。"**心以性为体**"(同上)，不能倒过来讲。以上是朱子对心性关系的基本贞定，也是其心性论的基本特质。

然而在朱子，心的知觉义或认知义更为重要，这也是其心论的主要方面。例如朱子《大学章句序》就明确地说："心之**虚灵知觉**，一而已矣。"在《格物补传》中则说："盖人心之灵，**莫不有知**；而天下之物，莫不有理。"这都强调了心的知觉义，而且认定心之所以有知觉，与人心之"灵"有关。在《大学章句》第一章释"明德"时，朱子强调心之明德是"人之所得乎天，而**虚灵不昧**，以具众理而应万事者也"。这里的"虚灵不昧"就是指"虚灵知觉"，人心有知觉，故而"不昧"。问题是，何谓"虚灵"？它其与知觉又有何关系？

从字义上说，虚灵成一概念，盖指虚寂灵妙的一种状态；从性质上看，虚灵一词大多指"气"而言，是指气的一种虚寂状态或灵动作用；落在人心知觉上讲，则虚灵指人心意识所能达至的如同"湛然虚明"一般的理想状态，在此状态之下，人心意识始能洞若观火、明察秋毫，故谓"光明鉴照，毫发不差"（《朱子语录》卷十四）。朱子认定此一状态才构成"一身之主者，**固其本体**"（《朱子文集》卷五十一《答黄子耕》）。此所谓"本体"，非指现象背后之存在依据，而是单纯地指事物存在的某种本来状态、固有属性。朱子采用"本体"概念是为了描述心体的本来状态或理想状态应该是"湛然虚明"，又如"**虚灵自是心之本体**"（《朱子语类》卷五），亦是此意。

朱子还曾以"鉴空衡平"为喻，来说明"湛然虚明"一词的含义，他说："**人之一心**，**湛然虚明**，如鉴之空，如衡之平，以为一身之主者，固其**真体之本然**。"（《大学或问》上）这里的"真体之本然"即指"湛然虚明"的状态，也是作为"一身之主"的心的本然状态，这是认知心的一种清澈透明、毫无偏蔽的理想状态。它有点类似于荀子有关"心"的基本描述："虚一而静"，又称之为"大清明"（《荀子·解蔽》），而此"大清明"是理解"人何以知道""心何以知"（同上）的关键。可见，认知心或知觉心，是历史上有关"心"的一个基本理解。

问题是，"虚灵"究竟缘何而来？心之虚灵是确保认知能力的决定性因素吗？关于前者，朱子的基本答案是："心者，**气之精爽**"；"心比性，则微有迹；**比气，则自然又灵**"（《朱子语类》卷五）。原来，人心之所以能"湛然虚明"，与人心的构成要素"气"有关。所谓"精爽"，源自《左传·昭公二十五年》"心之精爽，是谓魂魄"，盖指心之精神或虚明的状态。因为构成人心要素的气本身就具有这一根本特质。或许在先秦，心气同源说是比较普遍的看法，荀子以"虚一而静"来形容心的理想状态，似亦与此有关。不过，尽管朱子以"气之精爽"释"心"，并不意味着朱子主张心就是气，以为两者可以直接等同，他只是承认在气是心之构成要素的意义上，心具有湛然虚明之特质。

若要问人心知觉是否取决于人心虚灵，答案则基本是否定的。诚然，就形上形下的角度看，心属于形下存在，由此，似乎便可得出结论：由形下之气所构成的人心，其意识知觉必源于气之虚灵。然而，人心作为一种意识，又具有贯穿形而上下的作用，也就是说人心的认知能力不能仅凭气的作用，还须依赖心中之理，只有气与理相合，人心才能发挥正常的意识功能或知觉作用。

朱子对此分剖得十分清楚："所觉者，心之理也；能觉者，气之灵也。""所知觉者是理。理不离知觉，知觉不离理。"（《朱子语类》卷五）可见，理作为心的构成要素，具有十分重要的地位，但却不能由此认定心便是理。同样,也不能因为"气之精爽"是心的基本特质,便认定心即是气。要之,从结构论上看,心与气不可分离;从要素论言之,则气与理同为构成心的基本要素,缺一不可;就功能论而言,则人心具有"**光明照彻**"或"**光明鉴照**"(《朱子语类》卷十四)的认知能力,其能量可比拟为"天大无外",表述为"其体廓然,亦无限量"(《朱子文集》卷六十七《尽心说》)。朱子对这一点有生动的描述:

> 此心至灵,细入毫芒纤芥之间,便知便觉。六合之大,莫不在此。又如古初去今是几千万年,若此意才发,便到那里;下面方来,又不知是几千万年,若此意才发,便也到那里。这个**神明不测,至虚至灵**,是甚次第!(《朱子语类》卷十八)

总之,在朱子学,心不是一个形上概念,而是作为认知心而存在,其基本义有二:主宰义和知觉义。"心,主宰之谓也"与"人心之灵,莫不有知",可谓朱子对心的基本定义。分而言之,心又有"知"和"意"两层含义,如云"知与意皆出于心",此"知"是指"知觉","意"是指心之所发的意念(《朱子语类》卷十五)。合而言之,由于认知心具有"虚灵不昧""湛然虚明""廓然无限量"等特征,故而又有"神出鬼没"一般的能力。这些说法虽显玄妙,但其所指却是明确的,亦即人心主要指认知心,而非本体论意义上的道德本心。归结而言,在朱子,心体与性体从存在论的角度讲,两者截然为二物,从现实结构的角度讲,两者"元不可相离"(《朱子语类》卷五)。

2. 心性合一与知行合一

对阳明学而言，在"心即理"的前提下，心即性、性即理可以同时成立，因为，心、性、理三个概念，同属本体论层次，心体即性体是阳明学的必然结论。关于"心即理"，我们在第五讲"理学与心学的哲学基础"当中，已有集中讨论，此不赘述。本小节主要关注在良知学意义上心性合一如何可能的问题。

按照阳明学严格的心学立场，他甚至无法接受朱子的"心与理一"的讲法，例如朱子曾明确表示：

> 儒释之分，正为吾以**心与理为一**，而彼以心与理为二耳。然近世一种学问，虽说**心与理一**，而不察乎气禀物欲之私，故其发亦不合理，却与释氏同病，又不可不察。（《朱子文集》卷五十六《答郑子上》）

这里的"近世一种学问"，显然指陆九渊。由此段可以看到，"心与理一"是朱子学的一个重要哲学立场，也是严分"儒释之异"的关键。朱子在《大学或问》中也明确表达了"人之所以为学者，**心与理而已**"，表明儒家"为学"所追求的理想境界便是"心与理"的合一。

但是，阳明认为朱子此说存在严重的问题，因为这里的"与"字显然是并列的意思，故"心与理一"的前提仍然是将心与理视作二元并列之关系，而非直接同一。阳明尖锐地指出："心即性，性即理，下一'与'字，**恐未免为二**。此在学者善观之。"（《传》第33条）并批评朱子的"心与理一"观点："是其**一分一合**之间，而未免已启学者**心理为二**之弊。此后世所以有专求本心，遂遗物理之患，正由不知心即理耳。"(《传》第 133 条)人们向来以为朱子哲学在字义问题上非常敏锐和严格,其实,阳明学同样如此,特别是在哲学关键问题上,阳明更是丝毫也不退让。

阳明敏感地意识到在朱子的这个说法背后,已经有了一个预设,即"心具众理"。此"具"字只是涵摄义。在此前提下经过一番即物穷理的工夫,并在工夫熟后之境界意义上,才能说心与理的统一。因而朱子不能在本体意义上将心与理预设为同一的存在。的确,朱子虽然也说过:"**物格后,他内外自然合。**"(《朱子语类》卷十五)此所谓"内外"正可理解为内心与外物。然在阳明看来,心与理绝不是一内一外的结构关系,也不是通过"物格"之后才能实现"自然合"的境界设定,而是"**心之本体即是性,性即是理**"(《传》第 81 条),这样的本体论轨道才能从根本上纠正心与理"未免为二"的谬误。

及至阳明晚年提出致良知之后,良知即心体、心体即良知或者良知即天理、天理即良知等命题构成了阳明心学的题中应有之义,心体与性体的合一,成为其本体论的基本预设,由此推论,则必得出"尽心即是尽性"(《传》第 6 条)、"能尽其心,是能尽其性矣"(《传》第 134 条)等工夫论命题。而在阳明学的语境中,所谓"尽心"就是本心的扩充推广,也就是致良知工夫的落实。因此,心性合一必然意味着本体工夫的合一,故阳明说:

> 功夫不离本体,**本体原无内外**。……如今正要讲明功夫不要有内外,乃是**本体功夫**。(《传》第 204 条)

此处"本体原无内外""功夫不要有内外",正是在"本体功夫"原是合一的意义上讲的，也是阳明学意义上的本体工夫合一论。换言之，本体工夫之所以"合一"，是由于心体与性体在良知本体论意义上的合一。进言之，心体与性体均表示良知本体，故而不仅是心性"合一"而且是本体工夫"合一"得以可能。

那么，"合一"究竟意味着什么？其实，阳明学的思想系统中知行合一、心性合一、心理合一等"合一"，都是一种既特殊又究竟的讲法，指某种存在现象与其存在本身之间内在地具有同一性、整体性、圆满性。若以知行合一为例，知识和行为在通常意义上，分属两端、有先有后，无论就行为过程还是认知过程看，知识的形成以及行为的发生，都不可能同时发生，两者必然存在一定的时间差，即便这一时间差小到"毫厘倏忽之间"（《传》第 132 条），也不可能实现无时间差异的完全一致性。

因此，我们就必须转换视角，将知行问题置于严格意义上的良知伦理学的领域。所谓良知伦理学，特指在阳明良知学意义上，将知行问题严格限定在伦理学领域，唯有如此，方能了解阳明所言知行均指向伦理德性、道德实践之含义的心体良知——良知之知与良知之行。基于此，知行才是根源意义或本来意义上的真正"合一"，即阳明所谓**"知行本体，原是如此"**（《传》第 5 条），我们也才能理解阳明断言**"一念动处便是知亦便是行"**（《王阳明全集》新编本，第 1597 页）的真意。这是说，就在一念发动、念念不息的过程中，"知"（良知）和"行"（良知之行）当下即刻同时呈现，我们不必计较于"知"的种类形态或"行"的彻底程度，因为这种计较或分别的意识已然将知行事先预设为次元性的而非本体层的存在——良知心体。这也是阳明晚年强调**"若是知行本体，即是良知良能"**（《传》第 165 条）的思想缘由所在。

其实，程朱理学对于"知"的类型区分已有一定程度的自觉。例如，按程颐的理论，知有"常知"与"真知"两种类型，唯有后者才能产生真正的"行"(《程氏遗书》卷二)。承此，朱子亦认为"知有浅深"等各种样态，"然就他浅深中，各自有天然不容已者"，即知道"合如此"或"不合如此"的一种"真知"，此真知才可直接带来相应的行为，若"知不善之不当为，而犹或为之，是特未能真知之也"(《朱子语类》卷四十六)。表面看，这类主张近于知行合一的立场，而且阳明亦喜用"真知"一词，然而，仔细分辨即可发现，程朱所谓的"真知"仍然是一种分别知，即基于分辨真假、区别诚伪之后所得的一种"知"，即便这是一种具有实践能力的规范性知识，而非单纯客观性的知识，但显然不同于阳明学意义上的"当下具足"(《传》第189条)"个个圆成"(《传》第107条)、自知自觉而又内具好恶之动力的根本知，即良知心体本身(吴震，J2018b)。

可见，基于心体即性体、心体即良知的心学立场，不仅可得出知行合一论，而且必得出本体工夫合一论。这使得自宋代新儒学就存在的一个核心问题——本体工夫问题，获得了根本解决，亦即在阳明心学"心即理""致良知"的理论意义上，本体工夫不再有内外之分，而统一于良知心体本身。不过，严格来说，阳明的"本体工夫"论又内含两层含义或两种进路：一是"**一悟本体即是工夫**"(《传》第315条)、"**一悟本体，即见功夫，物我内外，一齐尽透**"(《阳明年谱》嘉靖六年条)，这又叫作"**即本体便是工夫**"(《王畿集》卷一《天泉证道纪》)；二是**即工夫说本体**(《传》第337条)、"做得工夫，方是本体"或"做工夫的，便是本体"(《稽山承语》第20条)。两种为学进路虽有不同，但都被统摄在本体工夫的系统当中，因为不能脱离本体而言工夫，也不能脱离工夫而言本体。工夫不离本体，本体必由工夫呈现，故本体工夫论又可表述为：即本体以做工夫与即工夫以证本体。两者是一体两面之关系，彼此可以内在融合。这是阳明良知学的本体工夫合一论的确切意涵。

自阳明提出"本体工夫"之后，如何由本体立工夫，由工夫证本体，便成为阳明后学不断争议的焦点之一。在嘉靖六年"天泉证道"之际提出"四无说"的阳明大弟子王畿，便充分意识到这一问题的严重性，他指出：

> 自先师提出**本体工夫**，人人皆能谈本体、说工夫，**其实本体工夫须有辨。自圣人分上说**，只此知便是本体，便是工夫，便是致；**自学者分上说**，须用致知的工夫，以复其本体，博学、审问、慎思、明辨、笃行，五者废其一，非致也。世之议者，或以致良知为落空，其亦未之思耳。（《王畿集》卷一《冲元会纪》）

一方面，王畿坚信阳明的本体工夫合一论，另一方面，他又提出"本体工夫须有辨"："自圣人分上说"与"自学者分上说"。就前者言，可以说"即本体便是工夫"；就后者言，可以说"即工夫以证本体"——其中包含"博学、审问、慎思、明辨、笃行"等工夫程序。

据此，王畿指出：社会上对致良知学说不免"落空"等异议都是一种误解，因为本体工夫合一论并不意味着以本体消解工夫或以工夫取代本体。王畿所谓的"圣人分上"与"学者分上"表明，合一并不是无原则、无差异的混同，而是包含差异性的高度统一。这种差异性表现为人的存在本身的层级差异，但这不是二元对立之根本差异，而是可通过为学工夫实践得以消解的。只是从为学实践的现实性而言，人人须就"学者分上"的各种现实工夫（包括博学至笃行）着手，才能最终实现"圣人分上"的"即本体便是工夫"的理想目标。

由上述王畿之说可知，王阳明的本体工夫论不是抽象地谈良知本体，而是具体地将致良知落实在所有的为学工夫中，以使良知本体在工夫实践中真正地呈现出来。这一呈现亦即工夫论意义上的良知呈现，本体工夫在这个意义上得以真正实现合一。这个说法重在强调本体工夫的合一是一种工夫呈现。另一方面，阳明学的本体工夫论还有另一层重要含义：即本体与工夫在本来意义上原本就是合一的，双方互为必要条件，本体即在工夫之中，而工夫必有赖于本体。这个说法旨在强调本体工夫合一的本来性。

二 理欲与性情的分合

天理人欲问题，简称理欲问题，是宋明理学的核心问题之一。

众所周知，自五四运动全面批判传统文化以来，学术界乃至社会上，在人们的印象中，宋明理学最为人诟病者莫过于"存天理，灭人欲"六字口号，特别是后面三字"灭人欲"的问题最严重，被视为儒家文化当中最为封建落后的、违背人性而又阻碍现代进步的思想糟粕，取而代之的是"大公灭私"的道德口号。但是这种传统批判在"启蒙"时代虽具有一定的社会意义，在理论上却存在误解。

从伦理学角度讲，理欲问题涉及理性原则与感性原则之间的对立与冲突。任何一种形态的伦理学都会主张扬善去恶，即肯定为善的道德理性而否定为恶的感性冲动，故理学家历来主张"**天理人欲，不容并立**"（朱子语）。从这个意义上讲，理欲问题就是充满道德紧张的、与人性善恶、好善恶恶之情感密不可分的伦理学问题，亦即儒学须面对的性情问题。按理学家的传统观点，善根源于天理之公、人之本性，恶来源于人欲之私、情感失度，那么，人欲或情感的根源究竟何在？对于宋明理学家的所谓标志性口号"存天理，灭人欲"，我们究竟应如何审视和评估呢？

1. 存天理、去人欲

天理人欲这对概念出现得甚早，在《礼记·乐记》中就有一段经典阐述：

> 人生而静，天之性也；感物而动，性之欲也。物至知知，然后好恶形焉。好恶无节于内，知诱于外，不能反躬，**天理灭矣**。夫物之感人无穷，而人之好恶无节，则是物至而人化物也。**人化物也者，灭天理而穷人欲者也**。于是有悖逆诈伪之心，有淫泆作乱之事，是故强者胁弱，众者暴寡，知者诈愚，勇者苦怯，疾病不养，老幼孤独不得其所。**此大乱之道也**。

这段中有三点值得关注："天之性""性之欲"以及"人化物"，还有两个关键词："感物而动""感人无穷"的"感"以及"好恶无节"的"节"。"性""欲""物""感""节"等概念的所指及其彼此关联，是我们了解导致"大乱之道"的"灭天理而穷人欲"之现象何以产生的关键,由此我们也能进一步理解为预防天下失序,为何必须解决天理人欲问题。

简明来说,这段论述的核心是性情问题。人性的根源可以追溯至"人生而静"的宇宙－万物－人生的原初状态,亦即人性的根源状态,可称"天性"(此"天"为自然义);相应地,"感物而动"之后则有人性之"欲",此"欲"即一般意义上的欲望,并无善恶之分。到了"物至知知,然后好恶形焉"的阶段则有了关键的转变,出现了"好恶"之情感,而情感走向容易导致"无节于内"或"知诱于外",因而情感须有"度"的节制。更严重的是,到了"物之感人无穷"的阶段,人的情感走向更显复杂,若对自己的好恶缺乏节制,就会导致"人化物"的严重扭曲——从哲学上讲,即人的"异化"。这一异化现象的严重后果必将是坠入"灭天理而穷人欲"的罪恶深渊。

这就是早期儒家典型的理欲观,其中亦有性情论的内涵。按照这里的说法,在"感物"或"物至"之前,人性本身并无善恶之分,问题出在此后的阶段所发生的好恶情感。如果这种情感无节失度,就会导致天理与人欲的严重冲突,故从原理上讲,理欲是一种非此即彼、二元对立的冲突关系,必须对此保持充分的警惕。这一基本思路被宋明理学家所继承,但又有创造性的解释,以至于出现了"存天理,去人欲"的新观点。

然而须澄清的是,事实上,在朱子庞大的文献群(含《朱子语类》《朱子文集》《四书章句集注》)当中,只有一处提到"明天理,灭人欲"(《朱子语类》卷十二);同样,"去人欲"在《朱子语类》一书中虽多见,然除去弟子所问,真正出自朱子之口的亦仅一见,即:

> **天理人欲是交界处，不是两个**。人心不成都流，只是占得多；道心不成十全，亦是占得多。须是**在天理则存天理，在人欲则去人欲**。（《朱子语类》卷七十八）

所谓"在人欲则去人欲"显然是接着上面"天理人欲是交界处，不是两个"一句而来，何以说天理人欲"不是两个"，我们稍后再说。

在二程文献中则有"灭私欲则天理明"（《程氏遗书》卷二十四）的说法，而且有"不是天理，便是私欲""无人欲即皆天理"（《程氏遗书》卷十五）等理欲说，因此一般认为，理欲问题的显题化始于二程。然而，二程同样没有明确说过"存天理，灭人欲"。及至程门后学则开始流行起"存天理，去人欲"的观点，例如学承洛学一脉的胡安国便有此说，据朱子回忆：

> 尝见胡文定《答曾吉甫书》有"人只要**存天理，去人欲**"之论，后面一向称赞，都不与之分析，此便是前辈不会为人处。此处正好捉定与他剖判始得。所谓"天理人欲"，只是一个大纲如此，下面煞有条目。须是就事物上辨别那个是天理，那个是人欲；不可恁地空说，将大纲来罩却，笼统无界分。（《朱子语类》卷一百一十七）

根据这里的说法，胡安国"存天理，去人欲"之说似乎在当时颇有影响，朱子却以为"所谓'天理人欲'，只是一个大纲"，故不可泛泛而谈，而须分辨清楚大纲下的许多条目，否则只是"**空说**"，让人无所适从。

要之，朱子学通常并不主张"灭人欲"的极端提法，而是主张在分辨清楚天理人欲的前提下,倡导"去人欲"或"遏人欲"。重要的是,"去人欲"乃是特殊命题而非普遍命题,即其所谓的"人欲"特指某种不好的、没有节制的、失度的私欲或贪欲。对于这类导向恶的私欲,应当采取克治乃至去除的态度,在伦理学上,这是完全正当且合理的。顺便一提,在王阳明,"存天理,去人欲"之说虽然常见,但阳明却从来不说"灭人欲"。

一般而言,在理学家的眼中,天理人欲水火不容,"不容并立",正如朱子所说"此胜则彼退,彼胜则此退,**无中立不进退之理**",这是因为从理论上说,"人之一心,**天理存则人欲亡,人欲胜则天理灭**。"(以上均见《朱子语类》卷十二)可见朱子认为,理欲乃是二元对立的对抗关系,以此推论,以天理灭人欲便是朱子学的必然主张。

的确,朱子上述的种种说法给人以理欲截然对立的印象,理代表善,欲代表恶,故理欲之对立也就是善恶之对立,势不两立。不过,理欲对立的关系被限定在"人之一心"之内,换言之,人心意识中存在理欲的对立紧张,而理属性,欲属情,在心统性情的前提下,理欲均被人心意识所涵摄。因此,理欲之在人心就是一个存在事实,并构成了内在于人心的一种结构性关联。

理欲结构如同理气结构一般,在人性论上表现为天地之性与气质之性的二元性。前者可以性即理来定义,后者则不免善恶相混,自有趋向于善或恶的两种可能,而这两种可能的表现状态正是理与欲。另一方面,理欲结构又与性情结构有关。因为从概念层次看,理固然归属于本体之性,欲则不得不归属于发用之情,此即朱子己丑之悟所悟出的十字诀:"性者心之理,情者心之用。"所以,心性情之构架已必然内含了理欲两层因素。换言之,从性情论的角度

看，理欲在相斥之同时，又必然同时并存。在这个意义上，朱子非常赞赏胡宏的"天理人欲，同行异情"说，

> 某问："五峰云'天理人欲，同行而异情'却是。"先生曰："是。同行者，谓二人同行于天理中，一人曰从天理，一人专徇人欲，是异情。下云'同体而异用'，则大错！"（《朱子语类》卷六十二）

朱子自己对"同行异情"说有一个解释，出现在《孟子集注》中，值得关注：

> 盖钟鼓、苑囿、游观之乐，与夫好勇、好货、好色之心，**皆天理之所有，而人情之所不能无者**。然**天理人欲，同行异情**。循理而公于天下者，圣贤之所以尽其性也；纵欲而私于一己者，众人之所以灭其天也。二者之间，不能以发，而其是非得失之归，相去远矣。故孟子因时君之问，而剖析于几微之际，皆所以**遏人欲而存天理**。（《孟子集注·梁惠王下》）

这一解释之所以值得关注，其一，是因为它出自朱子倾注一生之力所撰的《四书章句集注》，该书中的见解必非游移于言词之间的未定之说，而可作定论视之；其二，上面的第一段话，朱子将钟鼓、苑囿、游观之乐以及好勇、好货、好色之心，明确界定为"皆天理之所有，而人情之所不能无者"，准此，则一般被认作人心欲望的"好货、好色"之类的情感就必须得到应有的尊重和肯定，绝不可一股脑儿全盘否定；其三，更重要者，由于天理人欲同行异情，故须特别小心，

应努力做到"循理",而千万不可去做"纵欲"的事情,在天理人欲之间的行为选择不能有丝毫的闪失;其四,结论是,孟子对于天理人欲同行异情的问题有严密的解析,其所主张者无非就是"遏人欲而存天理"。

至此可见,人欲并不是绝对的恶,而是与天理处在一个结构当中,故谓"同行",只是其表现出来的是与天理不同的"异情"。对此,朱子还有不少说法,不妨再举一例:

> "天理人欲分数有多少。天理本多,人欲便也是天理里面做出来。虽是人欲,**人欲中自有天理**。"问:"莫是本来全是天理否?"曰:"人生都是天理,人欲却是后来没巴鼻生底。"(《朱子语类》卷十三)

依照此处"人欲中自有天理",天理人欲并不像后人所理解的只是矛盾对立关系。又如:"问:'饮食之间,孰为天理,孰为人欲?'曰:'**饮食者,天理也;要求美味,人欲也**。'"(同上)据此可知,人欲本身是正当的,只是在天理与人欲之间,存在一个"度"的问题,情欲若合乎节度,则为合理之表现,亦未尝不是"天理"。

若照此说,那么明末清初陈确所谓"天理正从人欲中见,人欲恰好处,即天理也"(《陈确集》别集卷五《无欲作圣辨》)、王夫之所谓"私欲之中,天理所寓"(《四书训义》卷二十六)等被后人视作颠覆理学而有"人性解放"之意味的话头,其实正是理学家所固有的观念。不仅朱子,二程亦说:"耳闻目见、饮食男女之欲,喜怒哀乐之变,皆其**性之自然**"(《程氏粹言》卷一《论道篇》),"口目耳鼻四支之欲,性也"(《程氏遗书》卷十九)。同样,张载也肯

定"饮食男女皆性也,是乌可灭?"(《正蒙·乾称篇》)

据此可说,"去人欲"是一特殊命题,不可理解为是对源自"性之自然"的所有人欲——又可称为自然欲望——的全盘否定。只有对何谓人欲、何种人欲进行甄别之后,才能做出"去"的行为,而《礼记》所言"七情"便已包含"欲"在内。依阳明,"喜怒哀惧爱恶欲,谓之七情。**七者俱是人心合有的**,但要认得良知明白。……**七情顺其自然之流行,皆是良知之用,不可分别善恶**"(《传》第290条)。据此,人欲并不可怕,甚至其本身无善恶之可言,只要顺着良知"自然之流行"便是正当合理的。所以对阳明而言,"去人欲"是一特殊命题,而"认得良知明白"才是一项必然命题。

尽管自然人欲不必去,然问题在于人欲容易落入私欲膨胀的陷阱。如何对此加以防范,真正做到"私欲净尽,天理流行"(《论语集注·颜渊第十二》),则是理学家念兹在兹的重大问题。然而,任何欲望都根源于人心意识的活动,而一个人如何才能清楚地意识到自己意识中所存在的"同行"而有背反的理与欲?这个说法得以成立的前提是能"**意识**"到自己的那个"**意识**",首先必须是具有判断是非善恶能力的"**意识**",这在阳明,便是作为真诚恻怛之良知意识的心之本体。因为作为心体的良知具有"自知""自觉"——自己意识到自己——的道德判断力(吴震,M2011),因而又可称为"根源性意识"(耿宁语)。而在此问题上,朱子学则认定人心并非性体本身,只具有湛然虚明的知性认知力,对于意识的自我操控有赖于不断提撕心灵、集中意识状态的主敬修炼。

总之,在宋明新儒学史上,理欲问题是具有普遍性的伦理问题,因而"存天理,去人欲"也成了理学家的普遍诉求。然而对阳明而言,理欲问题其实就是致良知工夫领域的问题,对朱子而言,理欲问题的解决则主要依赖于常令此心自主自存的主敬工夫。归结而言，天理人欲既是关涉性情的根本问题，又涉及人心意识，更与新儒家的道德实践工夫密切相关，构成了朱子学和阳明学共同关心的一项核心议题。在新儒家看来，欲或情与自然人性有着内在关联，不能一概否定；其与理的紧张表现为人欲或情感容易陷入一己之私的欲望，导致人被物转的"异化"结局，于是，便与天理之公形成对立冲突。而这种对立往往内在于人心当中，故需要将根源于"人之一心"的欲或情纳入一定的客观规范，使其符合天理的规范性要求——如作为"天理之节文"的"礼"，从而对某种行为做出正确的道德评价。这应当是新儒家主张"存天理，去人欲"的本意之所在。其要义在于，将逸出规矩节度而流于一己之私的人心欲望，重新置于天理或良知的规范之下。由此以观，新儒学奉行的乃是一种道德严格主义，而不能容忍自然人性论的学说主张，即便是晚明清初那些主张天理即在人欲中的儒学家（如刘宗周、陈确、王夫之等），绝大多数也都是道德严格主义的信奉者，而不是相反（王汎森，J1998a）。

2. 道心与人心之辨

众所周知，道心人心这对概念，出自《古文尚书·大禹谟》"人心惟危，道心惟微，惟精惟一，允执厥中"。然《古文尚书》为东晋人梅赜所献的一部伪书，其中包括这篇《大禹谟》，故人们认为其言不足为信。但是伪中有真，伪书所载未必全伪，这一点也逐渐为今人所采信。事实上，人心道心说，荀子就曾明确引用过："故《道经》曰：'人心之危，道心之微'"（《荀子·解蔽篇》）。关于"惟精惟一"，荀子在引述《道经》之前，有一段说法似与此有关:"曰:精于道者也。精于物者也。……故君子壹于道,而以赞稽物。……**昔者舜之治天下也,不以事诏而万物成。处一危之**,其荣满侧;**养一之微**,荣矣而未知。"(同上)其中出现的"精于道""壹于道""舜之治天下"以及"处一危之""养一之微"等说法,当与"惟精惟一"说在思想上有连续性。至于"允执厥中",则早见于《论语·尧曰》的记载:"咨!尔舜!天之历数在尔躬,**允执其中**。"故而相传"允执厥中"乃是尧舜禅让之际尧的一句政治遗言。

及至宋代新儒学,《大禹谟》所载"十六字"受到了格外的重视。朱子《中庸章句序》甚至将此十六字提升至儒家"道统"的高度,凸显出道心人心问题的重要性。朱子说:

> 盖自**上古圣神继天立极**,而**道统之传**有自来矣。其见于经,则"允执厥中"者,尧之所以授舜也;"人心惟危,道心惟微,惟精惟一,允执厥中"者,舜之所以授禹也。

朱子还断然肯定《中庸》"此篇乃孔门传授心法"(《四书章句集注》,第17页)。自此以往,这"十六字"被道学家认作儒家传统绵延不绝、圣圣相传的"十六字心传",又被称为"**心传道统**"(朱子语)。可见,道统在儒学史上有双重含义:一是表明儒学拥有"道"的传统,且渊源有自;二是"道"的传统具有重要的政治含义,是自"上古圣神"以来政治合法性的依据。

当然,我们在此要探讨的并不是"继天立极"这一道统的根源何以成立的问题,而是在道统叙事的脉络中人心道心概念如何解读的问题。倘若就人心道心作一番哲学思考,那么,有必要先作"去脉络化"的工作——将人心道心问题抽离出道统叙事的脉络,重新置入"惟危""惟微"的语境中,来确定人心道心的含义,同时,又需要将其"再脉络化"(黄俊杰,M2017,第 32 页),置于道学脉络中来审视人心道心问题所蕴涵的思想意义。

《尚书》"十六字"句句贯穿着"心"的问题,人心惟危是说人心易动而难安,故危;道心惟微是说道心微妙而难见,故微;惟精惟一要求努力做到去除心中杂虑而达到精一无私;允执厥中则是最后的结论,一旦做到了惟精惟一,就能使此"心"中节而不偏,实现真正的中道原则。可见,终极旨归在于"中",而核心问题在于"心"。此即"十六字"被称为"心传"的理由。

问题在于何谓人心道心?"心"何以会有两种状态?一般而言,"心一而已矣",这一点不论朱子还是阳明,都是没有疑义的。我们先来看朱子在《中庸章句序》有关"十六字"的经典解释(分三段录出):

> 盖尝论之:**心之虚灵知觉,一而已矣**,而以为有人心、道心之异者,则以其或生于**形气之私**,或原于**性命之正**,而所以为知觉者不同,是以或危殆而不安,或微妙而难见耳。(《中庸章句序》)

这是朱子著名的"心论",其中涉及人心道心问题。在朱子,"虚灵知觉"是"心"的一项基本定义,其本身是一体的,不可分割为二。然而,在心的发生过程中,又会展现为人心道心两种不同状态。原因在于"心"有两种不同来源:一则"生于形气之私",一则"原于性命之正";前者构成"人心惟危",后者则是"道心惟微"。这表明人的心中存在两种要素:"形气"和"性命"。

从更宽泛的存在论视域看，如同宇宙万物的构成要素离不开"理"和"气"一般，人的存在同样如此，构成人心的形气和性命正相当于理气。重要的是，由理气论拓展至心性论，理气都有不同的价值表现，对人心会产生规范性的意义：气趋于"私"，而理则表现为"正"。所以，朱子接着说：

> 然人莫不有是形，故虽**上智不能无人心**；亦莫不有是性，故虽**下愚不能无道心**。二者杂于方寸之间，而不知所以治之，则危者愈危，微者愈微，而**天理之公卒无以胜夫人欲之私**矣。

就人之存在而言，其基本要素无非是"形"与"性"，不论"上智"还是"下愚"，无不如此。就此而言，上智之人也有"人心"，"下愚"之人也有"道心"。故对人而言，人心道心都是一律平等、无法逃避的事实。

问题在于：当人心和道心混杂在"虚灵知觉"当中而不加以甄别，则有可能导致人心"危者愈危"而道心"微者愈微"，"**天理之公**"与"**人欲之私**"互相倾轧，前者被后者所吞噬，由此就牵引出"理欲"问题。

很明显，在上述两段论述中，朱子有不少概念性的前提预设。一个最基本的预设是：人是一种具有虚灵知觉之心的存在，而心的构造由形气与性命两种要素所构成，不论上智或下愚，概莫能外。形气与性命同时内在于个体之心。这两种性质完全不同的存在被人之一心所含摄，导致"方寸之间"的人心运作有可能走向"私"或"公"，私即人欲之私，公即天理之公。由此便会产生道德上的善恶现象。为此，有必要作"惟精惟一"的工夫，朱子接着指出：

精则察夫二者之间而不杂也,一则守其本心之正而不离也。从事于斯,无少间断,必使**道心常为一身之主,而人心每听命**焉,则危者安、微者著,而动静云为自无过不及之差矣。

以上三段就是朱子对"十六字心传"的完整解释。最后一段解释"惟精惟一,允执厥中"一句的重点在于:"必使道心常为一身之主,而人心每听命焉。"质言之,做到"人心听命于道心",人的行为才能恰到好处,才能实现"中道"("无过不及")的最高原则。

这里的"听命"两字是关键。表面看,既然是"听命",那就必然涉及主动与被动或主人与客人两个方面,结果人之一心被撕裂为二,道心是命令者,而人心是服从者,仿佛一心之中存在两种不一样的心。阳明以此为依据,断定朱子心论的理论预设在于"**二心**",认为这是十分荒谬的。因为既然"天理人欲不并立"(按,在这一点上,阳明认同朱子的立场),那么,"**安有天理为主,人欲又从而听命者**"(《传》第10条)的道理?所以,在阳明看来,"心一而已矣"并没有错,若将此立场坚持到底,那么,我们只能说"**人心之得其正者即道心,道心之失其正者即人心,初非有二心也**"(同上)。事实上,这正是朱子表达过的观点,只不过说得有点委婉。不似阳明诉诸心即理的心学立场,朱子始终未能由"心一而已"引出作为本体存在的心体这一观念设定。

3. 即人心而识道心

那么,朱子是如何看待人心道心关系问题的?朱子在坚持"心一也"的立场上,强调"即人心而识道心"的重要性:

> 盖心一也，**自其天理备具，随处发见而言，则谓之道心；自其有所营为谋虑而言，则谓之人心**。夫营为谋虑非皆不善也，便谓之私欲者，盖只一毫发不从天理上自然发出，便是私欲。所以要得"必有事焉而勿正、勿忘、勿助长"，只要没这些计较，**全体是天理流行，即人心而识道心**也。（《朱子文集》卷三十二《问张敬夫》第七书）

这里有关"盖心一也"的具体论述，与阳明上述所言在理路上是一致的。阳明所谓"人心之得其正者即道心"，即朱子所谓"自其天理备具，随处发现而言，则谓之道心"；阳明所谓"**道心之失其正者即人心**"，即朱子所谓"自其有所营为谋虑而言，则谓之人心"。只是朱子对于"营为谋虑"又有补充：如果营为谋虑"只一毫发不从**天理上自然发出，便是私欲**"。

不难发现，阳明与朱子在人心道心问题上，都坚持"心一也"的立场，而不能说朱子主张"二心"的观点。至于其所谓"听命"的说法，若善观之，则不难了解其真实想法在于强调"一心"有可能由天理之公的道心滑转或下坠至人欲之私的人心。这种滑转或下坠并非出于外在的原因，恰恰是个体之"一心"自我否定之结果。若非如此，而将人心堕落归因于外源性的因素，便会放松对自己"一心"的警惕。故朱子再三强调："盖人心固异道心，**又不可做两物看，不可于两处求也**。"（《朱子文集》卷三十二《问张敬夫》第八书）又说：

> 存者道心也，亡者人心也。**心一也，非是实有此二心各为一物，不相交涉也**，但以存亡而异其名耳。方其亡也，固非心

之本然，亦不可谓别是一个有存亡出入之心，却待反本还原，别求一个无存亡出入之心来换却。(《朱子文集》卷四十《答何京叔》第二十六书)

这表明人心不以"二心"论，而以"存亡"论，这是沿袭孔子所言"操则存，舍则亡"之说而来，故"存亡"的关键取决于"操存舍亡"的工夫实践。更重要者，"操存"工夫并不意味着在人心之外另有一个"**存亡出入之心，却待反本还原**"，因为事实上，根本不存在"别求一个无存亡之心来换却"的可能性。

无疑，朱子在此强调了"心一也"的立场，而根本否定在"虚灵知觉"之心之上或之外，另有一个什么本体之心。朱子断然指出："然存者，此心之存也；亡者，此心之亡也；**非操舍存亡之外，别有心之本体也。**"(《朱子文集》卷四十七《答吕子约》第十书)这彻底断绝了"心之本体"预设的可能性。依朱子，操存工夫之对象为"人心之危"，只须"操之而存，则道心之微便不外此"(同上)，可见，道心亦非在人心之外具有"反本还原"之能力的另一"心之本体"。人心道心都是"一心"的自我转化，表现为自我肯定与自我否定的动态过程，而不存在实体性的所谓心之本体，故"**心而自操则亡者存，舍而不操则存者亡耳……非愧然兀坐，以守其炯然不用之知觉而谓之操存也**"(《朱子文集》卷六十七《观心说》)。

朱子的上述说法深刻揭示了人之一心中高度的内在紧张。尽管朱子承认有道德义或价值义的"真心"(或"良心")，提出"盖入**而存者即是真心**，出而亡者亦此真心为物诱而然耳"的主张，但是若"以存亡出入皆为物诱所致，则是所存之外别有真心"(《朱子文集》卷四十《答何京叔》第二十五书）。这就是说，人心之转变都是自身的原因，而不能推诿于外在的他者，故有必要在意识世界中保持高度的自我警惕，若稍有不慎，瞬间就可能转向自身的反面，"**中间无空隙处**"（《观心说》）。正是在"心则一也，以正不正而异其名"的前提下，故道心"**非以道为一心**"，人心亦非以"**人为一心**"，"惟精惟一"更不是"**又有一心以精一之也**"（同上）。

进而言之，"心则一也""心一而已"的前提预设并不意味着此心就是自足圆满的实体存在。当此心展现为现实的意识过程，就会出现或道心下坠为人心，或人心转化为道心的现象。在"正与不正""妄与无妄"之间不断发生肯定与否定的自我转变，要求人们把握人心道心瞬息变化、稍纵即逝之机，通过"体察存养"等操存工夫，使道心永远占据人心之主宰地位。但是，这也不意味着程颐所说的"**人心私欲，道心天理**"（《程氏遗书》卷二十四。朱子对此的质疑，见《朱子文集》卷三十二《问张敬夫》第七书等），即将人心道心等同于人欲天理的外在对立，而是意味着内在于人之一心的天理之公对人欲之私的克以制胜，同时意味着存天理去人欲的工夫在内心中的自我实现。朱子学之所以看重人心道心的"十六字心传"，其思想缘由即在于此。

要之，朱子学通过创造性的诠释，**赋予人心道心乃一心之自我转化这层重要含义**，这是一项值得重视的理论创见。归结而言，道心无非是人心"全体"的"天理流行"之状态，故须"**即人心而识道心也**"，人心之外并没有一个道心。从这个角度看，阳明批评朱子人心"听命于"道心为"二心"论并不公允。因为朱子的上述思路表明：所谓"听命"只不过是一种假借性的比喻说法，盖指人心须由道心来贞定方向，道心须由人心得到呈现。

事实上，有关这层道理，阳明亦有认同："'率性之谓道'，**便是道心**。但著些人的意思在，**便是人心**。道心本是无声无臭，故曰'惟微'。依着人心行去，便有许多不安稳处，故曰'惟危'。"（《传》第250条）可见，阳明并不否定道心人心之分，在他看来，其关节点在于能否做到"率性"而行，倘若"著些人的意思在"，那么，道心即刻便会转化为人心。一心之间的这种自我转化，也正是朱子再三强调的观点。

最后略须点明的是，朱子的上述观点显然建立在其心论的基础之上。简言之，朱子学的"心"是一个统合人心道心的复合型的功能总体。他的"心统性情"命题得以成立的依据就在于：心具有一种"统摄"（朱子的术语是"统领"）性情的功能。然朱子此说并不意味"心"作为本体而在性情之上或之外。所谓"功能"，在朱子学的语境中，盖指"虚灵知觉"的主宰功能，而"理与气合"的心知具有感知他者及自身的能力，正是基于心知的这一主宰功能，故能判断人心道心。但心之本身中并不存在两种实体性的人心与道心，只不过人心道心的自我转化取决于心知功能中理气要素的发动运作。朱子弟子陈淳有一个说法，值得参考：

> 知觉从理上发来，便是仁义礼智之心，便是道心。若知觉从形气上发来，便是人心，便易与理相违。人只有一个心，非有两个知觉。（《北溪字义》卷上）

这里所说的"理发""气发"问题，成为朝鲜朝性理学的一大争论焦点，史称"四端七情之争"。由此可见朱子学仍有开拓之余地，只是我们在此已无法细述了。需点明的是：陈淳坚持人只有一个心，反对人心道心分裂成两种"知觉"的看法,坚守了朱子学的立场。

三 无善无恶与心性本体

朱子对于人心道心的现实自我转化有深刻的洞见。人是具体存在,故人心必然是现实的、历史的存在,"微之又微"的抽象道心须在现实的人心意识中来肯定自身;另一方面,作为动而不安、不安而危的人心意识通过对"物诱""不正"的自我否定以呈现道心的存在价值。不过,朱子始终不能认同在操存舍亡的工夫论之外或之上,"别有一个心之本体"的本体论预设。这是阳明学与朱子学在哲学根本问题上的差异,也是阳明不满于朱子的人心道心说的缘由。

对阳明而言,在"心即理"的本体论预设下,心体自身便是圆满自足、粹然至善的存在,至善的绝对性并不是与恶相对而言的,在此意义上,心之本体是无所谓善也无所谓恶的。因此,阳明在晚年提出的"四句教"当中,第一句便是"无善无恶心之体"。如何从理论上理解和诠释心之本体无所谓善恶,成为阳明后学的一个核心议题,值得重视。

1. 晚年宗旨"四句教"

简言之,与朱子建立以理为核心的理性本体以凸显行为的客观原则的理路不同,阳明学更强调以良知心体为核心的心性本体,以凸显道德主体性原则。阳明晚年四句教所言"无善无恶心之体"便是有关心性本体的命题。

前面各讲,我们陆续谈到王阳明的思想历程:16岁左右(1487年)的"格竹事件",1508年"龙场悟道"而有心即理、知行合一之说，1515 年前后"南京讲学"时力主诚意，1520 年左右"江西论道"而提出致良知学说，1521 年后"居越讲学"而大力提倡"万物一体"说，直至 1527 年心学史上著名的"天泉证道"事件，阳明与弟子围绕"四句教"有一场深刻的思想论辩。我们的叙述是按新儒学的问题域而逐步推进的，未按宋明儒学的历史流变的时间顺序来展开，不过，讲到最后我们不得不逼近阳明心学的晚年宗旨（或称"思想定论"）即"四句教"，特别是其中的"无善无恶"问题。"四句教"是：

> 无善无恶心之体，有善有恶意之动，知善知恶是良知，为善去恶是格物。

记录"四句教"的文本主要有三种：《传习录》第 315 条、《阳明年谱》嘉靖六年九月条以及《王畿集》卷一《天泉证道纪》，文句详略各有不同（吴震，M2011）。此处不纠缠于文本问题，我们将聚焦于第一句命题的哲学问题。

一般而言，善恶即有关性善或性恶的人性证明问题，属人性论领域的主要问题，然在阳明"四句教"中，无善无恶分别指向心意知物——正心、诚意、致知、格物这套《大学》所揭示的工夫论对象的名义问题，确切地说，指向这些工夫对象的关系问题——如何用道德上的善恶来将心意知物构成一套系统。然而，依阳明的本体工夫论（参见本讲第一节），工夫必根源于本体。在四句教当中，首句的命名方式是用"无"来指称或界定"心之体"，显然这是指向本体论问题，而与人性善恶的伦理学问题无关。也有学者认为这指向境界论的问题（陈来，M1991a）。要之，不容置疑的是，四句教首先涉及本体领域的"有无"问题,同时涉及境界论域的有无合一问题。

诚然,四句教有两种读法,一是顺序而读,即从首句"无善无恶心之体"顺序读至"为善去恶是格物",如此,则首句命题成为整套四句教的逻辑起点,属于即本体以证工夫的理路,表现为**"一悟本体即见功夫"**(《阳明年谱》嘉靖六年条)的本体问题;二是逆序而读,即从第四句"为善去恶是格物"往上读至"无善无恶心之体",如此,则首句命题恰成整套四句教的终极目标,属于就工夫以证本体的理路,表明了**"以此自修,直跻圣位"**(同上)的境界实现。

即凡而圣或超凡入圣,即"圣人可学而至"(程颐语),当然是宋明儒学的共同追求,而不只是阳明学的问题。不过,在阳明的境界论述中,更与心之本体有关,强调了心体的无滞性、无执着性(陈来,M1991b,第280页)。按阳明的说法:

> **良知本体原来无有,本体只是太虚**,太虚之中,日月星辰、风雨露雷、阴霾噎气,何物不有,而又何一物得为太虚之障?人心本体亦复如是,**太虚无形,一过而化**,亦何费纤毫气力?(《阳明年谱》嘉靖六年条)

这是说,无滞无执、一过而化的纯粹性取决于"良知本体原来无有"的特性。比方说,"人心本体"犹如"太虚无形",无形中虽有一切存有(日月星辰等)的契机,然所有一切都不会在太虚中留下任何痕迹,这叫作"一过而化"。人心本体的本然状态亦复如此,无滞无执、一过而化是心体的理想状态,同时也是"无善无恶心之体"境界的实现。心体对包括善恶在内的任何事物都没有执着，内心良知也就不会被外物干扰而得以流行无滞，最终实现理想的自在境界。

尽管无滞无执的本然状态是境界设定，然而，任何境界语必有来由，对阳明而言，境界的实现有赖于"良知本体原来无有"的本体论预设。既然从本体立论"原来无有"，那么，无善无恶对"心之体"的规定显然是就本体立论的，因而"无善无恶心之体"也就具有本体论的意义。换言之，就心之本体言，既然原来无有，故亦无善恶之可名，任何经验意识的善恶名相都无法对本体构成事实确定的描述，这是受制于经验语言的有限性之缘故。

从宋明理学的历史看，当程颢说出"盖'生之谓性'，**'人生而静'以上不容说**，才说性，便已不是性"（《程氏遗书》卷一）时，他事实上已经点明了语言的（一种言说）有限性这层道理。他意识到当一个人用语言来表述什么是"性"的时候，所说出的这个"性"已不再是"性"了。这里出现的两个"性"，各有所指，含义不同。程颢显然已具备形上学的明确意识，故他认为一旦用语言所表达的"性"就不再是"性之本体"，即不再是"'人生而静'以上"的那个"**极本穷源**"（程颐语）的、与"**气质之性**"相对"而言"（朱子语）的本体之性、天命之性或本然之性。

朱子对程颢的"人生而静"条，曾表示"**极难看**"，意谓难懂，颇费疏解。根据朱子的理解，第一"'人生而静'以上不容说"当连读，作一句断，才是完整的意思；第二，所谓"'人生而静'以上"是说"人物未生时"的宇宙原初状态，就此状态，"**只可谓之理，说性未得**"；第三，至于"才说性时，便已不是性"，则是说"才谓之性，便是人生以后，**此理已堕在形气之中，不全是性之本体矣**"；第四，何谓"不全是性之本体"呢？这是因为"大抵人有此形气，则是此理始具于形气之中，而谓之性。**才是说性，便已涉乎有生而兼乎气质，不得为性之本体也**"；第五，归结而言，再回到第一句，这是"言**性**不可形容，而善言性者，不过**即其发见之端而言之，而性之理固可默识矣……已涉乎气矣，便不能超然专说得理也**"（以上《朱子语类》卷九十五）。

上面五点解释的核心大致有二：一是运用了性之本体与气质之性这套观念；二是强调了本体不可言说的观点。用朱子更明确的另一说法就是："'生'字以上又不容说"（同上）。但这个"不容说"者，恰恰是性之本体，即"天命之本体也"（同上），依程颐"极本穷源之性"而论之，则此本体之性"未尝不善也"（同上）。这就意味着一方面本体"不容说"，另一方面性之本体又必然为"善"。此即朱子对"'人生而静'以上不容说"的诠释。

那么，我们来看王阳明又作何解。其实，阳明针对"不容说"，就讲了一句话："'人生而静以上不容说'，才说**气即是性，即已落在一边，不是性之本原矣**。"（《传》第150条）此处"性之本原"，意同"性之本体"。其实，阳明更关注的是程颢对"生之谓性"的新解释，关于这一点，可参考本书第六讲第四节。问题是，既然"不容说"，何以又说"未尝不善"，既然"不是性之本原"，何以又说"孟子'性善'是从本原上说"（同上）？

先说朱子。依朱子，由于性之本体"毕竟无形影"（《朱子语类》卷四），既然"性无形影"，故而"**性不可说**"（《朱子语类》卷五十九）"**性者，浑然不可言**"（《朱子语类》卷五十七），但是本体之性又是"心中所有底道理"（《朱子语类》卷四），此即"性即理也"成立的依据，而"性中所有道理，只是仁义礼智，便是实理"（同上），理是绝对至善的，**故理善即性善**。这就是朱子学人性论以理善证性善的固有思路,本书第五讲第一节提到"性善证明"问题时已经说过。

再说阳明。阳明全盘接受"性即理"的命题,也能认同理善即性善的观点,但他并不直接讨论理气宇宙论问题,只是有时会利用理气概念来说明人性善恶问题。在他看来,在宇宙原初阶段,理还未显现而处在一片宁静中时,性还未形成,故只能说"**无善无恶者理之静**";反之,当阴阳两气一旦发动,则必显现出"有善有恶"之现象,故可说"**有善有恶者气之动**"。当一个人在现实状态中,使自己的心灵安宁下来,做到"**不动于气**"——不为气所动,那么,"**即无善无恶,是谓至善**"。这个说法究竟意味着什么呢?阳明针对弟子的疑问,进一步解释道:"圣人无善无恶,只是**无有作好,无有作恶,不动于气**。……便自**一循天理**。"(以上《传》第101条)这就与上述朱子的讲法不同,一言以蔽之,阳明并不采用"不容说"的讲法,而是直截了当地断定"无善无恶",故在工夫上须做到"无有作好,无有作恶""一循天理",由此便可说"至善"。那么,"**无善无恶是谓至善**"又何以成立呢?

2. 无善无恶是谓至善

这里涉及否定即肯定何以可能的问题,更涉及如何理解"无善无恶心之体"的问题。首先须点明的是,"无善无恶是谓至善"出现在《传习录》上卷(即1518年刊刻该卷之前),而不是阳明晚年提出"四句教"之际所作的论证。这表明"无善无恶"其实是阳明一直以来关注的问题。那么,由"无善无恶"这一对善恶的否定,何以推出"至善"的肯定判断?

如果说一个人的本性是无所谓善也无所谓恶的,如同历史上的性无善无不善或性善恶混的人性主张,那么,就无法推出孟子学意义上的性善说。从逻辑上讲,任何一种性善说都不能允许对人性本善持否定的判断,而必然预设善是人性的本质状态,我们不能从无善的预设中推出善的结论,即不能根据对善的否定得出一个对善的肯定。也正由此,阳明的"无善无恶心之体"必招致一个根本质疑:既然心之本体即良知,良知即天理,故心体本无不善,如同天命之性一般,应当是纯然至善的,那么,将"心之体"定性为"无善无恶"就是一个自相矛盾的命题。

然而正如上面所说,无善无恶其实不是人性论命题,而是本体论的说法,同时也是由工夫达至境界的说法。例如按照《传习录》第101条"侃去花间草"章的问答(以下无标注,借出自此条),"圣人无善无恶"盖指圣人之心体已达至无善无恶之境界,善恶名相已不足以描述圣人的心体,因为"圣人"这般最高理想之人格,已然实现"**无有作好,无有作恶,不动于气**"的境界,在行为上已能做到"**一循天理**",能做到一切以普遍的理性原则为准。那么,这又是如何可能的呢?

阳明进一步解释道:"谓之不作者,只是好恶一循于理,**不去又着一分意思**";反之,"若着了一分意思,即心体便有贻累,便有许多动气处",便已不是圣人。至此可见,所谓不执"一分意思",就是指在心体上无滞无执、一过而化。由此,阳明欲强调的观点是:"**善恶全不在物**""毕竟物无善恶",亦即善恶在心。这就将善恶现象由外物收摄至内心,认为一切善恶都直接根源于心,因此有必要对自己的心保持高度警惕,绝不能将善恶意识或善恶行为的原因推脱给他者。这就导致一个必然的结论:一切意识活动及其化作行为的过程都必须立基于良知心体之上,严格审视心体活动有没有"执着"意识、有没有丝毫的"贻累"、有没有一些"动气处"。这样一来，阳明学必然要求人们对自己内心的感性意识实行严格的道德理性的审查，这使得阳明学更重视道德动机问题，更强调道德意识的纯粹性。

另一种情况是：倘若坚持"**在物为理**"（程颐语）或"**物物皆有定理**"（朱子语）的理学传统观点，认为一切善恶之理都在客观外物上，见到草对花有所妨碍便做出"去草"的判断，导致"以花为善，以草为恶"——仿佛花草之"定理"是决定善恶的客观性原则。这一观点便要求通过对外物事理的逐一把握，以求明辨外物的是非。在阳明看来，这就必然沦为"**舍心逐物**""终日驰求于外，只做得个义袭而取"的结局。

在阳明看来，朱子理学的病源就在于忽视了善恶判断源自内在意识这一根本特征，导致原本属于内在的道德意识随外物的牵引而发生外化的转变。这种意识活动叫作"从**躯壳起念**"，意指外在指向的意识活动而非源自心体的直接发动，其特征表现为"心随物转"。这里的"心随物转"虽非阳明用语，然与之相反的"物随心转"却应是阳明学的题中应有之义。因为从儒家伦理的立场上看（不仅是阳明心学），道德本心才是世界的基础，而不能倒过来说。阳明断言良知本体乃是"乾坤万有基"便清楚道出了这层哲理意蕴。

从根本上说，对事物存在的任何价值判断都根源于人类意识，而不取决于客观外物本身，所以阳明说："**天地生意，花草一般，何曾有善恶之分？**"善恶之分不在花草而在人心，故其结论是"**善恶全不在物**"。这就要求人们不能从外在客观的因素上去找借口而不履行道德义务。既然如此，那么关键就在于"**须汝心自体当**"——由自我本心来对善恶做出道德决断。从伦理学上讲，道德义务必然根源于这一道德决断。

正是由于"善恶全不在物",故阳明从理气论出发,得出"无善无恶者理之静"的结论;至于"有善有恶"的分化现象则出现于"气之动"的现实世界。这一理气论的观念与朱子学是一致的,只是在阳明看来,理气问题可以落实到伦理学领域来探讨。他认为,由于气的因素会影响人心活动,故就物上看善恶的"躯壳起念",就会导致"有善有恶气之动"。顺便一提,晚明刘宗周站在"意为心之主"的立场,竭力反对"无善无恶心之体,有善有恶意之动",然而对"无善无恶者理之静,有善有恶者气之动"却表示赞同。然而,以理气论善恶毕竟非阳明思想的核心论点,以心体论善恶才是阳明学的旨趣所在。

在我们看来,四句教应是阳明晚年的宗旨,是对心意知物一组概念的系统论述,同时也是对"良知本体原来无有""**心之本体原无一物**"(《传》第 119 条)、"**知来本无知,觉来本无觉**"(《传》第 213 条)、"**无知无不知**"(《传》第 171 条)的本体论论述。既指向良知本体,又适用于性之本体。所以阳明继承了程颢"盖'生之谓性','人生而静'以上不容说"的观点,对告子"性无善无不善"提出了重新评估(参见第六讲),认为告子的错误在于执定"在物感上看"有善有恶,从而认定"有个无善无不善的性在内",这导致了善恶的内外两端的分化。如果识破了告子此说的"病源",那么,从原理上说"**性无善无不善,虽如此说,亦无大差**",因为从本体上看,"**无善无不善,性原是如此,悟得及时,只此一句便尽了,更无有内外之间**"(《传》第 273 条)。可见,阳明晚年强调"无善无恶心之体",应当有其理论内部的一贯性,而绝非突发奇想,更不可能是"天泉证道"的当事人之一、阳明弟子王畿的"杜撰"(刘宗周语)。

问题是,由本体本不可说而得出无善无恶,又何以推出无善无恶是谓至善的结论呢?阳明弟子就曾提出质疑:"先生尝云'心无善恶者也',如何解'止至善',又谓'是心之本体'?"阳明的回答是:"心之本体未发时,何尝见得善恶?但言心之本体原是善的。"(《阳明先生遗言录》下,第 16 条)这个答案显然过于简单,还有展开论述的余地。

事实上,从本体论的视域看,任何绝对本体都没有现实经验的规定性,但具有超越现实经验的绝对性,因此我们无法采用有限的表示经验现象的(如善恶现象)语言来规定本体的属性。对此,王畿有一个很好的说明:一方面,"天命之性,粹然至善……无善可名。**恶固本无,善亦不可得而有也**,是谓无善无恶"(《王畿集》卷一《天泉证道纪》);另一方面,"善与恶,**相对待之义。无善无恶是谓至善。至善者,心之本体也**。"(《王畿集》卷五《云门问答》)王畿的这两个说法所指是一致的,他是从心性本体的超越性来进行论证的。心性本体既然是超越的,那么一切名相都不足以做出规定,然而超越之本体又是具体的而非抽象的绝对,因而又是内含仁义礼智等基本德性内容的"粹然至善"。

总之,既然善与恶是"对待之义",那么,"无善无恶"便是指向心性本体的绝对之义。绝对而又具体,故心性必然是"粹然至善"的,推而言之,结论必是"无善无恶是谓至善"。因此,超越有无现象的"无"便是对本体之"有"的绝对肯定;同时,在工夫上,又须破除对本体的执有意识,做到"**无有作好作恶,方是本体**"(《传》第 119 条),即对本体之证成以及境界的实现。从本体上说,良知本体的有无合一表现为:"良知本无知"向"良知无不知"(《传》第282条)的自我转化;就境界而论,人心本体表现为"一无我而已",因为"**人心本是天然之理,精精明明,无纤介染著**"(《传》第339条)。故究极而言,阳明断言儒家成圣之学,就是"**以无我为本**"(《王阳明全集》卷七《别方叔贤序》)之学。这里的"我"乃特指那种"我执"的感性意识,对其进行必要的"破执"以回归本心的理性原则——没有"纤介染著"的"天然之理"的纯粹理性原则,这就是"圣人之学"追求的目标,也是理想的境界。至此,我们便可了解阳明强调"无善无恶心之体"的思想意义。

四 现成良知与晚明心学

现成良知或良知现成,是阳明学的题中之义。它表明良知作为人之所以为人的基本德性,是根源于先天的实在而又充分具足圆满的,故现成良知是良知本体论的命题。但是这并不等于说,阳明亲口提出过这两个概念,而是后人通过对阳明学的理解所作的诠释结论。任何诠释都不免涉及诠释立场,但从哲学诠释学的角度看,诠释与文本之间的义理张力既不可避免也是合法的,否则,思想文本就没有诠释的开放性。事实上,良知现成构成了阳明后学的一大议题,引发了晚明心学种种思想争议。这场思想争议与阳明学本身究竟有何义理上的关联,这是我们需要省察的问题。

笔者在20世纪90年代初,开始着手《阳明后学研究》之际,即以"现成良知——阳明学及其后学的思想展开"作为"序论",以此贯穿对阳明后学的整体考察,笔者的一个主要理由就是:"现成良知"不仅构成了阳明学以及阳明后学的核心议题,而且是心学批判者所关注的核心问题,良知的现成性及其当下性等问题对于我们了解晚明思想具有重要的理论意义。

1. 见在、现成与当下论

上面提到，思想诠释与文本之间的张力不可避免。我们不妨举例来说，东林党人史孟麟对阳明心学在晚明的流变有一个批评，他指出："人心有**见成的良知，天下无见成的圣人**。"（引自顾宪成《当下绎》）"见成"的"见"读作"现"。前面一句，史孟麟对现成良知有所肯定，但这个说法显然不是直接来自阳明，而是源自他的老师顾宪成，若往前追溯，还可上溯至耿定向为阳明的辩护："**良知若非现成，又岂有造作良知者乎？**"（《明儒学案》卷三十五《天台论学语》）后面一句是对"现成圣人"说的批判，这或许是针对阳明晚年的"满街都是圣人"说而发，但这个说法却源自罗洪先"**千古未有开手圣人**"（《罗念庵先生文集》卷三《与谢维世》）说，若往后看，明末刘宗周则说"**自古无现成的圣人**"（《刘子全书》卷一《人谱·证人要旨》）。

从以上几条资料看，在晚明，"现成良知"或"现成圣人"的观念似乎很流行，既有肯定也有否定，而且显然与晚明心学风气有关，尽管在阳明文本中我们无法找到这两个概念。经过后人的一番诠释，这两个概念几乎成了心学思想的标志，对此的赞同与否甚至直接与思想立场有关，至于阳明本人是否这样说过，反而显得无关紧要。这说明，文本诠释常常会带动一种思想风气的形成，甚至会促成某种观念的形成或演变。因此，我们需要格外注意文本与诠释之间的互动。

当然，任何诠释都要受到文本的制约，因为诠释的开放性往往受制于文本的历史性。根据阳明学的思想理路，"现成良知"无疑是一个可以成立的诠释结论，但由此是否能推出"现成圣人"的结论，则需要层层义理的把关，而不能直接等同。那么，何谓"现成"呢？"现成"作为日常用语大致流行于唐宋，盖指事物的现实完成状态，在佛经翻译中则指不假造作、现今成就之意。到了阳明心学，"现成"作为修饰语，用以形容良知本体的见在性、当下性、圆满性，语义上发生了转变，成为具有丰富内涵的思想概念，进而引起了晚明士人的极大关注，这不是没有原因的（吴震，M2003a）。

话题回到王阳明。阳明虽未直接提出过现成良知或见在良知，然而阳明学的良知在本体论上被描述成"本来面目""个个圆成""当下具足"的本体存在，就此而言，良知是一种自足圆满的绝对知、本来知，而不同于意识分节状态下的分别知、经验知。在这个意义上，良知本体必具有现成性、见在性之特征。所谓现成或见在，指本体存在的遍在性、先天性、当下性。

例如，"天理在人心，**亘古亘今，无有终始**"（《传》第284条），讲的就是良知本体的遍在性，重在强调良知的普遍超越性；良知天理"**人人自有，个个圆成。……不假外慕，无不具足**"（《传》第107条），说的就是良知本体的先天性，重在强调良知的先天具足性；"良知只是一个，随他**发见流行**处，**当下具足**，更无去来，不须假借"（《传》第189条），说的便是良知本体的当下性，重在强调良知的当下活动性。这三段表述中并没有出现"现成"或"见在"等描述语，但是根据上述有关良知的特征描述，我们可以说：良知在存在意义上，它原本就是先天圆满、当下具足的"现成"而又"见在"的终极实在，故良知便是先天心体，而非后天被赋予的有限存在物。

王畿对阳明良知学有一洞见，值得重视：

先师提出良知二字，正指**见在**而言，**见在良知**与圣人未尝不同。(《王畿集》卷四《与狮泉刘子问答》)

"见在"的"见"读作"现"，两字相通。那么，阳明是否使用过"见在"一词并用以描述良知呢？在《传习录》中只有三处阳明使用了"见在"一词，即："只存得此心常**见在**，便是学"(《传》第79条)，这是工夫意义上的"现在"；"良知无前后，只知得**见在**的几"(《传》第281条)，与前一条的意思大致相同；"今日**良知见在**如此，只随今日所知，扩充到底。**明日良知**又有开悟，便从明日所知扩充到底"(《传》第225条)，这是阳明强调"良知见在"的唯一表述，就其前后语脉看，此"见在"相对于后文的"明日"而言，故其意无非是指"现在"。

总起来看，阳明语境中的"见在"或"良知见在"是指良知的当下存在、现实存在、即时存在，故"见在"是相对于过去、未来而言的时间概念，"良知见在"强调的是良知存在于"时间"之中。狭义而言，"见在"指当下即时的现在，然而广义地看，"见在"是一时间概念，在"良知无前后"的意义上，本体贯穿于时间之中。这是因为本体必呈现，而此呈现又必通过与现实（包括历史文化）的对置，在"发用流行"过程中，表现为"**随感而应，无物不照**"(《传》第21条)的"**因用显体**"(阳明语)的自我呈现、自我肯定。故"见在"不意味着物理意义上的线性时间，良知的见在性就是贯通过去与未来的当下性，所谓"**见在的几**"，便是此意。因此，我们必须在良知意识时时流传、发用不息的过程中，把握住瞬间即逝的当下性。按阳明，"如此方是精一功夫"(《传》第225条)。

基于上述阳明学的立场，王畿用"见在"来规定良知的特征。

当他说"见在良知"之时，更突出了本体论的意义；他强调"**见在良知与圣人未尝不同**"，认为良知见在性是圣凡一律平等的。由此，见在良知就是阳明所谓的"人人自有，个个圆成""不假外慕，无不具足"如同"圣人"一般的存在。这一道德理想主义的见在良知说应当是阳明良知学的题中应有之义。

须说明的是，"见在"除表示时间的当下性之外，还有另一层接近实在性的意思。例如在一段有关"天地没有我的灵明"则一切都不存在的著名对话中，有弟子追问："天地鬼神万物，**千古见在**，何没了我的灵明，便俱无了？"(《传》第336条）此处"千古见在"，意谓天地鬼神万物是永恒存在，即表示万物的实在性。若取此意，则良知见在亦可理解为良知存在的实在性——良知作为本体必是终极的实在，犹如"万古一日"一般，具有永恒性、普遍性。

就一般原理而言，阳明后学对见在性问题大多持肯定态度，因为良知本体超越圣凡之别而具有普遍性、实在性。这里我们举两个例子来说明这一点。被认为是王门保守派（又称"修证派"）的邹守益（1491—1562），有"见在功夫""精神见在"以及"**见在本体工程**"(《邹东廓先生文集》卷六《复濮工部致昭》)等说法，基本承续了阳明本意又有重要阐发，肯定了见在良知具有"本体工程"——"本体工夫"的双重意义。另一位名不见经传的阳明弟子孙应奎（生卒不详）对见在问题也有重要解释：

> 良知，**见在**之谓。**致见在**者，不息之谓也。夫既**见在**，则物格意诚而心正，**一以贯之而无疑**。(《燕诒录》卷四《与友人论学》)

这里的说法与王畿有一脉相承之处，王畿所谓"良知二字，正指见在而言"即此处"良知，见在之谓"的意思。不过，孙应奎对此的阐发是，由于良知即见在，故致良知亦即"致见在"，而且良知若能保住见在性，那么，其他工夫如正心诚意格物便可达到"一以贯之"的境地。无疑，这是对"良知见在"说的高度肯定。"致见在者，不息之谓也"也值得重视，此即说，"见在"表明本体在时间上流行不息，良知见在性的思想意蕴得以充分揭示出来。

至此可见，良知见在表明良知本体的见在性、现在性、现成性、当下性。在某种意义上，见在良知与现成良知、当下本体等的含义一致。不过，阳明后学在流变过程中，围绕见在性与现成性、当下性的问题却产生了一些思想争议，这一点我们在下一节再说。

从本来意义上讲，见在具足（或当下具足）、现成圆满，应当是阳明良知学的应有之义。从这个脉络看，见在、现成、当下这些时间概念既转变出本体的意义，即从本体的角度对良知的直接肯定；又有工夫论的意义，即强调致良知不离当下现在。例如在 1560 年代，泰州传人罗汝芳（1515—1588）在南京讲学便竭力宣扬"**当下承当**"（引自《王畿集》卷四《留都会纪》）的观念；受此影响，另一位受心学影响颇深的士人耿定向也仿效罗汝芳的说法，在学会上大力主张"**教人须识当下本体**"（同上）。罗的弟子杨起元（1547—1599）甚至还有《当下吟》一诗，开首一句便是"**学惟当下是真心**"（《杨复所先生家藏文集》卷八《当下吟二首示诸儿》）。在东林党人顾宪成看来，当时思想界俨然出现了一股"当下"论思潮，故特意撰写《当下绎》一文，劈头一句便说："**近世率好言'当下'矣。所谓'当下'，何也？即当时也。此是各人日用间，现现成成一条大路。**"（《当下绎·源头关头》）。按，《顾端文公遗书》本，"现现成

成"作"坦坦平平",东京尊经阁文库藏万历刊本《当下绎》作"现现成成")他对"当下"还进行了一番分析乃至肯定:

> 吾性**合下**具足,所以**当下**即是。合下以**本体**言,通摄见在、过去、未来,最为圆满。当下以**对境**言,论见在,不论过去、未来,最为的切。究而言之,**所谓本体**,原非于对境之外,**另有一物**,而所谓过去、未来,要亦不离于**见在**也。(《当下绎·源头关头》)

这里,顾宪成从两个角度充分肯定了"合下""当下""见在":第一,"以本体言"的角度,"合下具足"表示本体的"圆满"性;第二,"以对境言"的角度(即相对于过去和未来),"当下即是"表示本体的"见在"性是"最为的切"的。归结而言,"所谓本体"并不是"对境之外,另有一物",而是本体在时间中的存在也不能脱离"见在"。所以,顾宪成甚至直呼:"当下之时义,大矣哉!"(《当下绎·过去未来》)

由上可见,见在良知、当下具足、当下即是、当下呈现等,在阳明学及晚明思想流变和发展的过程中,成为一项重要议题而备受关注。的确,良知的见在性、当下性既有本体义又有工夫义。从本体上讲,良知必然是当下具足、见在圆满的;从工夫上说,由于良知不离当下、不离见在,故致良知也就是"致见在者"——对见在良知的直接把握和当下呈现。所以,见在良知意味着"本体工夫"在即刻当下的直接合一,"见在良知"必导向"见在工夫",而"见在工夫"是对"见在良知"的实践落实。故王畿甚至断言:"圣学只论见在工夫。"(《王畿集》卷八《中庸首章解义》)而在"四句教"

问题上与王畿针锋相对的钱德洪竟然声称"格物之学,实**良知见在功夫**。……著衣吃饭,即是尽心至命之功"(《明儒学案》卷二十一《绪山论学书》)。

以上诸说表明,现成良知说具有本体工夫的双重意义:就本体言,见在良知意味着良知在存在论上的先天性、当下性;从工夫说,见在良知意味着良知必在发用流行的过程中呈现自身的先天性、当下性。

2. 现成良知与满街圣人

良知在当下,当下即见在,是否意味着良知就是不假人为的现成存在呢?是否意味着凡是现实的就是合理存在的呢?这涉及良知见在与良知现成是否属于异名同指的关系。

这一问题看似唐突,但阳明后学正是围绕良知见在与良知现成的问题,产生了一场历时长久的思想争论。这导致阳明后学的分化,也加快了晚明思想的转化与发展,最终在明清思想转型过程中,阳明心学渐渐淡出思想舞台。在某种意义上,这与良知现成问题也有些许关联。

我们不妨采取倒叙法,先以清初儒者对良知现成的批评为例,检视良知现成问题在明末清初引发的思想危机。清初王嗣槐对阳明良知学有严厉批评,他说:王阳明谈致良知,都是"从现成说的",谈"去人欲"工夫"也是从现成说的",甚至说圣人"也是个**现成的圣人**",说普通人"**也是个满街都是现成的圣人**"(《桂山堂读传习录辨》卷一《事物辨一》,转引自荒木见悟,M1995,第240页),简直把"现成良知"说得天花乱坠、蛊惑人心。显然,王嗣槐批判心学的标靶就集中在"现成"这一概念。

当然，若为阳明辩护的话，我们可说王嗣槐的批评虽事出有因但言无所据，事出有因且不论（详见后述），言无所据是说，其批评基本属于无的放矢，是基于对阳明学的严重误解。因为他将本体意义上的现成良知说未作分析地滑转至现实意义上的现成圣人说，于是，批判变成了缺乏理性思辨的指责。但不管怎么说，现成良知观念在晚明清初引起了思想震荡，却是毋庸置疑的事实。

所谓事出有因，是指阳明后学有关现成良知问题的一场论辩，主要发生在王畿与罗洪先、聂豹之间。

由上所述，原本作为时间概念，见在即现在，现成即见成，两者之间只有一字之差："在"和"成"。前者表示在时间上存在，后者表示在时间上已经完成。严格来说，两者在语义上有微妙的差异，然而在概念使用过程中，若指向本体而言，两者都表示良知本体的先天性、现成性、见在性，王畿所言"见在良知与圣人未尝不同"便是在这个意义上说的；若指向工夫而言，则表示良知工夫的当下性，但不意味工夫已现实成就。故良知现成不等同于良知工夫的现实完成，相反，人心的欲根欲望与良知意识缠斗之际，本体良知在现实面前不免发生遮蔽乃至扭曲，却是不得不正视的严肃问题。对此，王畿其实有清醒的意识：

> 苟不用致知之功，不能时时保任此心、时时无杂念，徒认**现成虚见**，附和欲根，而谓即与尧舜相对，未尝不同者，亦几于自欺矣。……世间熏天塞地，无非欲海，学者举心动念，无非欲根，而往往假托**现成良知**，腾播无动无静之说，以成其放逸无忌惮之私。（《王畿集》卷二《松原晤语》）

这段话表明，王畿一方面对"现成良知"本身有坚定的信念，另一方面对于世人"假托"现成良知，却对举心动念皆是欲根的现象放松警惕寻找借口提出了严厉批判。所以，问题不在现成良知本身，而在于如何运用诠释与工夫去落实现成良知。

上述这段话出自1562年冬王畿与罗洪先的一场对话，两人分别都有文字记录。根据罗洪先的记录，他对王畿提出的质疑和批评是："**世间那有现成良知？良知非万死工夫，断不能生也，不是现成可得。今人误将良知作现成看**，不知下致良知工夫，奔放驰逐，无有止息，茫荡一生，有何成就？"（《罗念庵先生文集》卷八《松原志晤》）在今人往往"假托现成良知"或"误将良知作现成看"而不落实为工夫的问题上，两人之间并没有歧义，然而，罗洪先提出质疑"世间那有现成良知"，却是对现成良知观念的根本怀疑。

这一质疑首先涉及对良知的理解。在罗洪先看来，应当根据体用论原则并结合阳明所言"**虚灵明觉**"的良知义来理解良知。就本体言，良知是虚寂的、宁静的；就作用看，良知是充满灵动的妙用知觉，在这知觉当中既有对是非好恶的规范性判断，又包含种种情感意识、欲念根机。因此，良知作为一种心灵意识的活动状态，就不能是一蹴而就的现成存在——所谓的"现成可得"，而是情感欲念泥沙俱下的"奔放驰逐，无有止息"的现实存在，必须做一番"致良知工夫"，重新体认良知本体，并将现实状态中的自我转化至虚灵宁静的理想状态。在这个意义上，所以说"良知非万死工夫，断不能生也"。这里的"生"，指苏生、复生，意味着经由工夫体验而使良知在人的生命和精神中重获新生。基于这一思想立场，罗洪先竭力反对王畿的"现成良知"说，主张"**收摄保聚**"说，将良知的知觉作用收摄至寂静的本体状态，并且立足于虚寂本体，才能保证良知的发用不致偏离方向而沦为情识欲念。

尽管罗洪先对良知现成性、当下性的质疑有自己的理由，然而不得不说他对王畿在本体论意义上的现成良知说发生了误解。因为若就工夫论的角度看，王畿未必对良知现实状态没有警惕，只是从本体论的层面看，他不得不承认良知的超越性并不受任何现实制约。同时，本体的存在方式又必然是具体的、当下的或见在的。因为自早期儒家以来，"天道"已经向人的德性精神发生内化的转向；及至宋代，新儒学更是开创了一套"**性与天道**"（张载语）合一的观念。因此，对良知现成性、先天性的强调，正是对阳明良知学底线的坚守。

相比之下，罗洪先批评现成良知说的思想意义则表现为：良知先天性在现实性的转化过程中，不免受历史、文化、社会等因素的影响，人心意识在现实中也会由于物欲的牵引而发生"人化物"（《礼记》）的异化现象，因此有必要充分注意良知工夫在现实中的落实，通过对人心中情识杂念的克除，以使良知本体在感应发用中正常展现自身。至于致良知工夫是否必须采取"收摄保聚"的方法，才能收到"**一切杂念不入**""**不见动静二境**"（《罗念庵先生文集》卷八《松原志晤》）之效，则属于另一层面的问题，这里不赘。值得注意的是，刘宗周对罗洪先自述的这一境界语，评价为"**单刀直入，尤为径捷**"（《刘子全书》卷八《艮止说》）。

不过，在王畿看来，罗洪先忧虑于良知容易在意识流动"倏忽变化"的过程中迷失自我而导致"荡无所归"，"故为'收摄保聚'之说以救之"（《王畿集》卷八《致知难易解》）的良苦用心虽然值得肯定和同情，但由此而质疑良知现成，"必以现在良知与尧舜不同，必待工夫修整而后可得，则**未免于矫枉之过**"（《王畿集》卷二《松原晤语》)。所以,竟连对王畿的批评十分严厉的顾宪成也不得不为罗洪先进行辩护:"良知不是见成的,那个是见成的?且**良知不是见成的,难道是做成的?**此个道理稍知学者,类能言之。念庵宁不晓得而云尔?"因此,罗洪先所说的"世间那有见成良知",实际上,"犹言'**世间那有见成圣人?**'"(《小心斋札记》卷十一)不过,为免误会,顾宪成建议"究竟不如说个'世间无现成圣人'较稳当,免得惹人吹求"(《当下绎》)。

然而,很难说顾宪成的这一辩护具有何种理论效力。原因主要有两点:一者,就王畿与罗洪先之间的辩难场景看,两者围绕的是"现在良知与尧舜"究竟是"同"还是"不同"的问题,王畿从本体论的角度做出了坚决的肯定,罗洪先则从工夫论的角度进行了严肃的质疑;二者,从"世间那有见成圣人"的提问方式看,两者的辩难显然将本体论域中的良知现成性、见在性滑转至现实意义上的圣人境界之实现是否可能。这涉及如何理解阳明学的一个命题:"满街都是圣人。"

本来,作为"**人伦之至**"(孟子语)以及"**尽伦者也**"(荀子语)的圣人典范乃是儒家道德人格的最高象征,早在孔、孟、荀的时代便已逐渐定型。这一德性伦理与西方近代以降出现的"日常伦理"(又称"世俗伦理")有所不同。前者以圣贤英雄的道德典范为蕲向,后者则是韦伯所说的从基督新教转化出来的一种新型伦理形态,其行为规范以家庭与工作为核心,这种伦理在西方近现代的发展过程中逐渐占据主导地位,但却失去了德性伦理原有的对内心精神转换的重视(张灏,J2000)。而儒家德性伦理相信如尧舜一般的圣人德性同样存在于所有人的内心,由此才有"人皆可以为尧舜"(孟子语)、"涂之人皆可为禹"(荀子语)之可能和希望。宋代新儒家周敦颐、程颐相继提出"圣可学""圣人可学而至"的思想口号,为士人学子重新点燃了"成圣"这一人的可完美性的希望。而且新儒家普遍相信自孩提起**"圣人之质已具"**(程颐语)。阳明良知学更是将儒家精神伦理发展到极致,这不仅是因为阳明多次宣称**"心之良知是谓圣""人人心中有仲尼"**的口号,成圣理想向下层社会迅速渗透;更重要者,圣人一般的德性已被内化为人心良知,所以只要通过自我的精神转化等工夫实践,便可达到人虽有限而可臻无限——"优入圣域"的境界(吴震,J2013)。

在这个意义上,《传习录》记述的借王艮和董沄之口说出的"**见满街人都是圣人**"(《传》第 313 条),未必不是阳明良知学必然推演之结论,因为所谓"满街圣人"无非就是阳明强调的良知之在人心"圣愚无间"的另一种表述而已。但必须注意的是,"人人心中有仲尼"的"有"这一存在事实的肯定,并不直接等同于"是"这一当下的现实肯定,换言之,"满街圣人"似乎可以作两层含义来理解:一是说满街人充分具备成为圣人的潜在本质,一是说满街人都是现实的圣人。显然,阳明之意在于前一层。例如他说:"**良知良能,愚夫愚妇与圣人同。但惟圣人能致其良知,而愚夫愚妇不能致,此圣愚之所由分也。**"(《传》第 139 条)这就表明在本体论上,良知存在的事实并无"圣愚"之分;但在工夫论上,良知要求现实中的人做出自我的精神转换,而不意味每个人的主体良知都已现实圆满。

总之,依阳明学的思想旨趣,良知见在、圣愚无间、满街圣人,都可作良知本体论来理解。所谓心有仲尼、满街圣人都是一种强说或喻指,旨在改变人们的一种观念:以为圣人只是历史中的抽象人格或书本中的遥远记忆;相反,圣人是活生生地内在于人心中的本来面目。同样，良知也不是一种抽象的形式概念，它是理想人格在现世的当下存在，并内化为人心中圣人英雄一般的精神典范，因而是每个人都可企求、有望实现的与天德合一的精神境界。另一方面，阳明良知学强调人人都应树立起良知的主体性和能动性，甚至提出了良知就是"天下之**公道**""天下之**公学**"，"**非朱子可得而私也，非孔子可得而私也**"（《传》第176条）的激进主张，以为只要充满良知自信并坚持"**公是非、同好恶**"的公共理性便可挑战一切外在权威，故良知心学对晚明社会产生了极大的思想冲击力，也招致了格外猛烈的思想反弹。

第十讲　结语：宋明新儒学的衰落与重振

本书的问题视域大致越出了狭义的宋明理学，而从广义的宋明理学出发，对广义的朱子学和阳明学的哲学问题进行了历史考察，由此获得的一个效果可能是：既能"入乎"朱子学和阳明学的理论内部，又能"出乎"其思想框架，以探察朱子理学和阳明心学的思想意蕴及其在整个宋明时代的理论辐射力。

因而本书采用的叙述策略有两点：一是打破历时性或个案性的考察方法，一是尽量避免历史资料的详细罗列。不过由此造成的后果可能是：许多宋明理学史上的重要人物或理论学说未能顾及，北宋四子（周、张、二程）被置入广义朱子学而未作专题讨论，而理应纳入广义朱子学范围的元代朱子学却付诸厥如。至于广义的阳明学，我们至此还未及深入阳明后学及晚明思想。

因此，在最后一讲，我们准备从晚明心学运动与明清之际的思想转向谈起，进而就宋明新儒学与当代新儒学的关系展开讨论，并尝试对儒学未来的发展提几点初步的看法。这要求我们一方面站在当代的立场，省察宋明新儒学的理论价值、思想特质；另一方面思考宋明新儒学可以为当代儒学发展提供哪些思想资源。

一　后阳明学与明清学术之嬗变

所谓"后阳明学",取义宽泛,可含阳明后学、晚明心学乃至后世心学家;以时代言,约指自16世纪以降的一个半世纪,以1508年阳明龙场悟道为标识,直至清初康、雍年间为止,姑为"后阳明学"的学术史年代之一种设定。

1. 承体起用与因用显体

前文对阳明后学之纷纷争端已略涉及,即以"现成""见在"之概念入手,于良知遍在义略作申论,亦述及归寂说之理路,显示其收摄保聚、承体起用之良苦用心。然在阳明学之义理构架中,**承体起用与因用显体**,本是其题中应有之两义,二者互为呼应,若固执一端,则均有偏失。

本来,阳明学之哲学建立于此心此理之上,心体良知即本体即发用。体者不相待而绝对,故其特征为虚为寂,其存有为独存、自足而不必依他力,既非理智可言语形容,故又超绝于言说之外;惟其如此,故须由内证体之、不假外力,而终至内外合一之境。然有体者必有其用,体用不殊离隔绝,而必在天道继之成之过程中发用流行、生生不止,此即阳明强调"**心无体,以天地万物感应之是非为体**"(《传》第 277 条)之义。依此,故有"即用求体"之工夫语,也就是说由工夫反显本体之路径,亦为宋明新儒学之通义,朱子学概莫能外,阳明学更以其为致良知工夫之正途,及其至也,则可通向主客相融、内外一如之境。

然"心无体"颇似易学"**神无方而易无体**",亦与"无善无恶心之体"相类,若不善观,易生偏识,以为体者虚设、沦为空寂,而唯其用者、生者可观且有价值之可言。若此，则犹如现代西方质疑于传统哲学中本体论之观念，将一切形上学之本体视作假设之词而拒之。例如唐君毅早年受西方哲学排斥本体论之影响，撰《中国文化精神》(1935) 一文，以为中国先哲之宇宙论为"**无体观**"。这一看法遭熊十力当头棒喝：须以"**见体**"为要。盖谓中国哲学讲大本大原即"本体"之义。唐因熊之棒喝而遂悟宇宙人生"有其内在而复超越的心之本体"(唐君毅，M1953，第 3 页)。其实，若以遮诠表之，如孟子所言"文王视民如伤，**望道而未之见**"(《孟子·离娄下》)，阳明释曰"**望道未见，乃是真见**"(《传》第 77 条)，此即"见体"之义。

要之，立体而达用，为儒学不可偏废之立场。然"体"者属"言语断道"，有不可思议处，故阳明坦陈："**道之全体，圣人亦难以语人，须是学者自修自悟。**"(《传》第 77 条) 此"自修自悟"犹如"为仁由己"，指对终极真实之道的体证终须由主体自力，而"**他人总难与力，亦更无别法可设也**"(《传》第 144 条)。此自力主义乃《语》《孟》《庸》以来的儒学传统，根源于内在德性的精神力。特别是自宋代张载重新揭示"性与天道"问题以来，相信超越者必内在于心性中并构成其心性的自发动力，而此内在并非意谓超越者化约为现象界之任何一物或经验，成为宋明新儒学所谓"本体"之共法。

既然"见体"为根本之要法，故在体上立定脚跟、端本澄源，则于发用流行、精神流动处，无不一是皆是、一了百当。本来，圣凡一致、本性无异，人人都具"非由外铄我也"的见在良知，这是自孟子至阳明的一贯传统。然而一方面，良知本体既虚灵又明觉，既有凌驾现象之上的本体性——表现为真切笃实的终极真实，即心性本体。又有知觉活动的现实性——表现为明觉精察的洞察能力，即道德知觉；另一方面，指向终极真实之本体的"见体"无法依赖于感官知觉或逻辑推理的知识活动，而唯有依靠本心良知（心性本体）的直接发动。良知的动力既在于良知的道德知觉——即所谓"**觉即蔽去**"（阳明语）或一念发动"**自反自证**"（王畿语）的自知自觉能力，又有立足本体、扫除概念、"**精神内敛**"的"**凝神息虑、默默自识之一境**"（熊十力，M2006，第8页）。此默识体认，即"默然反己自识"（同上）的孔子"默而识之"之功，实即阳明"自修自悟"之说，为即本体即工夫的"见体"之一途。其要在于凝神息虑、摒除外向性的心随物转之蔽，而将身心收敛于内在本心。

阳明后学中归寂一派以为，良知发用层面的意识流转，终不免落入感官情识等窠臼，故对此必须作一番端本澄源、提撕警觉之工夫，反对任由良知本体在意识作用层的流转，而力主收摄至寂然不动之本体层，默默保聚涵养其本体，由此立体而达用，则发用上可避免情识意念等纠缠。在归寂派看来，若良知即现成，现实即本性，则势必认知觉为本体、以情识为本真，便不免贼作子，随意念流转而茫荡一生，于情欲发动处欠缺警觉。于是，"归寂"与"现成"在阳明后学中引发了种种争议。明末刘宗周偏袒归寂一派，以"**玄虚而荡**""**情识而肆**"概括晚明心学尤其是王畿、王艮等现成派之流弊。黄宗羲更以为阳明之后，两王之流"多能以赤手搏龙蛇"，传至后学颜山农、何心隐一派，已"复非名教之所能羁络"（《明儒学案·泰州学案》）。这一判词不免夸大失实，此当别论。

近代以来有学者受此影响，在缺乏对晚明文献整体判断的情形下，竟对上述批判之词做出相反的解读，以为这类逸出"名教"之言论动向，恰意味着晚明有一股思想启蒙潮流在暗中涌动，更说明中国近代性思维早已在晚明"前近代"埋下了伏笔。然而他们却未察知黄宗羲基于正统儒学的判教意识，而将"泰州学案"设定成了一个"大杂烩"（吴震，J2004）。黄宗羲甚至以为江右王门尤其归寂一派，近乎杨龟山"静中体认未发气象"一脉而得阳明之正传。这说明黄宗羲对阳明学的理论判断已然失准，更忽视了王畿等现成派对阳明学诠释的深刻性。

此正说明，及至晚明，学人对心学的衡断分判已发生微妙的转变。且不论东林党人顾宪成、高攀龙之流对阳明晚年"四句教"及王畿"四无说"的指责，因这些批判缺乏思辨的深度，即便有明代儒学殿军之称的刘宗周，晚年对阳明学批判亦不遗余力。他敏锐地捕捉到阳明学的重大失误在于：认意字为粗，以为阳明混淆了心与意的主从关系，必然导致对念虑情识等流弊放松警惕，因此，他力主"**意为心之主**"的诚意慎独之说，建构自己的一套心学新义理。然而，刘宗周终不免矫枉过正。其实，若依归寂收摄、灭念止息之工夫路向，不免会走入执体遗用、以静熄动之途，而于"因用见体""**事上磨练**"之心学要义发生偏失。

其实，晚明思想自阳明之后，发生了多样化的转变，各种学说竞相争艳，以至于后人弄不清楚哪些学说究竟出自哪家哪派。日本学者岛田虔次称晚明思想是中国历史上第二次出现的堪比先秦百家争鸣的辉煌时代，诚有以也。举例来说，阳明的第一代大弟子王畿曾经将阳明后学中的良知说分为六派（《王畿集》卷一《抚州拟岘台会语》），但我们现在无法对此作全面的历史复原，可考者大致有三派：现成、修证、归寂。日本学者冈田武彦据此划分王门后学为三大派（冈田武彦，M2016），亦不过是方便法门，不可执定。若仔细审读阳明后学全部文献，我们会发现上述三派学说主张互渗互透之现象非常突出，尤其是现成与修证两派更有诸多互相交错、彼此认同之处，即便是归寂与现成之间曾有激辩，但在良知"本寂"这一关键问题上亦无根本分歧。至于阳明晚年"四句教"之首句"无善无恶心之体"，阳明的第一代弟子们几乎无人示以任何正面的质难（吴震，M2016）。

及至阳明第二代及其再传弟子群，其学派的自我认同意识更强，往往以"吾党同志"互称，有超越地域派别而向全国各地扩展之势，并构建讲学群体网络，以使良知学的传播呈现出跨地域以及遍及士庶两层之特色（吴震，M2003b）。阳明后学的传承脉络十分复杂，20世纪90年代初，出现"阳明后学"研究新领域，迄今已蔚然成风，研究成果不断涌现。不过另一方面，仍有必要重视"后阳明学"时代的思想研究，将阳明后学以及阳明学批判的各种思潮纳入研究视野，例如晚明思想的政治化、宗教化转向，既与阳明后学又与阳明学批判乃至整个明清之际的思想动向有关。

2. 儒学政治化与宗教化

关于儒学政治化问题，这里仅作简要的提示。清初出现的儒学附庸化以及政统道统合一的思想动向在晚明已见端倪。例如王阳明在著名的《南赣乡约》中已经隐约提到了朱元璋《六谕》的内容，以为其中的某些内容可以作为"乡约"的范本，只是没有直接点名，也没有照搬照抄。然而到了泰州学派那里，由王艮开风气之先，泰州后学罗汝芳及其弟子杨起元再加上耿天台传人管志道等，始合力推动，在各地掀起了一场宣讲《六谕》的讲学活动，形成了利用政治权威强化儒学教化向社会基层渗透的动向。

又如晚明颇有士人气节的东林党人高攀龙就坦率肯定："太祖高

皇帝《圣谕六言》"高妙无比，我们只要"时时在**心上转一过，口中念一过**"，便胜过平日"读经"，而且"**自然生长善根，消沉罪过**"（《高子遗书》卷十《家训》），这是说道德人格的提升不能依靠本心即善的理论，还要仰仗外在的政治权威、典章法规才能收效，甚至外在权威可以反过来滋养内心善根。不得不说，晚明思想演变至此，已越过阳明心学的极限而走向了反面。

再比如，不属于任何派别的晚明士人王启元，竟然直言不讳地颂扬"太祖高皇帝"的人格完美已达到了可"**与尧舜并美**"（王启元《清署经谈》，第4页）的高度。当然，在晚明思想史上，第一个这样赞美朱元璋的不是王启元而可能是罗汝芳，他说："**高皇帝真是挺生圣神，承尧舜之统、契孔孟之传。**"（《一贯编·大学》，第278页）综观这些零碎的案例或片段的现象，我们可以从中发现某些观念演变的必然性，感受到晚明时代出现了一股异于力挺道德主体的儒家心学传统的风气，与其称之为儒学政治化，不如说儒学出现了政治附庸化现象。入清之后，顺治九年即颁布《**圣谕广训**》，以改善民风、整饬吏治（周振鹤，M2006），将晚明的这股思想动向推至高潮。

行文至此，我们不妨回顾一下：无论是道学兴起之初，深忧"道统"之失传但仍信誓旦旦地宣称"自予兄弟倡明道学，世方惊疑"的程颐或者"身任道统"（朱子弟子李果斋语）的朱子，还是宣称"颜子没而圣学亡"以重建道统谱系的王阳明，他们都不会将儒家"道统"拱手让给任何一位当政的政治权威，在他们的心中有一股道统中断而必须重新接续的愤世悲愿。而堪当其任者，即王阳明在《拔本塞源论》中所说的"豪杰同志之士"，而非拥有帝王地位的所谓"圣王"。阳明此说源自孟子"待文王而后兴者，凡民也。若夫豪杰之士，虽无文王犹兴"（《孟子·尽心下》）。

然而在17世纪前后的晚明，既没有清代"文字狱"那样严酷的时代背景，又身处被后世视为思想"自由开放"的年代，何以会出现上述那种颂扬"太祖高皇帝"的趋炎附势的论调，却值得深思。此现象背后究竟有何思想根源，是思想史研究须认真研讨的课题。笔者曾就此有过专题讨论，有兴趣者，可参考拙著《罗汝芳评传》（2005）和《明末清初劝善运动思想研究》（2009）的相关论述。

至于晚明思想的宗教化转向问题，尽管上述两部论著已有探讨，但在这里还是要略作延伸讨论，因为儒学宗教性的凸显正表明阳明学的发展有了某些路线改变的迹象，这构成了晚清思想转型的重要因素。这一问题涉及诸多层面，但根本起因在于晚明知识人对阳明良知学的疑难。

前面提到，阳明后学中现成派与归寂派围绕现成良知问题争论不休，"战火"一直延续到明末东林党人以及刘宗周的时代。在17世纪前后，人们仍然在纠结一个问题：如果假设良知的确是"个个圆成""当下具足"（阳明语）的——意味着人人都先天拥有"现成"的良知，那么，人人都是"现成"的圣人。可见，现成良知的确是阳明学义理内部一个潜在的理论问题。与其说是"潜在"的问题，不如说是"显著"的问题。

根据王畿的判断，王阳明一生讲良知，讲到最后就是两个字："见在"。因为"见在良知未尝与圣人不同"，而此一信念正与孟子以来人心之所同然、人人皆可为尧舜的思想传统一脉相承，构成了儒家的心性论传统。有学者据此推论，这一文化传统可称为圣贤英雄崇拜的浪漫主义精神传统（张灏，J2000），其在哲学层面表现为乐观主义的性善论，而在政治关切的层面，则展现为以《礼记》"大同"

理想为基源的"乌托邦主义"（张灏，M2004）。不论是圣贤崇拜的乐观主义、英雄主义、浪漫主义或乌托邦主义，还是此前批评新儒家为"泛道德主义"的道德理想主义，它们的表现方式虽有不同，然其思想根源却有一致性：即大多肯定人心人性具有一种将人从现实罪恶中超拔出来的能量与可能。

从阳明学的角度讲，此人心人性便是见在良知或现成良知，是人心通过自我的精神转化实现圣贤境界的根源所在。但是，人的精神转化如何从根本上解决人在现实世界中的有限性、不圆满性乃至无休止的贪婪欲望等罪恶意识，这是阳明学后来的发展中不得不面临的重大问题。在阳明后学的语境中，此一问题实质上表现为如何思考良知与本性之关系问题，即如何从理论上重新审视和定位良知的问题。只有在良知与本性直接等同的前提下，相信良知的普遍人性可以解决一切问题。由此，我曾指出16世纪中晚明的心学运动其实就是基于良知自知、良知自觉、觉即蔽去等观念的一场"**良知自救**"运动。

与此同时，人们也开始思考：光靠人心意识的良知能否真正从人生罪过中获得"自救"？良知自知理论能否确保人生获得现实幸福？道德行为的依据除了普遍人性以外，是否需要"**因缘果报**""**上帝临汝**"学说作为观念支撑？（吴震，M2009c，第17—18页）为这些问题寻找答案并不重要，因为纵览明清之际的各类文献，完全可从中找到诸多例证。更关键的是：由这类问题汇聚起来，慢慢形成了一股奇妙的思想暗流，并在某个时节点上（如明清社会转型）触发之后，促成了社会风气的转移，此即"**儒学宗教化**"或"**伦理宗教化**"的思想转向（王汎森，J1998b；吴震，M2009c）。

从思想史的角度看，这一思想转向是对中晚明良知自救理论不免导致人心自我膨胀之趋向的一种制约;然而从儒家哲学的角度看,紧随宗教化转向出现的儒门劝善运动(袁了凡、颜茂猷等著名劝善家无一不是儒家士人出身)也极大地减杀了新儒学的理性传统。根据他们的劝善伦理,人的道德行为端赖某种外缘性的因素,人的道德意志毫无自由可言,道德行为也没有道德自觉、本心自力的依据可言,因为人的一切都被笼罩在世间一般的因果律则之下。然而,他们欲扭转"良知自救"的运动走向,结果却颠覆了儒家伦理的成德依据在于道德本心这一根本取向,而不得不企求于外在超越的他力,并相信"**转祸为福之道**"(葛洪语)取决于上帝上天的力量。

因此,明代中晚期出于对普遍人性的良知自力的怀疑就出现了敬畏上天的"**敬天**"思潮。例如根据罗汝芳的观察,阳明第一代弟子津津乐道于良知本体或良知工夫的讨论,却于"**敬畏天命处,未加紧切**"(《一贯编·中庸》,第 293 页),于是各种道德与信仰问题纷纷出现,其根源在于过分相信自力,而忽视了人心之上还有凌驾一切的超越力量,此即具有"**临之监之**"之意志的上帝、上天或天公(吴震,M2005)。来自心学内部的这一批判具有强烈的信号意味:预示着良知心学运动的圣贤英雄主义开始收缩,转而要求人们相信唯有用"敬天"观念来控制人心运作才更为可靠有效。当然这一方向扭转还有另一层积极的意义:为善唯由自己,幸福交由上帝。这是说,人的祸福最终取决于自己在现世间的行为,因而现时今世必须在道德上不断努力,才有可能获得公平的福报。也正由此,在"敬天"的同时,对于人心的道德主义要求反而变得更为严格。

一般而言,16 世纪中期开始出现的这股"敬天"思潮发端于心学运动内部,17 世纪初演变成一场"劝善"运动(酒井忠夫,

M1960、M1999），入清之后，其发展势头不衰反增，绵延不绝，竟出现了"**儒门功过格**"（《四库全书总目提要》语）这一文献类别，至清末民初功过格信仰仍"香火不断"。这表明，明清思想转型不是思想进程的彻底断裂，而是某些方面的观念虽有转折，但在另一些方面又有文化上的延续。例如形上天理的纯理论方面出现了衰落甚至中断，然而在日常生活的精神领域，清代士人恰共享着宋明新儒学以来儒学世俗化、宗教化的精神遗产（吴震，M2009c）。

总之，入清后，朱子学一息尚存，但其理论生命力已渐趋枯竭，阳明学则一蹶不振，几乎全军覆没。从宏观看，清初开启了文史传统的重建，相信实事求是的实证方法，故文字训诂等考据之学特别兴盛；另一方面，人们对于虚无缥缈、若幻若虚的怪力乱神抱持一种"宁可信其有"的姿态，以为行善积德必有果报才是普遍律则，抽象的普遍人性并没有什么现实效力。所以，当我们将视野从哲学转向文化、从经典移至生活，便可发现明清思想既有断层又有连续。在哲学上，清儒对于抽象天理、普遍人性的领域固已兴趣索然，然在价值上仍固守儒学知识传统；在学术上，清儒相信文献实证主义，对宋明儒以理释礼之义理诠释不以为然，却将礼学研究纳入细碎化的制度领域，以强化制度性礼教的构建。在我看来，五四时期骂礼教吃人，主要针对的与其说是宋明儒不如说是固陋强势的清代礼教主义（周启荣，M2017）。总体而言，宋明新儒学的义理方向在清代中断之事实毋庸置疑。

二　从明清思想转型看戴震哲学

就学术思想史看，清代学术思想演变有一条清晰的主线：宋明儒的义理之学被词章、文字、训诂之学全面覆盖或取代，至乾嘉考据学的兴起，迎来了清代学术的辉煌期。然此思想之转型缘何而来，则颇可探究。

有谓清学乃明学之"**反动**"，意指明清之间存在严重的思想学术文化上的断裂（梁启超《中国近三百年学术史》）；有谓明清学术思想乃"**每转益进**"，意指明清之间虽有种种学术上的转变，但每次转变中都有进步者（钱穆，M1997）。余英时则有"**内在理路**"说，于钱穆之说更推进一步，以为清儒之重知识考据是从宋明传统尊德性与道问学之争中被逼出来的一条路向，绝非历来以为的那样：由于异族入侵等外源因素，宋明思想遭到彻底摧毁而不得不发生明清之间的严重断裂；其实，清代学术所延续并加以发扬光大者仍是宋明儒学中智识主义的传统（余英时，M2000）。

除此之外，有关明清思想转型，尚有"实学"说、"经世"说以及日本学者的"曲折展开"说（岛田虔次，M1949；沟口雄三，M2011）等解释方案。按我们在上一节的考察，应当说明清思想既有断裂又有延续，但所言未详，以下我们将围绕戴震，对此问题再作考察，以窥明清思想的转型问题。

1. 戴震思想与宋儒批判

一般而言，清代考据学家坚信"训诂明然后义理明"是研究学问的普遍真理，以至于有"**宋儒不识字**"（惠栋语）的极端之论。他们认为包括朱子在内的理学家们，连经典中的文字都没有读懂，经典中的义理显然被曲解得离本义甚远。戴震撰《孟子字义疏证》（以下简称《疏证》）喜欢将宋明儒的经典解释与经典本义进行比较，然后感叹说，"古人所谓……，未有如后儒之所谓……"，这里的省略号里可以代入许多名词或概念（如"理"或"天理"），其中的"古人"是指先秦原始儒家或经典，"后儒"则暗喻宋明儒家如程朱陆王等，戴震意在强调：儒家原典的本义根本不是宋明儒者所讲的那样。比如，"**古人所谓理，未有如后儒之所谓理者矣**"（《疏证》"理"第1条）。

若为宋儒的思想谬误寻找根源，戴震的结论是：宋明学术犹如一家杂货铺，什么东西都收入囊中，特别是儒家之异端的佛老，以至于儒家经典的原义被解释得扭曲变形甚至消失殆尽。他指出："自宋儒杂荀子及老庄、释氏以入六经、孔孟之书，学者莫知其非，而六经、孔孟之道亡矣。"（《疏证》"理"第15条）经典本义或孔孟之道已尽毁在宋儒（泛指宋明理学）手上。

宋儒且不论，占据明代中晚期之思想主流的阳明心学十分强调良知本心的力量，认为良知见在具足、自知自觉，良知只有自己知道自己，不必假借他人之力，他人也无法"与力"，故从学理上推，良知自知便有可能导致"**良知傲慢**"。例如：唯我为是、师心自用、目无古人、束书不观等，而晚明儒者批判心学末流"率性而行""玄虚而荡""情识而肆"等都是"良知傲慢"的病症。相较于此，我们或许可以说，以考据学见长的清代学术，其基本预设是：唯以文字训诂为是，只有掌握了文字语义，文字背后的义理才能尽在自己手中。这一思路的结果便可能导向良知傲慢的反面——"**知识傲慢**"。然而，以文字实证而获得的经典知识是否可以充分而贴切地掌握经典义理呢？这就回到了张载提出的德性之知不萌于见闻的老问题，上面第二讲第三节"德－知之争"曾谈过这个问题，这里需要另作一番探讨。

质言之，义理属哲学层面的问题，这是儒学之通义，而义理自有其所以为义理之标准,从这个意义上说,儒家义理之学不必等同于一般的经验知识。这对于略识宋明儒学之要义者,乃不言而喻之常识。然戴震并不这么看。在他看来,代表宋儒义理之核心的德性之知不过是"血气心知"自然发育生长的知识产物,而其所言之知识几乎囊括"格物致知"所建构的所有外部世界的客观知识,所以他有一句名言"**德性资于学问**"。这可谓是戴震思想的逻辑出发点。若置于宋明新儒学的语境中看,这句话无疑将道德置于知识的基础之上,若缺失了知识积累的环节,德性便无从谈起。这意味着知识的获取有赖于考据学,故考据知识是一切学问的根基,而德性知识等义理学不过是上层建筑,两者的关系不能颠倒。但是,义理与考证是否具有内在的可统一性,却是一个有待思考的问题。

在18世纪乾嘉考据学的学术圈内章学诚属于一位边缘人物,他与戴震曾有一段交往,但在晚年却抨击戴震,他不满于当时的经学考据之风气,而欲在史学领域独树一帜(吴震,J2014)。不过,根据他的自述,他也经历过年少气盛的阶段,在学术上"专务涉猎","四部九流"无不泛览,而且"好立议论""攻排训诂",对于将经学置于训诂之下的考据做法不以为然,听到戴震所说"今之学者,毋论学问文章,**先坐不曾识字**",颇感"惊骇",于是,向戴震求证此说的真意,戴震答曰:"予弗能究先天后天,河洛精蕴,即不敢读元亨利贞;弗能知星躔岁差,天象地表,即不敢读'钦若''敬授'。"(《章氏遗书》卷二十二《与族孙汝楠论学书》)原来,学问须先"识字"的所谓"智识主义"取向绝非我们想象得这么简单,因为所谓"先天后天,河洛精蕴"的学问也不是单纯的文字训诂之学,而是涉及深刻的易学思想,完成了这一步基础的工作之后,"敢读元亨利贞"——喻指易学的整套义理。可见,在戴震的理解中,训诂与义理就像一个圆圈,彼此连接在一起,相互无法摆脱。章学诚对戴震此言,佩服不已,感叹道"我辈于四书一经,正乃未尝开卷卒业。可为惭惕,可为寒心!"(同上)

章学诚的叙述也许夹杂着个人的情感,但大致反映出戴震的学术志向。例如根据章学诚的转述,戴震有一段话,将训诂与义理分别比喻为一辆马车的"肩舆之隶"与"乘舆之大人",生动反映了戴震有关"训诂"与"明道"之关系的基本看法:

> 戴见时人之识如此,遂离奇其说曰:"余于训诂、声韵、天象、地理四者,如**肩舆之隶**也;余所**明道**,则**乘舆之大人**也。当世号为**通人**,仅堪与余舆隶通寒温耳。"(《章氏遗书》卷二《书朱陆篇后》,第16页)

很显然,"乘舆之大人"在"肩舆之隶"之上,故"明道"必在"训诂、声韵、天象、地理"这四种基础学问之上。在戴震看来,"当世号为通人"者仅能略通四种基础学问,而缺乏向上一机,也就无法了解戴震之志向所在的"明道"——义理之学。

这段描述所透露的信息,与戴震晚年的自我定论完全一致:"仆生平论述最大者,为《孟子字义疏证》一书。"(段玉裁《戴东原先生年谱》)向来以为,这句话充分表明戴震俨然将自己最终定位为哲学家而非考据家,并因他自己完成"最大者"的这部论著而获得了"智识上的最大满足"(余英时,J1989)。

的确,有迹象表明戴震对义理之学极为重视,且经历了三个阶段的变化:第一,在1750年代,戴震表示"古今学问之途"无非有三,"或事于理义,或事于制数,或事于文章"(《东原文集》卷五《与方希原书》),将义理、训诂、词章之学平排铺列,三者之间似无先后之分亦无优劣之别;第二,在 1760 年代前后,戴震表示:"**天下有义理之源,有考核之源,有文章之源,吾于三者皆庶得其源**。"(段玉裁《戴东原先生年谱》)这表明三种学问各有源头,但三者仍被视作平分天下的并列关系;第三,在其生命的最后阶段——1766 年至 1777 年期间,据其得意弟子段玉裁的说法,戴震对前两段的理论做出了深刻反省,指出:"**义理即考核、文章二者之源也,义理又何源哉**?**吾前言过矣**。"(同上)这里的"吾前言过矣"显然是推翻了此前三种学问各有源头的说法,将义理定位为训诂(考核)、词章(文章)之源的地位,而义理不必另有源头,其本身独成一"源",并足以成为其他两项知识之"源"。戴震的这个想法与宋明新儒家可以达成共识。

然须指出,以上所说不过是知识分类学意义上的一种说法,而不是方法论上的设定。也就是说,在为学方法上,不能按照先义理后训诂然后文章的次序来安排。所以,有志于闻道而掌握义理之学是一回事,运用什么方法实现这一目标则是另一回事。关于这一点,戴震自始至终是有清醒意识的。他在逝世前几月给段玉裁的书信中,对自己一生的学问有一个简短的回顾,充分说明了这一点:"仆自十七岁时,**有志闻道**,谓求之六经、孔孟不得,非从事于字义、制度、名物,无由以**通其语言**。"(《戴震全书》之三十五《与段茂堂等十一札》)一方面,"闻道"必须求诸"六经、孔孟"等儒家经典;另一方面,为进入儒家经典就必须经过"字义明义理明"的严格程序,即要求先"通其语言"。

也正由此,戴震非常痛恨"宋儒讥训诂之学,轻语言文字"的学问态度,以为这是"欲渡江河而弃舟楫,欲登高而无阶梯"(同上)的可笑行径。这是戴震晚年完成其"最大者"的论著《孟子字义疏证》之后所发的感慨,犹见其对宋儒丝毫没有手软的痕迹。缘由在于戴震坚持认为,训诂之学是通向义理之学的坚实基础,宋儒欲拆除这一基础而另辟通向义理之蹊径,不但绝无可能,而且必沦为"凿空而已矣"(《东原文集》卷十《古经解钩沉序》:"数百年以降,说经之弊,善凿空而已矣")。

戴震一生的学术工作可以分为两个部分:一是考据之学,即运用考据的方法研究儒家传统的学问,领域遍及语言、文字、音韵、算学、制度等方面;一是义理之学,同样运用考据方法来研究儒家传统学问——主要为经学,但其目标收缩至批宋的范围。由于这两项工作的目标和对象有所不同,后人在评价戴震时,往往认为他身兼考据家和哲学家的双重身份,尤其是到了晚年,更显出其哲学家的思想本色。

不过,支撑这一看法的文献依据可能只有一条,即"仆生平论述最大者为《孟子字义疏证》一书"。当然,由《疏证》一书可证戴震有哲学家的身份,然而同样可依据《疏证》一书,见其"义理之学"并不能掩盖其考据家的身份。透彻地说,戴震是以考据学的方法在从事诠释学的工作,并以此作为批判宋儒思想的依据;若就哲学义理看,戴震的哲学工作产生了何种创造性的成果,属于哲学评判的问题,其中既涉及义理系统的内在比较——比如说朱子学、阳明学与戴震学的义理系统,又关乎哲学的立场问题——这种比较基于何种立场才有效。就结论言,戴震思想是否真像以赛亚·伯林所说的"刺猬"那样:拥有一个"一贯的中心见解",然后建构起"一个大致自洽而明畅的系统"(余英时,J1989,第180页),这却是一个有待探讨的问题。

2. 由训诂寻义理的限制

说戴震以考据学的方法在从事诠释学的工作，这并非是贬低之词，而是客观的现象描述。对此，不仅戴震自己有充分的自觉，同时代人也通过仔细观察得出了相类似的结论。例如钱大昕对戴震的思想路数便有精到的掌握："（戴震）讲贯《礼经》制度名物及推步天象，皆洞彻其原本。既乃研精汉儒传注及《方言》《说文》诸书，**由声音、文字以求训诂，由训诂以寻义理。**"（钱大昕《戴先生震传》）弟子段玉裁说得更为明确："先生之治经，凡故训、音声、算数、天文、制度、名物、人事之善恶是非，以及阴阳、气化、道德、性命，莫不究乎其实，**盖由考核以通乎性与天道。**"（段玉裁《戴东原集序》）

所谓"由考核以通乎性与天道"，意谓由训诂便可获得义理。这是段玉裁对其师戴震思想特质的一个概括。换言之，戴震相信，运用考据知识便可从考据对象中找到蕴藏于其中的义理知识，即有关事物的事实本身乃至真理。

然问题在于：这种所谓"智识主义"的思路不免沦为抽象原则之论，这样的学问意识不为戴震所独有，而是汉唐、宋明直至清代的几乎所有儒家学者都有所自觉的，因为几乎没有人会认为思想可以脱离经典，这是其一；其二，更重要者，"**坚称义理存乎训诂、典章、制度**"（方东树《汉学商兑》卷下，第 405 页）的"汉学诸人"（宽泛意义上与宋儒相对的考据学家）即便全面掌握了所有的所谓"训诂、典章、制度"的客观知识，何以就能自然地掌握其中的义理知识？显然，这是将义理存乎经典的事实问题，与义理究竟何谓的判断问题混为一谈了。

如果我们将义理之学理解为哲学——宋明理学所追求的"性与

天道"之学，而将考据之学理解为经学或史学的话，那么，以理性思辨的抽象思维，对概念名义及概念与概念之间的逻辑连接进行充分的论证，建构一套语言概念自洽的理论体系，便是义理之学的主要工作，其中虽涉及语言文字，但不是义理之学的核心问题；相对而言，经学或史学所涉及的训诂、典章、制度、名物等属于客观知识领域的事实问题，重在名词概念的实质辨析，以便从历史中发现事实，而不看重理性思辨的概念论证，更无须建构一套自洽而明畅的义理系统。由此可知，训诂作为语言方法论，虽是掌握经典义理的基础，却有着自身的要求和对象。尽管训诂能为哲学诠释提供某种基础知识，但不能承担经典的哲学诠释工作。故戴震的由训诂发现义理，必然有其自身的限定；倘若以为由训诂知识便可颠覆宋明理学的义理系统，则是对事实知识与理论知识的一种混淆。

为更具体地阐明这一点，接下来我们需要引一些案例。例如，"道者路也"，是有关"道"的文字学解释，也是自许慎、郑玄等经学家，经朱子直到戴震，无人不知晓的文字学常识，如朱子便说过**"道训路""道便是路"**（《朱子语类》卷六）。然而经过一番概念的抽象，"道"由经验名词演变为哲学概念，产生出规范、秩序等抽象的含义，则是人类思维发展的必然结果，故朱子接着"道训路"又说："大概说人所**共由之路**。……如'道路'之'道'，**坦然使千亿万年行之**。"（同上）从哲学上看，这种观念抽象是理论自身的要求，倘若没有这层抽象的观念理解，我们便无法解释孔子为什么会关注"天下有道"和"天下无道"的问题，也无法理解"天下有道，丘不与易""天下有道，则礼乐征伐自天子出""天下有道，则政不在大夫""天下有道，则庶人不议""天下有道则见"这一系列孔子的"道论"。可见，孔子观念中的"道"象征着天下最根本的规范和秩序,而绝不能采用"路"之字义来解释。

那么,戴震是如何由训诂寻义理的呢?他首先以训诂学的"道,犹行也"为依据,又根据易学"一阴一阳之谓道"的说法,得出结论:"气化流行,生生不息,是故谓之道";"**行亦道之通称。**"再进一步,他又根据《大戴礼记》"分于道谓之命"之说,解释道"言分于阴阳五行以有人物",进而推出"**阴阳五行,道之实体也**"(《疏证》"天道"第1条)。如此一来,从孔孟时代起,"道"即具有的规范义、秩序义等超越性意涵被完全刊落,"道"成了"气化流行"或"阴阳五行"的自然主义概念。在戴震看来,他解释的依据在于其中的"行"字,认为"行"便是"道"字在训诂学上的本义,符合"行亦道之通称"的训诂原则。然而奇怪的是,戴震故意不用《论语》《孟子》或《中庸》的"天下有道,以道殉身;天下无道,以身殉道"及"诚者天之道,诚之者人之道"等经典说法。由此可见,戴震由训诂以寻义理的所谓寻找方法是有前提预设的,由预设而作的解释便必须对经典原文筛选过滤,由此获得的所谓义理便很难说是一个"自洽"的系统,毋宁说是对儒家经典缺乏一种整体性的观照及哲学性的理解,甚至并不符合考据学奉行的实证主义精神。方东树敏锐地觉察到了这一点,他批评戴震是"**执一以解经,此汉学所以不通之膏肓锢疾**"(《汉学商兑》卷中之上)。方东树之批汉学常言辞过激,然他有时能抓住"义理"和"考据"这对问题的关节处,故仍有参考价值。

就拿"理"的问题来说,这是戴震集中批判宋儒的一个标靶。同样,先从训诂说起,"理"无非就是"玉理""文理"或"条理",而戴震更注重"分理"这层意思。他对"理"字有一个定义:"理者,**察之而几微必区以别之名也**,是故谓之分理。"(《疏证》"理"

第 1 条）这是《疏证》开宗明义第一条对"理"的界定。戴震的依据是《礼记》郑玄注"理，分也"以及许慎《说文解字序》"知分理之可相别异也"，而"分理"的意思是：**"得其分则有条而不紊"**（同上），或"循而分之、端绪不乱曰'理'，故理又训分"（《绪言》）。故理者指分而别之、有条不紊的意思。分，读作平声，指人对事物加以"区以别之"的区分能力；读作去声，则指事物本身的位相以及人伦社会的伦理。因此，条理、伦理与分理，名异而实同，其核心在于一个"分"字。

"分"字的另一层重要意涵是指差异，例如在人性论问题上，戴震的一个鲜明观点是**"成性各殊"**，其依据是："凡有生，即不隔于天地之气化。……人物之生生本乎是，**由其分而有之不齐，是以成性各殊**。"（《疏证》"性"第 2 条）这与强调"理"的分殊性的"分理"观在理路上是一致的。无疑，这就将"理一分殊"命题中"理一"的超越层面刊落了，作为"天下公共之理"的事物存在及行为方式的"所以当然之则"的普遍性也被一并刊落，这样一来，理学恐怕便无法立足、彻底崩塌了。戴震认为，**"非事物之外别有理义也"**（《疏证》"理"第 8 条），这是他必须坚守的哲学底线，也是最清晰地反映其自然主义哲学立场的论断。

戴震严守训诂字的方法，坚持"理"为"分理"的立场，强调理必然落在事物之中而显现事物的分殊、分别、各殊、不齐等差异现象。其理论意图在于反对宋儒强调的天理、理一、性理等抽象超越的理的绝对同一性，从根本上推翻宋儒形上学的天理同质性。他批判宋儒释理为"**如有物焉，得于天而具于心**"（《疏证》"理"第 5 条等）。"得于天"是指理的根源性、超越性，"具于心"是指理的内在性——赋予人的认知能力以一种理性依据。戴震对此均不认同，他只认同"分而有之"的作为事物之分理的分殊性,如同他只认可"道者路也",但却不认同"道"为"共由之路"(朱子语)的抽象规定一般。

基于上述立场,戴震对宋儒进行了严厉的指控:"六经、孔孟之言以及传记群籍,**理字不多见**。今虽至愚之人,悖戾恣睢,其处断一事,责诘一人,莫不辄曰理者,**自宋以来始相习成俗**,则以理为'如有物焉,得于天而具于心',**因以心之意见当之也**。"(同上)所谓"如有物焉",是戴震的想象,程朱等人并没有这样的说法,相反,朱子对于不讲无极则太极(即"理")便有可能混为"一物"的思想倾向保持了高度的警惕。至于"得于天"一语,确为朱子所说,他是为阐明人之性理受上天之禀赋而内具于人心之中。然在戴震看来,"具于心"的必然结果却是"以意见当之",而且宋儒所讲的"理"在流传的过程中,逐渐变成了个人的"意见",动辄以为"理"在自身——认为自己永远是正确的,而以意见为理的风气正逐渐在清代社会造成严重的思想灾难。戴震的这一批判只是一种现实批判(内含政治批判),而非理论批判,如果说以意见为理乃理学的必然结果,那恐怕是对理学的一种过度解读。

至于戴震控诉宋明理学的著名论断"以理杀人",也同样属于一种社会批判或政治批判,而非理论批判。对此,章太炎1910年作《释戴》提出了一个敏锐的观察:"戴震生雍正末,见其诏令谪人不以法律,顾摭取洛、闽儒言以相稽,觇司隐微,罪及燕语。……震自幼为贾贩,转运千里,复具知民生隐曲,而上无一言之惠,故发愤著《原善》《孟子字义疏证》,专务平恕,为臣民愬上天。**明死于法可救,死于理即不可救。**"(《太炎文录初编·文录卷一》)尽管章太炎早期撰文多有强烈的民族主义情结,不过,其对戴震"以理杀人"一语作政治性解读，视角却非常独特。很显然，在章太炎看来，尽管戴震对程朱理学强烈不满，但其所谓"以理杀人"之控诉必另有所指。只是章太炎如此"释戴"与戴震本意是否吻合，则是另一回事。

总之，戴震哲学在清代思想史上可谓一大异数，他的理学批判意味着明清思想转型的完结，然而，他所谓的"义理之学"与宋明义理之学并不相侔，他由训诂学挑战义理学，在哲学上并不算成功，但在历史上的意义或许在于：一方面标志着清初以来的考据与义理之辩至此落下帷幕，另一方面预示着嘉庆之后的清代学术思想又将迎来新一轮的转变。例如方东树《汉学商兑》以"汉宋之争"的名义对江藩《汉学师承记》所建构的清代汉学传统进行了挑战，试图重新定位考据与义理。19世纪初道、咸之后，汉宋之争演变为汉宋兼采，已是大势所趋，以今文经春秋学为标志的"古今之争"在更宽阔的文化视野中取代了"汉宋之争"而全面展开；及至19世纪末同、光年间，短暂的朱子学复兴随着西风东渐的影响，古今与中西的问题汇合，终于在近代中国转型时代卷起强烈的思想风暴，变法与革命、学术与政治、守旧与进步等不同观念交织在一起，酿成了一场关乎中国文化乃至政治命运的"**思想战**"（杜亚泉语）。

然而，直至20世纪初，梁启超、章太炎、刘师培、胡适等重新发现戴震之前，戴震在以上几次时代风潮中几乎完全缺场；直到"五四"启蒙运动之后，在与传统文化决裂的时代潮流之下，"**以理杀人**"与"**礼教吃人**"被奇妙地关联起来，造成了巨大的社会反响，当然这已经是另一回事了。

三 传统与现实：儒学的时代性

由上可见，明清思想已由义理之学转向文史传统的重建，在此过程中，义理让位于考据，或训诂首出于思想，已然成为学术的唯一取向。这些迹象表明宋明新儒学的确在清代发生了中断。不过平心而言，这一判断乃是立足于哲学史，而非学术史或文化史。因为从哲学史的角度看，"性与天道合一"这一宋明新儒学的共同意识在清代之后的确踪迹难觅，天理良知等超越意识的道学话语也不再受人待见。从刘宗周的蕺山后学陈确、张履祥以及清初的颜元，直到清中叶的戴震、焦循等人，思想中超越的层面几乎随着时代的推移而渐趋刊落直至殆尽。在这个意义上，通常所说的明清思想转型便意味着明清文化传统发生了"**典范转移**"。

1. 近现代新儒学的命运

从乾嘉时代到清代末年，朱子学与阳明学（即广义宋明理学或宋明新儒学）的命运可谓乖舛。19 世纪末，传统中国步入不可逆的"转型时代"（张灏，J2004），自 1895 年至 1920 年代的三十年间，中国社会除了在政治上面临"革命"的选择和转变外，在文化上，传统与现实之间的紧张日益凸显，似乎发展"现代化"就必须抛弃旧文化，于是，文化意义上的"革命"史观构成现代中国的"主旋律"，几乎贯穿"五四"以来的整个中国现代史。

20 世纪 80 年代初，改革开放正式启动，在向西方学习先进技术并推动现代化发展的同时，如何善待中国自己的传统文化却依然存在激烈的争议，一方面，社会上出现了一股"文化热"，出现了必须重新审视传统文化的呼声，另一方面，否定乃至批判传统的声音仍然强势。进入21世纪，这种状况虽然已大为改观，但儒家文化的"时代性"问题似乎仍是一个有待探究的课题。所谓"时代性"问题也就是作为传统文化的儒学在当下社会是否具有创造性转化与发展的可能性的问题。

回顾历史，自近代中国转型时代开始，以戊戌变法、新文化运动以及五四启蒙运动为标志，不革命不足以建设共和新体制，不打破传统、不推翻礼教便无法推进现代化的激进主义、启蒙主义等思潮此起彼伏、逐渐高涨，视传统若敝屣，将儒家与专制简单等同，将传统文化看作中国落后之根源等观点甚嚣尘上。另一方面，从晚清今文经学政治复古主义的潜流中演变出文化民族主义和文化保守主义，前者以康有为欲树儒教为国教的孔教运动为标识，后者以晚年梁启超（1918年赴欧游历为界线）为标识。梁启超在亲历了变法维新、共和体制、军阀割据等时代变乱之后，终于在新旧文化之间，悟出了"**儒家主义，可以说正合乎新文化**"（《什么是新文化》，《饮冰室合集·集外文》中册）的道理，在这个意义上，梁启超不仅是一位文化保守主义者，甚至可以称得上是"**近代新儒家**"（陈来语）。

唯须说明者，保守主义并非贬义之词，更非以往所谓守旧主义。其实，近代以来的保守主义有许多形态，此处所谓保守主义，盖谓文化意义上而非政治意义上，其核心主张在于调适古今中西文化之间的紧张与冲突，反对将传统文化的连续性彻底斩断。但这种保守主义非一味守旧不变，故不同于清儒以汉学压倒宋学，以向所谓原典主义回归，亦非清末政治复古意义上的原教旨主义（吴震，M2019）。正是在古今中西的文化冲突过程中，自觉或自发而形成的文化保守主义潮流，与20世纪20年代后兴起的现代新儒学倒有某些观念上的相近之处。然而,不管是文化保守主义还是政治保守主义,倘若将自身置于时代精神的反面,那么,保守适成为"逃避自由"或"远离时代"的借口。

一般而言,儒学在现代的命运,离不开时代的发展。20世纪初,现代新儒学(或称当代新儒学)以三大家(梁漱溟、冯友兰、熊十力)为标志,他们的思想对传统更多一份温情,对现实更有一种关怀。由"后设"的角度看,这些"新儒学"的出现亦属文化保守主义现象。梁、熊两人的文化保守立场且不论,冯友兰从30年代的《中国哲学史》到40年代的"贞元六书",都贯穿着弘扬传统文化的精神,改革开放以后的80年代,他曾做出反省,指出宋明理学达到高度表现的中国文化精神应当进一步发扬光大(冯友兰,J1988),清楚地表达了宋明新儒学与当代儒学应当接续起来的看法,认为通过"**接着讲**"的方法,便可开创出中国哲学。这就需要与时俱进的时代精神的引领。

现代新儒学至今已有三代人的"薪火相传",其间颇有一些曲折的发展过程(刘述先,M2008)。然而事实上,我们从第一代现代新儒家中,就不难发现他们大多与宋明新儒学存在重要的思想连续性,因此,我们对历史应该持"**历史联系的合理看法**"(恩格斯语),而不能一味强调文化传统的"简单中断"。举例来说,梁漱溟的思想有取于阳明学特别是泰州学派在庶民阶层落实讲学的精神,冯友兰则对朱子的理学思想多有汲取和创造性的阐发,熊十力对心学传统有极高的评价并开创了一套极富原创力的哲学思想,贺麟开创的"新心学"对宋明儒学的心性传统多有肯定,张君劢也对阳明心学情有独钟,钱穆虽为史家出身,但对朱子思想却极为推崇。及至第二代新儒家的牟宗三、唐君毅等一辈,或从朱子或从阳明的新儒学汲取了许多思想资源。第三代新儒家代表人物刘述先,晚年将"理一分殊"命题置于当今世界多元文化背景中进行创造性的诠释,也渊源于宋明新儒学(郭齐勇,M2017)。尽管,"后新儒学"或"当代大陆新儒家"的有些提倡者的问题意识和时代关怀与此前三代的新儒家已有所不同,但是,儒学如何跳出保守与自由对立的怪圈,直面当下的时代性问题,则是关涉儒学未来发展的必然课题。

事实表明,后"五四"时期儒学第三期发展(杜维明,M1989)的现代新儒学与宋明新儒学之间存在某种文化命脉的承续关系,而当代儒学的转型与复振无法与传统儒学特别是宋明新儒学中断关联。因为,儒学早已成为中国传统文化的慧命,属于世界文化大家族的一个主要成员,它不仅在历史上已绵延数千年,还将伴随世界文化的未来发展而发挥重要的生命智慧。故对当今中国而言,有必要全面反思从"五四"直至20世纪80年代"文化热"现象中所存在的激烈反传统的历史教训,在弘扬优秀传统文化的同时,正确理解和守护儒学的价值,这应当是复兴中华传统文化的时代课题。因为作为文化传统的儒学,其文化生命既属于历史,也属于整个时代。

2. 哲学、文化与新儒学

最后,我们把新儒学置于"哲学"与"文化"的视域中来作一审视,以为本书的小结。

新儒学作为一种哲学,当然是没有异议的。然而"哲学"一词如何定义,却众说纷纭,莫衷一是。狭义言之,哲学不过是"爱智"学之译名,是源于希腊哲学以及由此传统而来的西方哲学;广义而言,哲学乃是对人类根本问题的追问。胡适在《中国哲学史大纲》中就表明了类似的看法:"哲学的定义,从来没有一定的。我如今也暂下一个定义:凡研究人生切要的问题,从根本上着想,要寻一个根本的解决,这种学问,叫做哲学。"(胡适,M1919,第 1 页)所谓人生切要的问题就是人类根本问题。若从世界文化的比较视域看,任何文化传统或多或少都含有这类哲学的追问,先秦时代儒道两家对"道"的共同思考,自然是哲学的一种基本问题,接续先秦儒学而来的宋明新儒学,无疑拓展和丰富了中国哲学的义理性。在这个意义上,有关中国有无哲学或中国哲学合法性的问题讨论,恰恰反映了其背后有一个"西方哲学"的预设。

这一预设有一前提,即将哲学视作一门专业的"学科",既然是一门"学科",则有其独特的对象、属性、范围等自我设限,如形而上学、本体论、认识论、逻辑学等。将中国传统学术与这门"学科"相比照,自然找不到西方哲学严格意义上的形而上学或本体论,由此中国也就无所谓"哲学"。所以严格来说,哲学作为一种精神活动,它属于人类理性精神的必然现象,既不是西方也不是东方所能霸占的名称,故哲学必然是普遍的,属于全人类的,在这个意义上,可以说哲学只有一个。

另一方面,"文化"也无法最终获得一致的定义性描述,然而文化总是具体的,甚至是特殊的,带有民族、地域或历史的个体性特征。即便是西方文化,其源头的希腊文化也有异于罗马文化,两者在历史上既有断层又有连续。文化是一种土壤或一种血脉,在文化土壤上,可以孕育生长出枝繁叶茂的参天大树,构成整个世界文化之林的壮观景象;与此同时,文化血脉中流淌着不同地域的民族性文化精神,希腊文化"重智",罗马文化"尚武",中国文化体现的则是"重德"精神,如此等等,不一而足。要之,各地域民族受自身文化精神之引导，遂表现出一种特殊的个体性。当然，所谓"重智""尚武"或"重德"只是文化传统中的心灵自觉意识成熟定型之后所表现的主从关系之不同，由此决定特异文化之个性并受此主从关系之限定而已，并不是说西方文化精神重智就意味着西方人不谈道德问题，反过来也一样，并不是说中国文化重德就意味着中国人不谈智慧（劳思光，M2000，第47页）。

哲学是对基本问题的理性思辨，故有其独立性。然而从文化视域看，哲学的理论形态又不得不受制于不同的文化形态、价值取向，故哲学的理性精神既是普遍的又是具体的，不存在抽象的只有形式意义的人类哲学或世界哲学，我们只能拥有具体的充满智慧意涵的人类哲学或世界哲学。由此视之，哲学在文化形态上又可以是多元的。有关"是""在""实体""本体""主体"等问题的探讨，固然是西方哲学的传统及其特色，然而有关"形而上者谓之道，形而下者谓之器""形而上者即形而下者""体用一源，显微无间""理一分殊""体用不二""即用显体"等问题的深层思索，也无疑内含中国哲学的丰富智慧。而且很显然，对这些问题的思考并不需要依赖西方哲学的语言、概念、范畴或逻辑的表达方式、论证方式，只是在中西文化交流已不可逆转的当下，我们可以借助西方哲学的概念或语言来与本土哲学进行会通或互鉴。

因此，从文化视域看，哲学作为文化形态的表现，它必然是具体的、历史的，总是存在于文化传统自我对话的历史形态之中。所以当我们言说中国哲学之际，并不能脱离具体的中国文化的语境，其中充满着儒家、道家或佛教的思想内涵、哲理智慧。而儒释道构成的中国传统文化中既有抽象的、一般的哲学问题，同时这些哲学问题也有不同的表现方式及其内在脉络，不能以此概彼。当然，哲学可以是文化的哲学，但文化并不能取代哲学。哲学是人类文化精神的一种显示，犹如希腊哲学是希腊文化的一种表现形态和价值体现，中国哲学也自然是中国文化的一种形态和价值体现。儒学作为中国本土哲学之一，便是中国传统文化的一种表现形态，尽管它不能涵盖中国传统文化的所有形态，但就文化精神中自觉意识的主从关系来看，儒家文化的价值意识无疑占有"为主"的地位。

从世界哲学的角度看，宋明新儒学无疑是一种特殊的哲学，不同于西方哲学，因为新儒学产生于中国传统文化的土壤。其实，从中国传统文化的内部来看，儒学产生之初，其本身也是地域性的，属于山东半岛的一种文化形态而已；但是"克明俊德""天命不已"等上古思想观念，经儒家的创造性诠释及承续发扬之后，内化凝结为儒学的思想精神，而具有普遍性。也正由此，这一普遍性的"明德""天命"及其转化而来的"天道""天德"等价值意识在春秋战国时代得以迅速传播；汉代，随着儒家获得"独尊"的地位，儒学思想更以经典的形式得以开展、延续和呈现。

宋代之后，儒学已成为中国全域性的本土文化，深深扎根于文化土壤中的朱子学和阳明学也就带有了笼罩文化中心与边缘地区的性质。在中国近世的哲学史上，新儒学的哲学性和义理性展示了中国传统文化的精神方向。新儒学既是一种哲学更是一种文化，它不仅是一种有关"性与天道"如何合一、何以证成的心性论或宇宙论的哲学系统，更是引领人们如何由凡入圣、实现与天德合流的人格境界的精神文化（唐君毅，M2006）。

如果说哲学重在问题的提出和义理的重建，表现为此理已具、当下具足的哲学论述，那么，精神性文化则重在对终极实在（或天道或上帝）的体会和默识，表现为"见体"或"见道"的实践智慧。而新儒学的哲学观最终必定通向"**道德仁义**"(《礼记·曲礼》)或"**仁义道德**"(韩愈《原道》)的实践。此实践在新儒学的"**本体工夫**"论域中,需要天理良知的"本体"支撑,但就终极而言,工夫的实践智慧又是无法言说、不须论证的即本体即工夫的相即不离、体用一如的直截体认。本书讲到最后所要努力阐明的正是新儒学的这层道理。

参考文献

一、古籍 M

陈　淳，1983：《北溪字义》，北京：中华书局
陈　建，《学蔀通辨》，明嘉靖刻本
陈龙正，《几亭外书》，明崇祯刻本
程端礼，《畏斋集》，《四明丛书》本
程颢、程颐，1981：《二程集》，北京：中华书局
戴　震，1961：《孟子字义疏证》，北京：中华书局
　　　　1995：《戴震全书》，合肥：黄山书社
方东树，1998：《汉学商兑》，朱维铮主编《中国近代学术名著》，北京：生活·读书·新知三联书店
方　回，《桐江续集》，《四库全书》本
顾宪成，《顾端文公遗书》，清康熙年刊本
　　　　《当下绎》，《顾端文公遗书》所收
　　　　《小心斋札记》，台北：广文书局1975年影印本
顾炎武，1959：《顾亭林诗文集》，北京：中华书局
胡　宏，1987：《胡宏集》，北京：中华书局
胡　瑗，《周易口义》，《四库全书》本
黄　震，2013：《黄震全集》，杭州：浙江大学出版社
黄宗羲，1985：《明儒学案》，北京：中华书局
　　　　1986：《宋元学案》，北京：中华书局
焦　竑，1986：《焦氏笔乘》，上海：上海古籍出版社
李　翱，《李文公集》，《四部丛刊》本

梁启超，1985：《中国近三百年学术史》，朱维铮校注：《梁启超论清学史二种》，上海：复旦大学出版社

2005：《饮冰室合集·集外文》，夏晓红辑，北京：北京大学出版社

2015：《饮冰室合集》，北京：中华书局

刘　肃，1984：《大唐新语》，北京：中华书局

刘宗周，《刘子全书》，清道光年间刊本

陆　淳，《春秋微旨》，《古经解汇函》本

《春秋集传纂例》，《四库全书》本

陆九渊，1980：《陆九渊集》，北京：中华书局

罗洪先，《念庵罗先生文集》，清雍正元年刊石莲洞藏本

罗钦顺，1990：《困知记》，北京：中华书局

罗汝芳，1997：《近溪罗先生一贯编》，《四库全书存目丛书》子部第86册，济南：齐鲁书社

聂　豹，《双江聂先生文集》，明刊云丘书院藏本

欧阳修，2001：《欧阳修全集》，北京：中华书局

皮锡瑞，1954：《经学通论》，北京：中华书局

钱大昕，1997：《戴先生震传》，《戴震全书》第七册，合肥：黄山书社

孙　复，《孙明复小集》，《四库全书》本

孙希旦，1989：《礼记集解》，北京：中华书局

孙应奎，《燕诒录》，京都大学藏万历三年刻本

谭嗣同，1998：《谭嗣同全集》（增订本），蔡尚思、方行编，北京：中华书局

唐顺之，《荆川先生文集》，《四部丛刊》本

王安石，1974：《王文公文集》，上海：上海人民出版社

王　畿，2007：《龙溪会语》，《王畿集》附录二，南京：凤凰出版社

王启元，2005：《清署经谈》，北京：京华出版社影印本

王时槐，1997：《友庆堂合稿》，《四库全书存目丛书》集部第114册，济南：齐鲁书社

王阳明，1991：《王阳明全集》，上海：上海古籍出版社

2011：《王阳明全集》（新编本），杭州：浙江古籍出版社

2018：《中华传统文化百部经典·传习录》，北京：国家图书馆

王应麟，2008：《困学纪闻》，上海：上海古籍出版社

吴　曾，1979：《能改斋漫录》，上海：上海古籍出版社
谢良佐，2010：《上蔡语录》，《朱子全书外编》第3册，上海：华东师范大学出版社
许　慎，1963：《说文解字》，北京：中华书局影印本
颜茂猷，《云起集·说铃》，日本内阁文库藏明末刻本
杨起元，《杨复所先生家藏文集》，万历年间刘廷元序刻本
杨　时，2018：《杨时集》，北京：中华书局
湛若水，1991：《阳明先生墓志铭》，《王阳明全集》卷三十三，上海：上海古籍出版社
张　栻，2015：《张栻集》，北京：中华书局
张　载，1978：《张载集》，北京：中华书局
章太炎，2014：《章太炎全集》，上海：上海人民出版社
章学诚，1982：《章氏遗书》，北京：文物出版社
周敦颐，2006：《元公周先生濂溪集》，长沙：岳麓书院刊南宋刻本
周　密，2001：《癸辛杂识·续集下》，《宋元笔记小说大观》第6册，上海：上海古籍出版社
朱　熹，1983：《四书章句集注》，北京：中华书局
　　　　1986：《朱子语类》，北京：中华书局
　　　　1992：《家礼》，（宋）周复，《孔子文化大全》影印国家图书馆藏本
　　　　2002：《朱子全书》，上海：上海古籍出版社；合肥：安徽教育出版社
邹　袞，2002：《邹氏学脉》，《续修四库全书》第938册，上海：上海古籍出版社
邹守益，1997：《邹东廓先生文集》，《四库全书存目丛书》集部第66册，济南：齐鲁书社
邹元标，《愿学集》，《四库全书》本

二、专著 M

陈　来，1988：《朱熹哲学研究》，北京：中国社会科学出版社
　　　　1991a：《有无之境——王阳明哲学的精神》，北京：人民出版社
　　　　1991b：《宋明理学》，沈阳：辽宁教育出版社
　　　　1996：《古代宗教与伦理——儒家思想的根源》，北京：生活·读

书·新知三联书店
2000：《朱子哲学研究》，上海：华东师范大学出版社
2004a：《中国近世思想史研究》，北京：商务印书馆
2004b：《诠释与重建：王船山的哲学精神》，北京：北京大学出版社
2010：《宋元明哲学史教程》，北京：生活·读书·新知三联书店
2014：《仁学本体论》，北京：生活·读书·新知三联书店

陈立胜，2019：《入圣之机——王阳明致良知工夫论研究》，北京：生活·读书·新知三联书店

陈荣捷，1990：《世界哲学家丛书·朱熹》，台北：东大图书公司
1996：《宋明理学之概念与历史》，台北："中研院"中国文哲研究所筹备处

陈弱水，2010：《柳宗元与唐代思想变迁》，郭英剑、徐承向译，南京：江苏教育出版社

陈寅恪，2001：《金明馆丛稿二编》，北京：生活·读书·新知三联书店

杜维明，1989：《儒学第三期发展的前景问题——大陆讲学、问难和讨论》，台北：联经出版事业股份有限公司

冯友兰，1961：《中国哲学史》下册，北京：中华书局
1988：《中国哲学史新编》第五册，北京：人民出版社

郭齐勇，2017：《现当代新儒学思潮研究》，北京：人民出版社
胡　适，1919：《中国哲学史大纲》卷上，北京：商务印书馆1987年影印本
黄俊杰，2017：《东亚儒家仁学史论》，台北：台湾大学出版中心
姜光辉主编，2003：《中国经学思想史》第二卷，北京：中国社会科学出版社
劳思光，2005：《新编中国哲学史》第三卷上下册，桂林：广西师范大学出版社
2000：《文化问题论集新编》，香港：香港中文大学出版社

李纪祥，1988：《两宋以来大学改本之研究》，台北：台湾学生书局
刘述先，1995：《朱子哲学思想的发展与完成》，台北：台湾学生书局（增订三版）
2008：《论儒家哲学的三个大时代》，香港：香港中文大学出版社

刘　勇，2016：《变动不居的经典——明代〈大学〉改本研究》，北京：生活·读书·新知三联书店

牟钟鉴，2013：《新仁学构想》，北京：人民出版社
牟宗三，1999：《心体与性体》，上海：上海古籍出版社
钱　穆，1986：《朱子新学案》上册，成都：巴蜀书社
　　　　1993：《宋明理学概述》，《钱宾四先生全集》第九册，台北：联经出版事业股份有限公司
　　　　1997：《中国近三百年学术史》，北京：商务印书馆
束景南，1992：《朱子大传》，福州：福建教育出版社
汤用彤，2010：《魏晋玄学论稿及其他》，北京：北京大学出版社
唐君毅，1953：《中国文化之精神价值》，台北：正中书局
　　　　1986：《中国哲学原论·原道篇（一）》，台北：学生书局
　　　　2006：《生命存在与心灵境界》，北京：中国社会科学出版社
吴　震，2003a：《阳明后学研究》，上海：上海人民出版社
　　　　2003b：《明代知识界讲学活动系年：1522—1602》，上海：学林出版社
　　　　2005：《罗汝芳评传》，南京：南京大学出版社
　　　　2009b：《泰州学派研究》，北京：中国人民大学出版社
　　　　2009c：《明末清初劝善运动思想研究》，台北：台湾大学出版中心；上海：上海人民出版社（2016年修订版）
　　　　2011：《〈传习录〉精读》，上海：复旦大学出版社
　　　　2015a：《当中国儒学遭遇"日本"——19世纪末以来儒学日本化的问题史考察》，上海：华东师范大学出版社
　　　　2015b：《颜茂猷思想研究》，北京：东方出版社
　　　　2016：《阳明后学研究》（增订本），上海：上海人民出版社
　　　　2018a：《东亚儒学问题新探》，北京：北京大学出版社
　　　　2018b：《朱子思想再读》，北京：生活·读书·新知三联书店
　　　　2018c：《中华传统文化百部经典·传习录》，北京：国家图书馆出版社
　　　　2019：《孔教运动的观念想象——中国政教问题再思》，上海：复旦大学出版社
吴震主编，2002：《中国理学》第四卷，上海：东方出版中心
　　　　2009a：《宋代新儒学的精神世界——以朱子学为中心》，上海：

华东师范大学出版社

熊十力，2006：《原儒》，北京：中国人民大学出版社

徐洪兴，2018：《唐宋之际儒学转型研究》，上海：上海人民出版社

杨立华，2015：《宋明理学十五讲》，北京：北京大学出版社

杨向奎，1962：《中国古代社会与古代思想研究》，上海：上海人民出版社

叶国良，1980：《宋人疑经改经考》，台北：台湾大学出版委员会

余英时，2000：《论戴震与章学诚》，北京：生活·读书·新知三联书店

     2014：《论天人之际：中国古代思想起源试探》，北京：中华书局

张岱年，1982：《中国哲学大纲》，北京：中国社会科学出版社

张广达，2008：《史家、史学与现代学术》，桂林：广西师范大学出版社

张　灏，2004：《时代的探索》，台北："中研院"、联经出版事业股份有限公司

赵和平，1993：《敦煌写本书仪研究》，台北：新文丰出版公司

周春健，2012：《宋元明清四书学编年》，台北：万卷楼图书股份有限公司

周振鹤，2006：《圣谕广训：集解与研究》，上海：上海书店出版社

[美] 包弼德，2001：《斯文：唐宋思想的转型》，刘宁译，南京：江苏人民出版社

[美] 包筠雅，1999：《功过格——明清社会的道德秩序》，杜正贞、张林译，赵世瑜校，杭州：浙江人民出版社

[美] 葛艾儒，2010：《张载的思想（1020—1077）》，上海：上海古籍出版社

[美] 宇文所安，2014：《中国"中世纪"的终结——中唐文学文化论集》，陈引驰、陈磊译，田晓菲校，北京：生活·读书·新知三联书店

[美] 周启荣，2017：《清代儒家礼教主义的兴起》，毛立坤译，天津：天津人民出版社

[日] 岛田虔次，1949：《中国における近代思惟の挫折》，东京：筑摩书房；中译本《中国近代思维的挫折》，甘万萍译，南京：江苏人民出版社，2008

     1986：《朱子学与阳明学》，蒋国保译，西安：陕西师范大学出版社

[日] 冈田武彦，2016：《王阳明与明末儒学》修订版，钱明校译，重庆：重庆出版社

[日] 宫崎市定, 2018:《东洋的近世：中国的文艺复兴》, 砺波护编, 张雪锋、陆帅、张紫毫译, 北京：中信出版集团

[日] 沟口雄三, 2011:《中国前近代思想的屈折与展开》, 龚颖译, 北京：生活・读书・新知三联书店

[日] 荒木见悟, 1995:《中国心学の鼓動と仏教》, 福冈：中国书店；中译本《明末清初的思想与佛教》, 廖肇亨译, 上海：上海古籍出版社, 2010

[日] 酒井忠夫, 1960:《中国善書の研究》, 东京：弘文堂；增订版收入《酒井忠夫著作集》第1册, 东京：国书刊行会, 1999

[日] 山井涌, 1980:《明清思想史の研究》, 东京：东京大学出版会

[日] 吾妻重二, 2012:《朱熹〈家礼〉实证研究：附宋版〈家礼〉校勘本》, 吴震编, 吴震、郭海良等译, 上海：华东师范大学出版社

[日] 小岛毅, 2013:《朱子学と陽明学》, 东京：筑摩书房

[日] 小仓纪藏, 2012:《入門 朱子学と陽明学》, 东京：筑摩书房

[日] 小野泽精一、福永光司、山井涌编, 2007:《气的思想：中国自然观与人的观念的发展》, 李庆译, 上海：上海人民出版社

三、论文 J

陈　来, 1983:《关于程朱理气学说两条资料的考证》,《中国哲学史研究》1983年第2期

　　1991:《心学传统中的神秘主义问题》,《有无之境——王阳明哲学的精神》附录

　　2004:《元明理学的"去实体化"转向及其理论后果——重回"哲学史"诠释的一个例子》,《诠释与重建：王船山的哲学精神》

　　2011:《儒耶对话的儒家观点——本体与本根》,《孔夫子与现代世界》, 北京：北京大学出版社

陈荣捷, 1982:《朱陆通讯详述》,《朱学论集》, 台北：学生书局

冯友兰, 1983:《略论道学的特点、名称和性质》,《论宋明理学》, 杭州：浙江人民出版社

　　1988:《在接受哥伦比亚大学授予名誉博士学位的仪式上的答词》,《冯友兰学术精华录》, 北京：北京师范大学出版社

葛兆光,2006a:《一个普遍真理观念的历史旅行——以陆九渊"心同理同"说为例谈观念史的研究方法》,《古代中国的历史、思想与宗教》,北京:北京师范大学出版社

2006b:《众妙之门——北极、太一、太极与道》,同上书

2012:《从"唐宋变革论"说到宋代思想史与文化史研究》,《思想史研究课堂讲录续编》,北京:生活·读书·新知三联书店

胡 适,1961:《〈朱子语略〉二十卷》(作于1961.8.28),原载《胡适手稿》第9集,姜义华主编《胡适学术文集》,北京:中华书局,1991

姜广辉,1994:《"道学"、"理学"、"心学"定名缘起》,《理学与中国文化》,上海:上海人民出版社

劳思光,1996:《王门功夫问题之争议及儒学精神之特色》,载《思辩录——思光近作集》,台北:东大图书公司

林乐昌,2018:《论〈中庸〉对张载理学建构的特别影响》,《哲学与文化》第四十五卷第九期

林月惠,2008:《一本与一体:儒家一体观的意涵及其现代意义》,《诠释与工夫:宋明理学的超越蕲向与内在辩证》,台北:"中央研究院"中国文哲研究所

刘述先,1991:《朱熹的思想究竟是一元论或是二元论》,《中国文哲研究集刊》创刊号,收入《朱子哲学思想的发展与完成》附录七

2011:《"理一分殊"的现代解释》,《理想与现实的纠结》,北京:吉林出版集团·北京汉阅传播

王汎森,1998a:《明末清初的一种道德严格主义》,原刊《近世中国之传统与蜕变——刘广京院士七十五岁祝寿论文集》,收入《晚明清初思想十论》,上海:复旦大学出版社,2004

1998b:《明末清初儒学的宗教化——以许三礼的告天之学为例》,《新史学》第9卷第2期,收入《晚明清初思想十论》,上海:复旦大学出版社,2004

吴汝均,2000:《宗密的灵知与王阳明的良知的比较研究》,《佛教的概念与方法》(修订版),台北:商务印书馆

吴 震,2004:《泰州学案的重新厘定》,北京大学哲学系《哲学门》第5卷第1册,武汉:湖北教育出版社;收入《泰州学派研究》

2005:《罗汝芳评传》第三章第五节"天心观",南京:南京大学出版社

2013:《中国思想史上的"圣人"概念》,原载《杭州师范大学学报》2013年第4期,收入《儒学思想十论——吴震学术论集》,贵阳:孔学堂书局,2016

2014:《章学诚是"近代"意义上的"学者"吗?——评山口久和〈章学诚的知识论〉》,《南国学术》2014年第1期

2015:《略议耿宁对王阳明"良知自知"说的诠释》,《现代哲学》2015年第1期

2016:《现成良知——阳明学及其后学的思想展开》,《阳明后学研究》(修订版)

2017a:《论王阳明"一体之仁"的仁学思想》,《哲学研究》2017年第1期

2017b:《心学道统论——以"颜子没而圣学亡"为中心》,《浙江大学学报》2017年第3期

2018a:《心是做工夫处——关于朱子"心论"的几个问题》,《朱子思想再读》第三章

2018b:《作为良知伦理学的"知行合一"论——以"一念动处便是知亦便是行"为中心》,《学术月刊》2018年第5期

2018c:《论朱子仁学思想》,《朱子思想再读》第一章

2019a:《东亚朱子学:中国哲学的丰富性展示》,《哲学动态》2019年第1期

2019b:《宋明理学视域中的朱子学与阳明学》,《哲学研究》2019年第5期

徐复观,2004:《象山学述》,《中国思想史论集》,上海:上海书店

杨祖汉,2009:《从朱子的"敬论"看朱子思想形态的归属》,吴震主编《宋代新儒学的精神世界——以朱子学为中心》,上海:华东师范大学出版社

余英时,1989:《戴震的选择——考证与义理之间》,《余英时英文论著汉译集·人文与理性的中国》,何俊编,程嫩生、罗群等译,上海:上海古籍出版社,2007

张岱年,2007:《中国哲学中的本体观念》,《张岱年全集》第五卷,石家

庄：河北人民出版社

张广达，2005：《内藤湖南的唐宋变革说及其影响》，《唐研究》第十一辑，北京大学出版社；收入《史家、史学与现代学术——张广达文集之二》，桂林：广西师范大学出版社，2008

张　灏，2000：《从世界文化史看枢轴时代》，《二十一世纪》2000年4月号；收入《时代的探索》，改题为"世界人文传统中的轴心时代"，台北："中研院"、联经出版事业股份有限公司，2004

　　2004：《转型时代中国乌托邦主义的兴起》，收入《时代的探索》，台北："中研院"、联经出版事业股份有限公司

周一良，1994：《敦煌写本书仪研究·序言》，载赵和平《敦煌写本书仪研究》，台北：新文丰出版公司

［日］包弼德，2000：《唐宋转型的反思——以思想的变化为主》，《中国学术》第一卷第三期，北京：商务印书馆

［日］宫崎市定，2018：《东洋的近世》，《东洋的近世：中国的文艺复兴》，北京：中信出版集团

［日］內藤湖南，1922：《唐宋時代の研究——概括的唐宋時代觀》，《歷史と地理》第九卷第五号，大正十一年五月；收入《內藤湖南全集》第八卷，東京：筑摩書房，1969

［日］三浦国雄，1983：《張載太虛説前史》，东北大学《集刊東洋学》第50辑；收入氏著：《風水：中國人のトポス》，東京：平凡社，1995

［日］上山春平，2010：《朱子〈家礼〉与〈仪礼经传通解〉》，吴震、吾妻重二主编《思想与文献——日本学者宋明儒学研究》，上海：华东师范大学出版社

［瑞士］耿宁，2012a：《我对阳明心学及其后学的理解困难：两个例子》，《心的现象——耿宁心性现象学研究文集》，北京：商务印书馆

　　2012b：《欧洲哲学中的良心观念》，同上书

后 记

严格说来，本书是一部教科书，而教科书须预先设定读者对象，这就需要说一下本书撰写的缘起。

发愿写一本教科书，是在2019年2月下旬，距开学约一周才开始动笔，这是一门以大学本科生为对象的名为"朱子学与阳明学"的新课。然而完成之后回头来看，这部教科书却有点研究论著的特质，似亦可为研究生所参考。由于以前从没有这门课的备课记录可供使用，所以动笔之初，一直在担心写作的速度能否跟得上课的进度。后来事实说明，这个问题倒是其次的，更关键的问题在于怎么写教科书。

早在20世纪80年代留学国外时，就听说过教科书在国际学术界并不算严格意义上的学术研究成果，而教师在课堂上也从来没有指定某部教科书的习惯。于是，渐渐地就形成了一种观念，以为教科书只是对某学科基础知识的介绍或罗列而已。不过，事实的另一面是：许多著名学者尽管对通史类的教科书不以为然，但却很重视撰写学术性与通俗性兼顾的通俗读本（在日本叫作"文库本"），这类读本往往具有教科书与研究论著的双重特征，例如岛田虔次《朱子学与阳明学》、小岛毅《朱子学与阳明学》。毋庸讳言，本书的写作受此启发，不过为示区别，加了一个副标题"宋明理学纲要"。

现在回想起来，当初决定写一部以大学本科生或研究生为对象的教科书，是因为我在心底里有一愿望，想尝试一下能否将教科书写得有些学术味。为此，在动笔之初，就为自己定下了三方面要求：

第一，打破哲学史按人头或学派来安排叙述过程的线性处理方式，而突出哲学史中的问题源流及义理脉络，以问题空间取代个案人物的线性时间的结构方式，更好地凸显宋明新儒学的哲学性；

第二，尽量克制教科书所要求的知识点的详尽罗列，同时又要照顾到基础教育对于广泛知识性层面的重视，所以必须减少烦琐的概念论证，而要突出问题本身的脉络梳理及事实叙述；

第三，与上述两点相应，在事实叙述和观点论述的过程中，要紧扣核心问题的环节，剔除所有与核心问题无关的细节讨论。所以本书一概不出脚注，原文引用也尽量克制在必要的范围内。

至于这部教科书是否可以兼得学术论著的身份，或可作为教学之外的学术参考书来使用，这要由读者来最终定位。

吴 震

2019 年 8 月 17 日

于复旦光华楼